SIXIANG ZHENGZHI JIAOYU
HUAYUQUAN YANJIU

思想政治教育话语权研究

杜 敏◎著

人民出版社

目　录

导　论

　　这是一个话语充盈的时代，全球性的交往、民主政治的发展、物质财富的积累、文化素质的提升、科学技术的发展，为人们提供了广阔的话语空间，每个人都有机会以一定的话语形式发出自己的声音、表达自己的意见、产生一定的话语影响力，并同时接受着来自四面八方、千差万别的话语洗礼。这是一个话语角逐的时代，来自不同地方、不同领域、不同群体，代表不同立场、价值、观念、利益的不同话语在整个话语空间中左突右撞、攻城略地，结果，有的出师未捷、偃旗息鼓，有的甚嚣一时、终归沉寂，有的异军突起、割据一方，有的顽强盘踞、引领风骚。伴随着社会发展而释放出来的话语空间并不是平等地对每一个人敞开，话语平权只是一种理想的温情状态，而话语平权基础上的话语再集权则是更加冷冽的现实。"谁对事情的理解才算数？谁为我们大家确定事物的含义？也就是谁去创造和定义我们的文化？"①这一系列的追问，实质上提出的就是话语权问题。思想政治教育话语权研究就是在这一话语现实中生长起来并被课题化，进而被推到理论前台的，对这一课题的捕获、缠结与解答成为本书的理论旨趣。

---

① ［美］罗宾·洛克夫：《语言的战争》，刘丰海等译，新华出版社2001年版，第4页。

1

一、研究缘起与意义

世界正在朝好的方向转变，但前行之路总是充满坎坷，好消息始终与坏消息并存。"这是一个最好的时代，这是一个最坏的时代"，现代社会的发展就像一场冒险，似乎始终无法逃脱狄更斯在《双城记》中这一经典句式的描述，矛盾性、风险性、复杂性俨然成为任何一个领域的底色。毫不例外，当代中国的意识形态领域也展现出狄更斯式的双重图景："我们的时代是知识主导、知识爆炸的时代，可是又是思想苍白、精神危机的时代；我们的时代是空前重视文化生产力、把凝聚共识提升为国家'软实力'的时代，可是又是共识难寻、自我诉说和个人独白占据上风的时代；我们的时代是极力回避、努力淡化意识形态的时代，可是又是西方意识形态妄图独霸天下因而必须以异质意识形态与之抗衡的时代。"[①]学者用生动的笔触勾勒的这一幅浮世绘警示我们，田园牧歌式的想象只是诗意的虚构，树欲静而风不止，当一部分人谈意识形态而色变的时候，意识形态的触手已然深入到社会生活的方方面面，拨弄着现代人的精神世界。意识形态流淌于社会之上，如果面对意识形态问题而犹豫不决、消极懈怠、畏首畏尾，最终会掉落在"去意识形态化"的"意识形态陷阱"中而难以自拔，问题的关键在于穿过意识形态迷雾掌握话语权，而不是绕过意识形态失去主导权。

习近平在全国宣传工作会议上强调"我们必须把意识形态工作的领导权、管理权、话语权牢牢掌握在手中，任何时候都不能旁落，否则就要犯无可挽回的历史性错误。"[②]在党的十九大报告中，习近平在总体国家安全观的框架下论述意识形态问题，指出"意识形态领域斗争依然复杂，国家

---

① 侯惠勤等：《国外马克思主义意识形态研究著作评析》，中国社会科学出版社 2015 年版，第 307 页。

② 中共中央文献研究室编：《习近平关于社会主义文化建设论述摘编》，中央文献出版社 2017 年版，第 21 页。

安全面临新情况"①，必须要"不断增强意识形态领域主导权和话语权"②。思想政治教育是主流意识形态的主导和灌输，是党的意识形态工作的重要组成部分，推进思想政治教育话语权建设既是党掌握意识形态领域的领导权、管理权、话语权的题中应有之义，又是实现党在意识形态领域的领导权、管理权、话语权的手段和途径。长期以来，思想政治教育者虽然遭受来自国内外因不了解、误解甚至恶意曲解而导致的学术歧视、知识轻蔑和实践干扰，但依旧初心不改、兢兢业业、顽强拼搏，以马克思主义武装头脑、教育群众、化育人心，高扬理想信念、扶正文化脊梁、塑造精神品格、凝聚价值共识、引领社会思潮、展开思想斗争，发挥着思想政治教育话语应有的影响力和支配力，为巩固马克思主义在我国意识形态领域的指导地位、巩固全党全国人民团结奋斗的共同思想基础做出了重要贡献。然而，话语权是争得的而不是恩赐的、是流动的而不是固定的、是瞬时的而不是永恒的，新阶段、新情况、新事件、新领域等任何新变化的出现，话语权都会被打散，进而重新分配，充满着不确定性。可以说，话语权争夺是一场无休止的战争，如逆水行舟，不进则退。各色问题不断浮出水面，残酷现实高高扬起皮鞭，让我们不能有丝毫的懈怠。思想政治教育话语权课题的提出和解答是应时代所需，顺时势所趋。

（一）研究缘起

1. 从世界范围来看，"西强我弱"的话语格局依然没有改变，话语权争夺呈白热化状态

落后就要挨打，这是中国近代史的泣血诉说；失语就会挨骂，这是全球化时代的长鸣警钟。近代以来，中国被迫卷入世界历史进程，铁与血的

---

① 《中国共产党第十九次全国代表大会文件汇编》，人民出版社 2017 年版，第 8 页。

② 《中国共产党第十九次全国代表大会文件汇编》，人民出版社 2017 年版，第 18—19 页。

记忆熔铸在国民性格中，让我们时时观察这个世界的变化并反思我们在这个世界中的位置。当前，伴随着综合国力的提升，我们以更加积极主动的姿态深度融入全球化进程，致力于参与构建更加公正合理的世界秩序。然而，世界依然在一定意义上呈现为霍布斯状态，弱肉强食的丛林法则依然大行其道。通信技术革命使生产链和市场在全球扩展，资本主义生产方式成为全球体系的支配性力量，与之相应的，资本主义的意识形态也在世界范围内长驱直入、蛊惑人心、占领阵地，以"和平演变""颜色革命"为手段，试图撬动非资本主义国家的发展根基。世界的高度整合和空间重构并不意味着冲突的减少，相反，压缩的世界使问题以更加尖锐的形式凸显，国与国之间的纷争也以更加复杂的形式展开。其中，话语权作为全球化时代流动的软实力，成为各个国家争夺的焦点。话语权是通过一定的话语实现的思想影响力和支配力，一个国家掌握话语权，意味着能够就自身发展问题和人类发展中的共性问题有效的表达、阐释，赢得舆论支撑和道义支持。

在全球化时代，我们发现一些令人尴尬的现象。一方面，一些西方国家凭借着经济、科技、传播、语言（英语作为主要学术媒介）等方面的优势"滥用话语权"，他们打着国际主义的旗号，披着"自由""人权""民主"的外衣，实行侵略性的单边主义战略，赋予重大事件以某种资本主义价值和意义，设计、选定和运行对自身有利的国际规则和秩序，为自身行为提供合法性辩护，不断扩大自身吸引力和影响力。苏联解体之后，中国扛起了社会主义大旗，成为西方国家话语进攻的众矢之的。为了在意识形态上围剿中国，他们大肆宣扬"中国威胁论""中国崩溃论"等恶意言论。据英国《星期日泰晤士报》披露，2016年以来，日本驻英使馆每月支付英智库"亨利·杰克逊协会"1万英镑，以助日本在英国制造和渲染"中国威胁论"①，

---

① 《日本资助英智库渲染"中国威胁论"中方回应》，2017年2月7日，见http://news.sina.com.cn/c/nd/2017-02-07/doc-ifyaexzn9211632.shtml。

不承认中国的市场经济地位，无端抹黑打击中国，损害中国形象。一些西方国家通过"驯化改造"，培植本土化代言人，传播资产阶级意识形态，企图掏空中国发展的精神内核。以强权为后盾的西方话语压制并排挤着异己的话语，在一些西方国家看来，中国的社会主义意识形态话语无疑是异己的碍眼存在。

另一方面，面对西方国家步步为营、短兵相接、花样翻新的话语进攻，我们却不无遗憾地在一定程度上患了"失语症"，我国的发展优势没有成功地转化为话语优势，成为一个"跛足的巨人"。我们一直在释放善意，却总是被曲解，面对话语污蔑也不能有力地回击，西方国家哪怕是不甚高明、毫无新意的陈词滥调都得以横行霸道。与此同时，"我们人还是一中国人，而我们想的、讲的、写的，已是完全外国化西化了，不再是以前中国的一套了。你说的是一句中国话，但实际上，论其内容，则是外国话。你想的亦是外国人的想法。"[1]对中国实践最应具有话语权的我们却无法从容不迫地自我言说，套用西方逻辑、西方话语的现象屡见不鲜，甚至奉西方话语为圭臬，成为被他者话语束缚住的大国，这无异于自闭唇舌；而对人类发展中的共性问题，中国声音还不够嘹亮，在世界话语格局中，中国占据的话语份额、发挥的话语影响力与中国的国际地位呈现出不均衡状态。"中国的形象不断被放置在西方意识形态的'红色滤光镜'、种族宗教的'黄色滤光镜'和商业竞争的'绿色滤光镜'等各种有色眼镜和视像失真的哈哈镜下，显得失真、扭曲变形。"[2]这提醒我们，要不断推进话语权建设，从西方的话语权独占中撕开一个裂口，既以根本话语权的捍卫，维护社会主义意识形态安全，又为人类发展贡献中国智慧和中国方案，赋予人类以更多的未来性和可能性。而"加强国际传播能力建设，全面提升

[1] 钱穆：《人生十论》，九州出版社 2012 年版，第 135 页。

[2] 陈正良：《软实力发展战略视阈下的中国国际话语权研究》，人民出版社 2016 年版，第 12 页。

国际传播效能，形成同我国综合国力和国际地位相匹配的国际话语权"①
也是党的二十大报告提出的重要命题之一。

2. 从国内社会来看，思想文化领域驳杂的话语态势，亟待思想政治教
育话语权引领

"现代化是人类历史上最剧烈、最深远并且显然是无可避免的一场社
会变革。"②在改革和开放的双轮驱动下，我国社会主义现代化建设进入全
面加速期，而现代化建设意味着一种历史性转变过程，即"包括社会基本
制度或体制与社会生活方式之显形结构和社会文化心理与道德信仰之隐形
结构的革命性改变。"③在以中国式现代化全面推进中华民族伟大复兴的伟
大进程中，作为社会主义现代化建设事业的参与者和亲历者，我们见证了
一系列的替代与跃迁，从传统农业社会走向现代工业社会、从计划经济体
制走向社会主义市场经济体制、从封闭型社会走向开放型社会。伴随着现
代化进程的深度展开，所有制结构、组织结构、阶级阶层结构等社会结构
发生了深刻变革，利益主体、利益关系、利益诉求等社会利益格局发生了
深刻调整，生产方式和生活方式的变革使人们思想的独立性、异质性、多
样性不断增强，反映在思想文化领域则体现为多元文化的交流交融交锋、
多种价值观念的碰撞冲突，而不同的思想文化意识不断明朗化，并形成了
一套自己的话语体系，通过各种话语平台喷发出来，使我国思想文化领域
呈现出斑驳杂乱的话语态势。

我们可以看到，历史虚无主义、新自由主义、民主社会主义等各种社
会思潮，你方唱罢我登场，甚至同台竞技，都希望规划中国的发展蓝图、
对中国现实做出立竿见影、唯吾独尊的解释，试图切实地影响中国社会发

---

① 《中国共产党第二十次全国代表大会文件汇编》，人民出版社 2022 年版，第 38 页。

② ［美］吉尔伯特·罗兹曼主编：《中国的现代化》，国家社科基金"比较现代化"课题组
译，江苏人民出版社 2014 年版，第 3 页。

③ 万俊人：《现代性的伦理话语》，黑龙江人民出版社 2002 年版，第 162 页。

展进程。我们可以看到，在以学术话语消解思想话语的思想攻势下，"在有的领域中马克思主义被边缘化、空泛化、标签化，在一些学科中'失语'、教材中'失踪'、论坛上'失声'"[①]，网络评论区一句"马克思主义嘛，懂的都懂"，再配上一个不屑的表情，总是不乏点赞支持者。这让我们体会到在一个以马克思主义为指导的社会主义国家却不能理直气壮地谈论马克思主义，而非马克思主义、反马克思主义的东西却总是不乏叫好者的悲哀。我们可以看到，伪科学主义、反智主义、工具理性主义、消费主义、享乐主义、个人主义等暗流涌动甚至明目张胆地叫嚣，一些人包括少数党员干部信仰缺失、价值观扭曲，一些人抹黑党和国家领导人、丑化英雄模范人物、剥离中国发展成就与中国特色社会主义的关联性，一些领域道德缺失、信任缺乏，一些地方封建迷信、铺张浪费甚至黄赌毒现象沉渣泛起、禁而不绝。我们可以看到，网络技术的发展仿佛打开了一扇思想的任意门，绝对主导的权威式微了，束缚和枷锁的突然崩塌，全媒体时代使想表达、要说话的每个人都能轻易地成为话语创造者和接受者，甚至成为某一网络爆款的出品人。然而，纷繁的话语之争造就了一个断裂分散、偏见横流的话语世界，网络领域呈现出"裂土自封，占山为王"的部落化状态，"划分圈子""标榜门户""站队互撕""对立认同"等现象频发，为博眼球、搏出位而语不惊人死不休，雷言雷语层出不穷。驳杂的话语态势使人们不免出现认知偏差、情感脆弱、选择困惑、价值迷茫、信仰缺失、行为失序等不利后果，进而影响整个社会的整合力、向心力和凝聚力。

话语权是一种奇怪的力量，当拥有话语权时，我们觉察不到它，而当话语权失落危机出现时，它陡然变得重要，并演化成一种时代性焦虑。当代中国复杂的话语态势迫切地需要在多元中确立主导、在分化中凝聚共识、在多种声音中唱响主旋律、在负面信息中弘扬正能量，进而以根本话

---

① 习近平：《在哲学社会科学座谈会上的讲话》，人民出版社 2016 年版，第 10 页。

语权的确立来维护意识形态安全。"纷繁世事多元应，击鼓催征稳驭舟。"①
面对复杂多变的话语环境，为沉浮在话语汪洋中的人们点亮灯塔，思想政
治教育要主动推进话语权建设，打造话语共同体、更新话语内容、丰富话
语形式、坚守话语阵地、谋划话语策略、摆脱话语困境、排除话语干扰，
不断增强思想政治教育的话语影响力，牢牢掌握思想政治教育话语权。

（二）研究意义

思想政治教育学科是一个快速发展、成就斐然的新学科，在党和国家
的大力支持下，在广大思想政治教育工作者的不懈奋斗下，虽然依旧面临
着层出不穷的挑战、风险和困顿，但在短短四十年的发展过程中，其研究
成果之丰硕、理论人才之辈出、实践成效之显著都令人自豪。然而，世事
多坎坷，随处掀波澜。"思想政治教育很难做""思想政治理论课很难讲"
依然是思想政治教育工作者的普遍心声和切实感受。思想政治教育的发展
过程可谓是披荆斩棘，是在充满敌意或者至少是不友好的眼光中走出来并
坚守自己道路的。这里的敌意有来自民众的话语抵抗，有来自其他学科的
话语轻蔑，有来自客观环境的话语挑战，也有来自西方国家的话语诋毁。
虽然可以找到很多理由为种种敌意进行解释和归因，但根本还在于思想政
治教育自身发展不足，被现实话语困境所缚，没有牢牢掌握话语权，导致
面对诸般刁难而无还手之力。思想政治教育的锋芒收敛并不意味着逃避退
散。思想政治教育话语权的提出不是宗教受难般的反思，而是一种追求安
身立命之所的理论自觉，是以积极主动的理论探索来捍卫自身正当性的行
动自觉。思想政治教育话语权研究是思想政治教育理论与实践不断拓展过
程中衍生出来的重要课题，具有重要的理论意义和实践价值。

---

① 中共中央宣传部编：《习近平总书记系列重要讲话读本》，人民出版社、学习出版社
2014年版，第180页。

　　首先，有利于推进思想政治教育话语权理论研究的系统化和时代化。思想政治教育话语权研究并不是一个尚未开发的不毛之地，伴随着西方哲学的语言转向以及语言内部的话语转向，话语及话语权分析溢出语言学科边界，成为人文社会科学界研究的热点问题，部分思想政治教育学者也被这一热点问题所吸引，把话语及话语权概念引入思想政治教育，在消化吸收的基础上取得了一系列的研究成果，拓展了思想政治教育的理论视域。思想政治教育话语权虽然不是一个全新的领域，但却是一个正在耕耘、尚待精耕细作的领域，需要对思想政治教育话语权的相关理论、概念、方法进行系统化梳理。本研究从思想政治教育话语权的理论渊源、内涵解读、动态发展、现实问题、建设路径等多方面内容入手，对思想政治教育话语权这一命题进行系统化的理论分析，既有对已有成果的有机整合、总结提炼，又有自身的创新性思考和系统性架构，使思想政治教育话语权研究呈现出更为广阔的理论图景。与此同时，本研究力图推进思想政治教育话语权研究的时代化，以把握时代脉络，体现时代风貌。思想政治教育话语权研究并不是疏阔散宕的经院式研究，而是直面现实、把握时代的理论研究。当前，国内外形势正在发生深刻复杂变化，对思想政治教育话语权也提出了新问题新任务新要求。本研究力图在新时代中国特色社会主义这一我国发展新的历史方位中，在我国意识形态领域不平静的斗争态势中，对思想政治教育话语权存在的一些新问题在理论上予以解释、在实践上促进解决，把握思想政治教育话语权发生发展规律，推进思想政治教育话语权研究的时代化。

　　其次，有利于深化思想政治教育基础理论研究，拓展思想政治教育的理论格局。改革开放以来，"思想政治教育的学术研究经过了以科学化、学科化、体系化、精细化为主题的四个研究时期"①。当前思想政治教育正

----

① 沈壮海：《改革开放以来思想政治教育研究的学术版图》，《思想理论教育导刊》2008年第11期。

在经历以精细化为主题的研究时期，在这一时期，思想政治教育在某一方面或领域的认识的透彻性和观念的清楚性都得以极大的提升，与此同时，也面临着一些观点认识的过于精进、各行其是乃至自以为是的风险，可能引致整体思想政治教育呈现出零散状态。精细化研究阶段以不同的理论视角来诠释思想政治教育现象、把握思想政治教育规律，对思想政治教育的理论发展具有重要意义，但在对某一具体问题、具体领域进行深入思考的同时，还要有窥一斑而知全豹的理论深度和思考力度，即要注重分化基础上的再综合。思想政治教育话语权研究是适应思想政治教育精细化研究的趋势而提出的，它专注于"话语权"这一核心命题，尝试对思想政治教育中的话语权现象进行说明，对思想政治教育话语权这一理论的形成、拓展或检验进行深入的阐释。不仅如此，本研究力戒一叶障目，力图把思想政治教育话语权这一命题纳入思想政治教育的整体发展过程中进行审视，努力解释一系列关联性命题如思想政治教育有效性、主导性、权威性以及思想政治教育主客体关系、思想政治教育环境、思想政治教育载体等命题。这不是为了使一系列关联性命题得到一揽子解决（这远超出了笔者的能力范围），而是以思想政治教育话语权为一面棱镜，重新审视思想政治教育的基础理论问题，对我们业已获得的真理进行重新安排，对一些想当然的偏见进行认真清理，对不恰当的研究思路和研究方法进行调整，对尚未涉及的问题进行创造性思考和创新性设计，使思想政治教育理论在精细化发展趋势中葆有一种整体性视野。思想政治教育话语权研究的提出并不是玩概念游戏，并不是生造或借用一些高级的词汇来掩饰理论分析的匮乏，而是使思想政治教育在"话语权"这一研究视野和理论维度下呈现出不同的色彩，拓展思想政治教育的理论格局。

再次，有利于推进思想政治教育话语体系建设，丰富中国哲学社会科学话语体系。思想政治教育话语权的掌握有赖于思想政治教育话语体系的确立，思想政治教育话语体系建设是思想政治教育话语权建设的题中应有之义。当前，我国思想政治教育话语呈现出丰裕中的贫乏状态，说其丰裕是因为在传统与现代的交汇中、在国内国际的交往中、在理论与实践的交融中，存在着丰富的话语资源，这为思想政治教育话语体系建设提供了优良的营养钵。说其贫乏是指在具体的话语实践中，话语资源未得到有效的深度开发和综合运用，传统话语与现代话语、西方话语与中国话语、理论话语与实践话语等多种话语之间的衔接、转化、融通不够甚至相互抵牾，尚未形成一套面对不同的议题、不同的群体、不同的领域的层次立体、生动鲜活、行之有效的话语体系。话语的贫困实质上是思想的贫困，思想政治教育在提炼有影响力、说服力、传播力和标识性的概念、范畴、表述方面，在推动学术话语创新、增强学术竞争力方面尚显不足；在运用思想政治教育话语作用于受教育者，使其改变思想和行为，凝聚社会共识等方面的实践影响力方面尚显不足。因此，以思想政治教育话语权为理论引擎，从马克思主义立场、观点和方法出发，理顺多种话语之间的关系，破解思想政治教育话语体系建设中的难题，有助于建构一套具有中国特色、中国风格、中国气派的思想政治教育话语体系。与此同时，中国哲学社会科学话语体系的建设不是某一个学科就能支撑的，需要多学科、跨领域的协同攻关。思想政治教育学科是一门极富中国特色和中国情怀的学科，它的产生和发展都扎根于中国大地，是以我们正在做的事情为中心，以问题为导向，以中国人的价值取向和理论标准来选择观察问题的角度、解释模式、表达方式并审视结论的一门学科。思想政治教育具有科学性和人文性，思想政治教育话语体系作为中国哲学社会科学话语体系的有机组成部分，在理论研究和实践探索中形成的独特的研究视角、研究方法、研究成果可以为中国哲学社会科学话语体系建设提供经验支撑和理论素材，在"认识中国""瞻望世界"的基础上形成"中国话语"、彰显"中国智慧"、提供"中国方案"，在交流对话中更好地传播中国思想，确立中国话语权。

　　最后，有利于克服思想政治教育话语困境，增强意识形态领域的主导权和话语权。当前，我国意识形态领域波涛汹涌、风雨交加，意识形态斗争具有尖锐性、复杂性和长期性，西方敌对势力的思想遏制阻挠着中国走向世界舞台中央，多样化社会思潮冲击着马克思主义的指导思想地位，市场逐利性抵抗着社会主义核心价值观，网络媒体带来的传播格局调整消解着主流意识形态的影响力。中国这艘巨轮要想乘风破浪，需要不断增强意识形态领域的主导权和话语权来为中国发展保驾护航，打赢意识形态领域这一场无硝烟的战争。思想政治教育是党的优良传统和政治优势，是以马克思主义理论及其最新成果武装全党、教育人民以积聚人心、凝聚共识、汇聚力量的重要手段，是我国意识形态工作的重要组成部分。思想政治教育者并不是直接面向受教育者的，而是以一定的话语为中介来展开的。全球话语的潜在霸权、现代话语的多元分化、网络话语的插科打诨构成了思想政治教育的时代语境，思想政治教育面临着话语困境，无法有效地促使马克思主义理论及其最新成果传之既广、达之既深。推进思想政治教育话语权研究，把握思想政治教育话语权形成发展规律，分析思想政治教育话语权面临的风险挑战，并提出扎实推进思想政治教育话语权建设的意见和建议，以思想政治教育话语权为抓手不断增强意识形态领域的主导权和话语权，可以减少复兴路上的思想阻力、增强思想动力。

二、国内外研究状况

学术研究需遵循学术积累的基本规律，学术归零要么是无知的莽撞，要么是无用的重复劳动，都不利于问题的进一步解决。了解国内外研究动态可以为本书的写作提供一种背景性深度，本研究尝试透过"两种眼光"来了解国内外研究状况。首先以一种读者的眼光去看待既有研究成果，进行"关于文献的工作"，系统地梳理、分析和概括。其次，以创造者的眼光进行思考，进行"基于文献的工作"，合理评价、提出问题并启发新的思考。思想政治教育话语权研究是一个宏大背景下的具体问题研究，因此在把握国内外研究状况时进行了适当的理论前溯，把思想政治教育话语权研究放在一个更为广阔的理论空间中进行考察。

（一）国外研究状况

当前，国外并没有直接研究思想政治教育话语权的相关研究成果。但是，思想政治教育话语权研究与西方哲学的语言转向以及西方话语理论有一定的理论关联，可以为思想政治教育话语权研究提供一个深度的理论背景和理论镜鉴。

1. 西方哲学的语言转向——语言哲学的发展

西方哲学对语言的关注源远流长，我们可以上溯到苏格拉底或前苏格拉底时期。在古希腊时期，赫拉克利特第一个对 logos（逻各斯）进行了多角度阐释，而 logos 则有言谈、思考、论证、理性等多重意蕴。苏格拉底也涉及语言问题，柏拉图在《克拉底鲁篇》等多篇对话中有大篇幅的关于语言的讨论，在苏格拉底和赫摩根尼的对话中涉及了语言的"自然说""约定说""语言模仿说""语言工具论""语词图像说"等多个话题。在亚里士多德那里，在《解释篇》中关于有对错之分的命题的讨论、在《范畴篇》中对语词的分类、在《诗学》和《修辞学》中关于非命题形式的语言现象的讨论等等，论题广泛、讨论系统、思想深刻。在罗马时期，奥古斯丁在关于声音与意义的区分、内在语词与外在语词以及意义同一性的获得等方面有着深入的思考。在中世纪时期，由于哲人热衷于诠释《圣经》[①]，在语言

---

① 《圣经》中有许多关于语言的故事，其中颇为出名的是巴别塔的故事。"巴别"即"变乱"之义。《圣经·旧约·创世记》第11章记载，起初，人类的语言是相同的，当时人类联合起来，希望修建能够通往天堂的高塔。为了阻止人类的计划，上帝让人类说不同的语言，使人类相互之间不能沟通，计划因此失败，人类自此各散东西。此事件，为世上出现不同语言和种族提供解释，同时，建立统一的世界语言，消除人类之间沟通的语言鸿沟也成为一批哲人的宏愿。

学特别是语法学方面颇有建树，"在中世纪所谓的七艺中，语法、辩论术、修辞学是最重要的三艺"①，其中关于"唯名论"和"唯实论"的争论②、奥卡姆的指代理论更是影响深远。近代以来，语言学和语言哲学都得到了极大的发展，较为著名的包括培根的"市场假象"③、霍布斯的名称指称理论，洛克及其挑战者莱布尼茨和贝克莱关于观念的探讨，卢梭、赫尔德等关于语言起源问题的探讨④，密尔的专名和通名的区分以及语词的内涵与外延的理论，布伦塔诺的意向性理论等等。

　　虽然西方对语言的探讨可以追溯甚远，很多现代语言哲学中探讨的问题都可以在以往的哲学家那里找到影子，但从古希腊到近代的语言问题的探讨并没有把语言研究当作一切哲学研究的必要条件或核心问题，只是作为附属性、边缘性问题加以讨论。西方哲学发生语言转向，语言成为西方哲学的中心议题、语言哲学成为一门独立的学科则是 20 世纪以来的事情。1967 年，罗蒂借用伯格曼创造的"语言转向"（linguistic turn）这个短语为他编辑的一本论文集命名⑤，这本论文集的广泛影响使"语言转向"成

---

① 陈嘉映：《简明语言哲学》，中国人民大学出版社 2013 年版，第 9 页。

② 名词被区分为指称个体的专名和指称类的通名。唯实论者认为通名像专名一样指称实在的对象，而唯名论者则认为专名所指的是唯一的，通名则没有一个同样明确的对象与之相对应。

③ 市场假象：指人与人在交往中亦已习惯接受的某种现成观点，常被视为认识世界的出发点，且事物被词语包装为成品，用错它们就会遮蔽人们的双眼，即误用语言会造成假象。参见王寅：《语言哲学研究：21 世纪中国后语言哲学沉思录》（上），北京大学出版社 2014 年版，第 54 页。

④ 代表性著作有：卢梭的《论语言的起源》、赫尔德的《论语言的起源》、J. 伯尼特的《论语言的起源和进步》。

⑤ 罗蒂编辑的《语言转向》这本论文集包括四个部分的内容，第一部分是关于哲学问题是语言问题这一论题的经典论述；第二部分是理想语言哲学的元哲学问题；第三部分是日常语言哲学的元哲学问题；第四部分是再讨论、再思考和未来情境。（R. Rorty: The Linguistic Turn, The University of Chicago Press, 1967. 参见王路：《走进分析哲学》，中国人民大学出版社 2009 年版，第 16 页。）

为一个高度概念化的短语深入人心。

　　20 世纪之所以会发生语言转向则有着深刻的社会历史根源，综合地来看，语言转向的动因包括以下几个方面。第一，数理逻辑（现代逻辑）的发现和运用，弗雷格①、罗素、维特根斯坦等语言哲学家借助数理逻辑的形式化语言和逻辑演算来进行语言分析，试图澄清概念、揭示混乱、消除误解，改变了传统逻辑沿着"概念——判断——推论"进行论证的思维方式，现代逻辑则包括命题逻辑、谓词演算、模态逻辑、时态逻辑、存在逻辑、道义逻辑等等。第二，20 世纪初的一批哲学家不满英国经验哲学和德国传统思辨哲学的状况，一些哲人主张哲学中产生的形而上学混乱是由于对语言的误用导致的，试图另辟蹊径，通过语言分析来摧毁形而上学，清理一些似是而非的伪命题。第三，语言哲学的产生适应了当时追求精确知识的科学化趋向，特别是逻辑实证主义的发展，试图通过分析语言表达式来改变或消除科学概念的混乱状态。第四，哲学的语言转向和语言学的哲学转向的汇合，哲学家面临的认识论和方法论危机使他们把眼光转向语言，与此同时，语言学家运用哲学的眼光去考察语言本身，特别是索绪尔把语言当作一个封闭的结构系统，革了历史语言学的命，冻结了生动的言语，走"关门打语言"之华容道②，使语言摆脱了单纯工具性质而趋向自足、理性、抽象，建构起现代语言学，哲学与语言学碰撞出耀眼的思想火花。第五，对心理主义的批判，在狄尔泰、布伦塔诺、冯特、弗洛伊德等人的影响下，欧洲哲学曾盛行心理主义研究思潮，而用心理学中涉及较多的具体的实验和数据等经验方法来研究抽象、理性的逻辑和哲学则存在着诸多漏洞和

---

① 弗雷格于 1879 年发表的《概念文字》一书标志着现代形式逻辑的出场。

② 王寅：《语言哲学研究：21 世纪中国后语言哲学沉思录》（上），北京大学出版社 2014年版，第 87 页。

弊端。①

  语言转向作为一种趋势并不是整齐划一的，语言哲学内部有着不同的理论分歧和理论流派，有着自身的发生发展过程。关于 20 世纪语言哲学内部的发展，不同的学者提出了不同的界分。有学者指出，20 世纪的语言哲学经历了"分析哲学到语言哲学再到心智哲学的发展"②，具体是：20世纪初至 20 世纪 30 年代，以数理逻辑为分析工具，以罗素、早期维特根斯坦、卡尔纳普为代表，他们认为日常语言有歧义、有缺陷，应抛弃自然语言、构造形式语言（又名理想语言、人工语言），形成了分析哲学；20世纪 40 年代以后特别是二战以后，发生了从理想语言到自然语言的回归，以摩尔、奥斯汀、赖尔、斯特劳森和后期维特根斯坦为代表，他们认为形式语言无法反映自然语言（又名日常语言），要行走就需要摩擦力，需要"回到粗糙的地面上"（维特根斯坦语，意即回到日常语言），结果形成了语言哲学，并在 20 世纪 50 年代不断繁荣、走向主流；20 世纪 70 年代中期以后，随着认知科学的建立，出现了心智哲学，并影响人工智能的发展。有学者梳理了语言哲学发展的四条主线，包括"第一，从逻辑分析到日常语言分析到两者较为密切的交织；第二，从原子主义到整体主义；第三，从反对形而上学到一定程度的重新接纳形而上学；第四，从分析传统

---

① 参见王路：《走进分析哲学》，中国人民大学出版社 2009 年版；陈嘉映：《简明语言哲学》，中国人民大学出版社 2013 年版；蔡曙山：《论哲学的语言转向及其意义》，《学术界》2001 年第 1 期；蔡曙山：《再论哲学的语言转向及其意义——兼论分析哲学到语言哲学的发展》，《学术界》2006 年第 4 期；涂纪亮：《语言哲学在现代西方哲学中的地位》，《哲学研究》1993 年第 7 期；涂纪亮：《现代西方语言哲学比较研究》，中国社会科学出版社 1996 年版；徐友渔：《评"哲学中的语言转向"》，《哲学研究》1991 年第 7 期；徐友渔：《"哥白尼式"的革命》，上海三联书店 1994 年版等；王寅：《语言哲学研究：21 世纪中国后语言哲学沉思录》（上），北京大学出版社 2014 年版。

② 蔡曙山：《再论哲学的语言转向及其意义——兼论分析哲学到语言哲学的发展》，《学术界》2006 年第 4 期。

与现象学—解释学传统不相往来到一定程度的沟通。"①有学者从科学主义和人文主义两种传统对语言问题的不同关注进行区分，在科学主义浪潮中，对语言问题的关注出现了人工语言哲学——日常语言哲学——心智哲学的发展情形。在人文主义浪潮中，在最初的意志主义、生命哲学、现象学、存在主义等流派中，他们涉及语言问题，但关注的焦点是存在—生存问题；海德格尔后期哲学从语言着手来探讨存在问题时，严格意义的语言转向才出现；20世纪50年代中期以后，在解释学、结构主义、后结构主义、后现代主义中，语言上升为中心议题。②有学者从"语形到语义再到语用"的发展来梳理当代语言哲学研究，认为20世纪50年代之前，主要是语形学研究；20世纪60年代之后，主要是语义学研究；20世纪80年代后，主要是语用学研究。③语形学（Syntactics）主要研究符号与符号之间的形式关系，其术语主要包括"结构""范畴""短语""参数""规则"等；语义学（Semantics）主要研究符号和符号指向的对象之间的关系，其术语主要包括"模型""映射""指称""真""意义"等；语用学（Pragmatics）主要研究符号和解释者之间的关系，其术语主要包括"说话人""听话人""时间""地点""语境""意向""隐喻""言语""行为""交际"等等。④

　　哲学的语言转向是对人类面临的问题的总体性反思，语言哲学的理论规划并没有也不可能终结什么问题，语言哲学本身也有很多值得反思的地方，但语言哲学让我们通过不同的角度来切入世界，一定程度上改变了我们的思维方式和基本理念，是人类通往智慧之途的重要驿站。

---

① 陈嘉映：《简明语言哲学》，中国人民大学出版社2013年版，第20页。
② 杨大春：《语言·身体·他者：当代法国哲学的三大主题》，生活·读书·新知三联书店2007年版，第6—7页。
③ 江怡：《当代语言哲学研究：从语形到语义再到语用》，《外语学刊》2007年第3期。
④ 参见蔡曙山：《再论哲学的语言转向及其意义——兼论分析哲学到语言哲学的发展》，《学术界》2006年第4期；[美] 莫里斯：《指号、语言和行为》，罗兰等译，上海人民出版社1989年版，第261页。

2. 从语言走向话语——西方话语理论研究

"假如说第一次转向旨在构筑一个自在自为远离现实的语言学宫殿，理论家们可以在其内坐而论道的话，那么，第二次转向则是要炸毁这个宫殿，回到现实的符号表意实践中来。"①这也就使纯粹的语言研究转向了与政治、文化、社会相关的话语研究，这不是哲学的倒退，而是哲学的自我调整和理论突围。哲学对其他人文社会科学起着智慧启迪和思想引领的作用，哲学对语言的关注使人们发现了社会生活以及学术研究的话语性质，激活了人文社会科学的"话语转向"。

话语理论的研究缘起。话语理论研究是语言研究由形式走向功能、由封闭走向开放、由内部走向外部、由单一学科走向跨学科的结果。语言研究之途充满岔路口，20 世纪中期以后，语言哲学在理想语言向日常语言的回归中，在人文主义向科学主义的反叛交织中，在结构主义向后结构主义的理论转化中，在现代性向后现代性的理论纠缠中，在从语形学、语义学向语用学的发展过程中，虽然后者并没有完全替代前者，但是语言哲学这一发展过程使作为语言的社会运用的"话语"概念的意义不断凸显出来。语言研究也就从排除外部因素的系统封闭的语言学研究，转向与权力、利益、伦理、文化、价值、意识形态等与"鲜活的人"相关的话语研究，即出现了所谓的"话语转向"。可以说，理解话语就是理解语言的政治学、社会学、文化学等等。换言之，理解话语就是理解语言的社会实践过程、理解语言在具体的使用过程中受到各种非语言的因素的制约和影响的过程。当弗斯和哈里斯在 20 世纪 50 年代初提出话语概念以来，话语理论就作为对传统结构主义语言学的反叛，从索绪尔式的语言与言语的断裂之处、从被索绪尔所舍弃或忽略的语言系统之外的地方突围并开启的艰难的理论

---

① 周宪：《文学理论：从语言到话语》，《文艺研究》2008 年第 11 期。

探索。①

西方话语理论发展经历了三个阶段，第一阶段以会话分析、对话分析等口头话语分析为主，打破语言学把研究对象限制为书面语言的城墙；第二阶段引入语用学、社会学等方法，使话语分析的外延不断扩展；第三阶段则是各个学科积极介入话语理论研究，从不同的领域解释、运用并创造性丰富话语理论，这也是目前正在如火如荼进行的阶段。西方话语理论纷繁复杂，要对西方话语理论有较为精确的概览是不容易的。有学者根据不同理论对话语的社会指向性质的考察，把话语理论分为"非批判的"方法和"批判的"方法，其中"非批判的"方法包括课堂话语分析、谈话分析、心理治疗等，"批判的"方法包括"批判语言学"和法国学者的话语分析②；有学者概括为形而下的具体话语现象分析和纯粹的形而上的话语理论③；有学者概括为言语行为理论、格莱斯的交际理论、礼貌理论、会话分析、民族志方法、解构主义理论、后殖民主义理论、批判话语分析等八个理论流派④；有学者概括为英美话语研究和法国话语研究，其中英美

---

① 在 20 世纪初，索绪尔建立结构主义语言研究范式并占据语言学研究的绝对主导地位之时，就有学者质疑索绪尔理论的偏颇之处。如苏联的巴尔胡达罗夫强调"现代语言学总的发展趋势是从研究语言的抽象体系转向研究语言在言语中的功能"，捷克的威廉·马泰休斯强调语言研究与语言交际、语境联系起来，但在强调学科分化、专门化、专业化、系统化的现代性运动中，强调结构、静态、抽象、社会的语言范式如日中天，而强调交际的、使用中的、变动的、个体的话语范式则影响甚微，直到 20 世纪中期以后其价值才彰显出来。参见刘晗：《从巴赫金到哈贝马斯——20 世纪西方话语理论研究》，西南交通大学出版社 2017 年版，第 8—12 页。

② ［英］诺曼·费尔克拉夫：《话语与社会变迁》，殷晓蓉译，华夏出版社 2003 年版，第12 页。

③ 刘晗：《从巴赫金到哈贝马斯——20 世纪西方话语理论研究》，西南交通大学出版社2017 年版，第 19 页。

④ 施旭：《文化话语研究：探索中国的理论、方法与问题》，北京大学出版社 2010 年版，第 12—15 页。

话语研究包括言语行为理论、谈话分析、功能语言学等语言学意义上的话语分析，法国话语研究则更多与政治、权力、意识形态相勾连，这也是另一种形式的非批判性话语分析和批判性话语分析的区分。[①] 可以看出，主流的观点是从批判性话语分析和非批判性话语分析的二分中去把握西方话语理论。

面对风格各异的西方话语理论，如果一一予以梳理不仅工程浩大、耗时甚巨，远远超出笔者的研究能力。并且，如果眉毛胡子一把抓，本书的研究主题就会淹没在这浩瀚的万千卷轴中，事倍功半不说，甚至可能有失偏颇。因此，本研究姑且把语言学视角下的包括体裁分析、语料库分析、课堂话语分析，以及基于英语的作文分析等微观层次上的具体的话语分析理论搁置一边，这些话语分析理论操作繁琐、语言学专业化壁垒深，并且与思想政治教育话语权这一主题相距甚远。因此，主要论述与权力、意识形态、文化等密切相关的社会文化视域下的话语理论。

西方话语理论的理论基础，包括日常语言学、系统功能语言学、法兰克福学派批判思想、结构—后结构主义语言哲学。日常语言学认为在科学主义浪潮主导下，试图通过建构人工语言、通过命题的逻辑分析来建构世界的逻辑结构并不能很好地解决哲学问题，甚至会误导人文研究，他们主张分析日常语言来了解语言使用的本真意蕴。代表性的有英国剑桥学者摩尔（Moore）、威斯顿（Wisdom）、后期维特根斯坦（Wittgenstein），牛津学者赖尔（Ryle）、奥斯汀（Austin）、格莱斯（Grice）、斯特劳森（Strawson），美国学者塞拉斯（Sellars）和塞尔（Searle）。系统功能语言学是 20 世纪下半叶能与乔姆斯基的生成转换语法分庭抗礼的语言学派，代表人物是韩礼德（Halliday），认为语言结构是为语言使用服务的。韩礼德等功能语言

---

① 袁英：《话语理论的知识谱系及其在中国的流变与重构》，博士学位论文，华中师范大学，2012 年，第 6 页。

学家把人看作社会人，把语言系统看作是社会符号，把语言使用看作是社会行为，重视对语言系统、功能、语境、语篇、语域和语类研究，涉及语言与社会、语言与教育、语篇和话语的语言学研究等论域，努力探寻语言与社会文化之间的关系。法兰克福学派是西方马克思主义的主要流派，以霍克海默和阿多诺的社会批判理论、马尔库塞和弗洛姆的性格结构批判理论、哈贝马斯的交往行为理论为代表。他们继承了马克思的批判精神，看到了在两次世界大战中爆发出的技术理性主义和人本主义之间的直接冲突带来的西方文化生存困境，看到了技术理性以及与其相关的意识形态、大众文化对人的异化统治，并对此展开了全方位的社会批判，这种批判精神对话语理论有着深刻的影响。结构—后结构主义语言哲学，强调语言的物质性力量及其增殖扩张，包括列维·施特劳斯的结构人类学语言观、福柯的话语理论、拉康的精神分析语言观、巴尔特的符号学语言观、德里达的消解主义语言观。就结构主义和后结构主义立场而言，列维·施特劳斯借助于语言学模式静态地分析一切社会文化现象，致力于建设结构主义诗学或叙事学，属于结构主义立场。但他在其神话研究中发挥了"把一个完整的理论规划包括在'话语'这个术语之内的先驱作用"，即在语言走向话语的途中发挥着术语转换的作用①。拉康前后期不容易区分；福柯的"话语理论"处于"结构"与"解构"的张力中，其中后期关注话语霸权与话语的增殖，揭示语言的物质性存在和厚度；巴尔特后期提出了符号分裂学，在文学作品的解读中追求"文本的愉悦"和"话语的片断化"，属于后结构主义立场；德里达的整个"文字理论"是对于"结构"的消解，他质疑语言本身，把语言的泛化看作是语言的贬值和符号的扩张。②

　　西方话语理论的重要论域。包括话语与政治、话语与社会、话语与文

① 汪民安等编：《福柯的面孔》，文化艺术出版社 2001 年版，第 84 页。
② 参见杨大春：《语言·身体·他者：当代法国哲学的三大主题》，生活·读书·新知三联书店 2007 年版，第 88 页。

化、话语与传播、话语与性别、话语与意识形态等方面。话语与政治的研究可以回溯到体现说服艺术的政治修辞研究，研究者将"权力或其反面抵抗的政治行为"与"话语"联系起来，认为政治现实在话语中并通过话语得以建构，认为常用的政治话语策略包括强制与抵抗、合法化与去合法化、再现与歪曲。① 话语与社会的研究，根据方法取向的不同分为后实证主义和批判主义两类。后实证主义取向认为话语交际模式是对社会结构的表征和再现，涉及会话分析和民族志分析；批判主义取向认为话语不是透明的，不是对社会现实的忠实反映和被动表征，而是受到社会制约并建构社会。② 话语与文化的研究有一个基本假定："话语是一种文化实践"，关注"个人的范畴被话语建构的动态方式，改变语言或使其适应特定活动和目标的不同方式，以及对表征手段的反思"③。这主要涉及后殖民主义理论，代表性著作包括法农的《黑皮肤，白面具》（1967）和《地球上苦难的人们》（1990），萨义德的《东方主义》（1978）和《文化与帝国主义》（1993），揭露欧洲对东方社会的话语歪曲和文化殖民，批判白人至上的欧洲中心主义。话语与传播的研究主要是语言符号学和文化符号学两个向度的大众传媒话语分析，语言符号学偏微观层面，涉及对传媒话语的表层结构、言语行为、会话含义和修辞策略等方面内容的分析；文化符号学向度偏宏观层面，涉及对传媒话语的意识形态及文本"深层结构"的探讨④。话语与性别的研究主要是女权主义话语批判，这一主张声称女性作为第二性的屈从地位是通过话语被建构起来的，有三个主题："沉默与排

---

① [荷] 图恩·梵·迪克编：《话语研究：多学科导论》，周翔译，重庆大学出版社 2015年版，第 271—278 页。

② 吴鹏、王海啸：《当代西方话语研究述评与本土化反思》，《现代外语》2014 年第 2 期。

③ [荷] 图恩·梵·迪克编：《话语研究：多学科导论》，周翔译，重庆大学出版社 2015年版，第 297—298 页。

④ 丁和根：《大众传媒话语分析的理论、对象与方法》，《新闻与传播研究》2004 年第 1 期。

斥主题、再现的主题（其中社会性别的文化意义如何被建构和挑战），以及人们如何通过语言行为而成为性别化的实体存在。"[1]话语与意识形态的研究，通过对意识形态隐含结构的话语分析，"以揭示隐含的身份、行动、目标、规范和价值、群体关系以及从属于并辨识于当下情境的意识形态群体语言的利益所在。"[2]话语与政治、社会、文化、传播、性别、意识形态等方面的研究都旨在"解释话语作为体现差异与不平等（inequality）场所的复杂性"[3]，考察话语的社会历史文化语境，话语与其他非语言因素的密切关联。

西方话语理论的代表性分析方法。包括诺曼·费尔克拉夫（Norman Fairclough）的社会文化分析法、詹姆斯·保罗·吉（James Paul Gee）的建构主义"话语/话语分析"方法、图恩·梵·迪克（Teun van Dijk）的社会认知分析方法、鲁思·沃达克（Ruth Wodak）的语篇—历史文化分析方法。诺曼·费尔克拉夫把带有社会—理论意义的话语和具有"文本和相互作用"意义的话语结合起来，在"文本、话语实践和社会实践"三个向度分析话语。其中"文本"向度关注文本的语言分析，"话语实践"向度说明文本生产过程和解释过程的性质，"社会实践"向度倾向于关注社会分析方面的问题，是一种多向度、多功能、历史的、批判的话语分析方法，旨在考察社会变迁在何种程度上、以何种方式反映在话语中，并探讨话语变迁的社会转型效果。[4]詹姆斯·保罗·吉认为话语分析是一个从语境到语言，再从语言到语境的双向运动过程，语言具有七项建构任务，包

---

[1]　黑玉琴：《跨学科视角的话语分析研究》，北京大学出版社2013年版，第76页。

[2]　[荷]图恩·梵·迪克编：《话语研究：多学科导论》，周翔译，重庆大学出版社2015年版，第365页。

[3]　丁建新、廖益清编：《批评语言学》，外语教学与研究出版社2011年版，前言。

[4]　[英]诺曼·费尔克拉夫：《话语与社会变迁》，殷晓蓉译，华夏出版社2003年版，第4—9页。

括意义、活动、身份、关系、立场与策略（社会产品的分配）、联系、符号系统和知识的建构，分析话语的调查工具涉及社会语言、话语、互文性、会话。他区分了"大话语"（黑体的话语）和"小话语"（常规字体的话语），认为"大话语"是语言加上"其他材料"即在恰当的时间、地点，按照恰当的目标使用话语的方法，以及思考、评价、行动和交流的方法所形成的被社会接受的关系。① 图恩·梵·迪克突出话语运作于种族主义、意识形态和知识中的认知维度。他认为社会与话语并不是直接关联的，由知识、经验、情感、记忆等因素构成的社会认知是话语与社会结构之间的媒介。他把认知分析和社会因素分析结合起来，强调从认知的角度来解释话语所表现出来的社会性，认为权力通过知识、信仰、理解、价值观等因素，影响人们的社会认知图式，进而对人们进行思维管理。鲁思·沃达克关注性别歧视、反犹主义和种族主义的跨学科研究。鲁思·沃达克与图恩·梵·迪克一样看重认知的中介作用，把认知科学中的认知框架、知识草案或脚本、心理图式、认知语境等理论与人类文化学的研究方法结合起来，从文本生产和文本理解的角度搭建话语分析框架。其中文本生产过程涉及认知、社会心理、语言三个维度，而文本理解是在既有认知模式和心智模型的基础上对文本的分类、阅读和解释。

3. 简评

西方语言哲学，或系统地从语言出发，从语言方面考虑哲学问题，希望通过语言分析达到哲学问题的澄明；或希望从哲学的角度理解语言，把握语言的内部机制和语言的意义；或探讨哲学和语言的相互关系，关注凝结在语言中的人类理解，把握语言与思维和存在的关系。"语言和语言沟

---

① ［美］詹姆斯·保罗·吉：《话语分析导论：理论与方法》，杨炳钧译，重庆大学出版社2011年版，第12—14、28页。

通被视为一切形式的人类交往和人类客观化的普遍范式。"①语言本身不仅成为哲学的核心得到了深刻的理解，语言还被视为出发点、分析模型、方法论，使传统哲学的一些古老问题以新的概念形式重生。语言哲学提示人们，"正是在语言中才凝聚着自然与精神、客观与主观、真与善的深刻矛盾，才积淀着人类思维和全部人类文化的历史成果。"②虽然当下语言哲学不再像它横空出世的时候给人带来极大的思想震撼，不再扮演革新者的角色，新颖度、吸引力也有所降低，思想界甚至出现了一种语言哲学衰退的看法。然而，就像哥白尼革了"地心说"的命一样，哥白尼的观点在今日已经不会在人们心中掀起多大波澜，而是成为既定世界秩序和人类知识的一部分。同样地，语言哲学及其基本精神已经成为人类心智模型的一部分，成为人们看待世界的常识，这是人类理解的进步。

社会在人的语言中，我们只能通过语言表述社会，语言贯穿渗透于人文社会科学的各个领域。在语言哲学的观照下，语言以及覆盖其上的神秘面纱和附着其上的关联性问题引致了人文社会科学的基本理念和方法论革新。语言作为研究对象成功吸引了多学科介入，它们或分析语言问题对解答本学科独特问题的可能性和适应性，或通过语言反思来拓宽学科研究视野，或吸收语言研究的成果来调整学科发展思路，或引入语言范式清理本学科的经典问题甚至常识性问题，语言研究像一条游动于多学科之间的鲇鱼，激活了人文社会科学的发展活力。而多学科执着于语言研究的过程也搅动了一池春水，来自不同理论背景的学者使语言研究呈现出更多复杂的样态，语言研究突破传统结构主义语言学的藩篱，话语理论研究应运而生并成为西方理论中的一朵奇葩，影响广泛。

西方话语理论具有突出的特点：第一，流派众多、精彩纷呈，不同学

---

① ［匈］乔治·马尔库什：《语言与生产：范式批判》，李大强等译，黑龙江大学出版社2011年版，第3页。

② 孙正聿：《哲学：思想的前提批判》，中国社会科学出版社2016年版，第25页。

科视角下的"话语"具有不同的内涵、不同的分析方法，这既使"话语"概念得到多维呈现，又使"话语"成为一个令人迷惑费解的复数概念。正是在这种跨学科、多视角的话语研究中，思想的碰撞摆下了一场学术盛宴，我们也可以分享其中的一些新观点、新方法、新思路，为本土化研究提供思想火花。第二，二元对立、非此即彼，西方话语理论趋向于把事物两极化，话语分析者探索的往往是他所划分的事物间的机械的因果关系，如话语与社会、言语与认知、语言与权力等等，在强调社会历史文化因素对话语的影响的过程中，预设了两者的分离，思考的重心不应该是讨论是谁压抑或控制谁，而应该是探讨两者的相互关系。[①] 第三，重视语境、尚有欠缺，西方话语理论是在对语境的重视下从传统的结构主义语言学中超越出来的，但在具体的分析过程中，索绪尔的影子依然晃动，对语言表达形式的分析占有重要一席，对语境的挖掘尚不够深入，尚未建立起令人满意的动态语境分析框架。第四，西方立场、潜隐霸权，西方话语理论以西方学者的理论视角、研究旨趣、价值取向、核心概念、独特方法对话语展开研究，这是学术研究无法摆脱的现实制约性，本也无可厚非。但这种西方话语理论却以普适性、人类性的面貌出现，挤压着非西方国家的话语研究，甚至出现了在批判后殖民话语的同时制造着殖民话语的现象，对其自诩为普遍、客观、中立的话语理论，需结合我国的社会历史文化背景予以批判性分析，实现话语研究范式的重新语境化和内部化。

（二）国内研究状况

近年来，经过不断的积累酝酿，话语以及话语权问题日益成为多学科关注的热点，而其作为学术热点的背后有三大动因。一是随着西方哲学的

---

① 施旭：《文化话语研究：探索中国的理论、方法与问题》，北京大学出版社 2010 年版，第 23 页。

语言转向，围绕着语言、言语、话语等问题，形成了不同的研究流派，取得了丰硕的研究成果，并引起了社会科学研究的话语转向。这些研究成果作为学术前沿被不断译介到中国，涌现出一系列引进介绍、评述批判、借用改造以及转换生成西方话语理论的研究成果，话语的理论弹性和学术张力不断显露，各学科对话语理论的关注一时蔚为大观。二是随着中国哲学社会科学的不断发展，各学科的理论自觉和学术自觉不断增强，面对西方的强势理论，为从外部依赖的学术发展路径中摆脱出来，更好地聚焦中国问题，对各学科话语体系本身的关注成为焦点。虽然依然是以一种来自西方的术语——"话语"作为理论生长的旗帜，但其中的中国情怀和超越意识不断彰显，摆脱理论研究的"学徒状态"，实现中国学术的自我主张①成为理论共识和努力方向。三是党和国家对话语、话语体系、话语权问题的关注，习近平在哲学社会科学座谈会上发表重要讲话，先后多次在不同层面提到"话语"，涉及"话语权""话语体系""学术话语"等相关范畴。党的十八大以来，"打造具有中国特色、中国风格、中国气派的哲学社会科学话语体系""不断增强中国话语权""不断增强意识形态领域主导权和话语权"等重大课题的提出，使话语研究的政治资源不断积累，话语研究具有明确的理论出路和实践指向，进而不断激起学界的理论热情。

不同学科视域下的话语及话语权研究又有不同的理论意蕴和侧重点。吴晓明的《论中国学术的自我主张》可以看作是对我国人文社会科学发展的总体性的思考，涉及中国学术话语体系构建、当代中国的精神重建及其实现资源、"中国学派"及其学术话语权、中国学术的理论自觉等方面的思考。哲学视域下的话语研究，既有把话语本身当作实在对象，从哲学上探讨话语的内涵、特性等的研究；又有话语的喻化研究，把话语当作是思想体系或思想脉络的体现，以话语来比喻思想。政治学视域下的话语研

---

① 吴晓明：《论中国学术的自我主张》，复旦大学出版社 2016 年版，序言第 1 页。

究，把话语与权力、权势、身份、地位等联系起来，聚焦于中国话语、中国的国际话语权等方面的研究。社会学视域下的话语研究，把话语看作是社会群体、社会行动、社会变迁、社会问题、社会结构、社会分层、社会流动、社会整合等社会事实和社会现象在语言层面的体现，尝试通过话语这一视角透视社会。文化学视域下的话语研究，既有把话语当作是文化的载体和表现的研究，又有把话语本身当作文化来进行分析的研究，主要探讨话语与民族文化、话语与文学批评、话语与叙事等方面的问题。语言学视域下的话语研究，把话语当作是大于句子的语言分析单位，包括话语语言学、批评语言学、言语的语言学、篇章语言学、文本学等方面的研究。新闻传播学视域下的话语研究，把话语视为信息的承载者，把话语权视作是影响和控制舆论的权利、权力和能力，探讨人们如何运用话语进行信息传播和交流，以及信息传播和交流过程中的权力因素的渗透和影响。教育学视域下的话语研究，既有采用话语分析的方法来研究教育政策、教育实践的变迁，又有从话语角度来理解和阐释教育，把话语当作教师和学生之间的媒介，研究如何让教师恰当地说话、让学生学会说话，并进行课堂话语分析、教育话语转换等方面的研究。经济学视域下的话语研究，既有把话语当作经济理论的语言呈现，通过对经济理论进行话语分析，把握经济与政治、文化、意识形态之间的关系；又有把话语权当作一种竞争性资源，强调正确的经济理念、经济价值观、经济规划对国家、地区、城市、行业、企业的经济发展的影响。还有其他的一些学科也有对话语及话语权的研究，在这里就不一一进行说明。

总体来看，在党和国家的政策倡导下，在各界学人的持续关注下，话语及话语权研究日益成为一门显学，且论域广泛、视角多元、风格多样、成果丰硕，成为多学科的学术关键词。其中既有对西方话语理论的评介，又有学者根据自己的研究旨趣、研究问题以及研究背景"重新语境化"的中国本土话语研究；既有对话语权本身的深入探讨和理论交代，又有基于特定学科的洞见，从不同领域开启话语权之思；既有把话语当作一种思想体系的泛化使用，又有运用话语分析方法来切入本学科问题的具体研究。

话语和话语权具有强大的研究吸引力、学科渗透性和理论适应性。在话语研究的理论浪潮中，话语和话语权问题逐步进入到思想政治教育学者的视野中，成为思想政治教育理论研究中的一个新论域和新的理论增长点。

1.思想政治教育话语权研究概览

目前，关于"思想政治教育话语"的研究成果较为丰硕，主要集中在对思想政治教育话语内涵界定、思想政治教育话语结构分析、思想政治教育话语历史考察、思想政治教育话语面临的风险挑战、思想政治教育话语转换与发展、思想政治教育话语体系构建、高校思想政治理论课话语研究等方面，这些理论成果为推进思想政治教育话语权的研究提供了理论基础。与"思想政治教育话语"的研究相比，关于"思想政治教育话语权"的研究则起步相对较晚。"思想政治教育话语权"研究是对"思想政治教育话语"研究的进一步理论聚焦，内涵的不断丰富使其外延不断缩小，入口收窄对问题的讨论有一定限制，但随着对"思想政治教育话语权"理论内涵的深度挖掘，理论空间不断打开，亦有别有洞天之感。现有的研究成果已经就"思想政治教育话语权"的一些基本问题进行了说明，为深化思想政治教育话语权研究提供了很多有启发的思想、有价值的观点和有支撑的资料，敞开了进一步深化研究的理论空间。目前关于"思想政治教育话语权"具体内容的研究主要集中在以下几个方面。

（1）思想政治教育话语权的基本认识研究

目前，对于什么是"思想政治教育话语权"这一问题，学界已有话语权力说、"场域—位置"说、功能效果说、话语能力说、"权利·权力·能力"综合说等五种观点。第一，话语权力说。有学者指出，思想政治教育话语权包括外部系统赋予（外赋）的权力和内部交往生成（内生）的权力两部分，涉及教育者的话语权、受教育者的话语权以及公共领域的话语权等方面的具体内容。① 还有学者认为思想政治教育话语权是从国家和文化中获取的，是思想政治教育者的话语权力，是思想政治教育工作者在教育中对受教育者的影响力，包括制度性话语权、感召性话语权和个体性话语权三个方面的内容。② 第二，"场域—位置"说。有学者指出，思想政治教育话语权是统治阶级贯彻主体意志的一种控制力和权威力，是由场域权力结构中的位置赋予，本质上体现的是一种社会关系和存在状态。③ 第三，功能效果说。有学者从思想政治教育本质、思想政治教育功能、思想政治教育发展矛盾三个方面对思想政治教育话语权进行了理论铺陈，并以文化主动权、价值主导权、引领力、塑造力、传播力等词汇来描述思想政治教育话语权。④ 还有学者从思想政治教育话语和思想政治教育话语权的关系入手来分析思想政治教育话语权，从知识体系、知识生产和知识运用三个层面进行阐释，认为思想政治教育话语权包括理论话语主导权、学科话语引领权、工作话语管控权三个部分。⑤ 还有学者认为思想政治教育话语权是思想政治教育话语主导权、管理权和控制权。⑥ 第四，话语能力说。有学者从思想政治教育的学科功能和理论使命出发，认为"思想政治教育学科话语权，就是坚持社会主义方向的权力和促进人的全面发展的能力。"⑦ 第五，"权利·权力·能

---

① 邱仁富：《思想政治教育话语论》，上海交通大学出版社 2013 年版，第 36—37 页。

② 叶德明：《思想政治教育话语权浅论》，《教育评论》2009 年第 3 期。

③ 李庆华、李志飞：《论思想政治教育话语权》，《教学与研究》2016 年第 7 期。

④ 李艳：《思想政治教育话语权的内在规定》，《马克思主义研究》2016 年第 3 期。

⑤ 侯勇：《权力话语与话语权力：思想政治教育话语权建构与转型》，《理论与改革》2016 年第 3 期。

⑥ 张金鑫、张国启：《微时代思想政治教育话语权提升的逻辑思考》，《继续教育研究》2015 年第 2 期。

⑦ 郑永廷、曹群：《坚持思想政治教育学科的话语权与主导权》，《思想教育研究》2015 年第 3 期。

力"综合说。有学者认为，思想政治教育话语权是话语权利、话语权力及话语能力的结合体，由思想政治教育话语的创造权、表达权、传播权、设置权、运用权构成，本质上是思想政治教育话语的主导权。①

（2）思想政治话语权的现实问题及原因研究

有学者指出，在思想政治教育过程中，由于符号暴力带来了思想政治教育者与受教育者的双重话语屈从，教育者的屈从地位缘于"国家的在场"和"专家的在场"的压抑，受教育者的屈从地位缘于传统文化的规训和教育系统的规制。②有学者指出，在社会现代化发展进程和思想政治教育系统内部转型过程中，思想政治教育遭遇理论话语"主导权弱化"、学术话语"引导权式微"、实践话语"管控权失落"等困境。③有学者论述了在休闲社会这一特定的时空条件下思想政治教育话语权的流失，表现为自由化话语性质挑战主流话语权威、开放式话语平台分散主流话语力量、戏谑化话语方式改变话语权力格局。④有学者指出，由于工具理性、知识中心论的影响以及教育者个体意识的丧失、受教育者权利意识的淡薄等原因，思想政治教育话语权陷入远离生活世界、话语霸权泛化及教育者与受教育者集体失语等困境。⑤

（3）思想政治教育话语权的建设研究

有学者指出思想政治教育话语权建设有四个立足点，即立足当代中国

①　史姗姗：《思想政治教育话语权研究》，博士学位论文，武汉大学，2014 年，第 132、170 页。

②　黎海燕、张忠江：《符号、符号暴力与思想政治教育话语权的重构》，《学术论坛》2015年第 2 期。

③　侯勇：《权力话语与话语权力：思想政治教育话语权建构与转型》，《理论与改革》2016年第 3 期。

④　黎海燕：《论休闲时代思想政治教育话语权的流失、风险与重构》，《西南大学学报（社会科学版）》2015 年第 2 期。

⑤　叶德明：《思想政治教育话语权浅论》，《教育评论》2009 年第 3 期。

实践、立足中国传统文化、立足时代化、立足全球化，更倾向于对思想政治教育话语权建设原则的探讨。① 有学者指出，思想政治教育话语权确立的关键是先进的理论和与时俱进的创新体系，并从坚持马克思主义理论的指导地位，抓好宣传思想工作、学科建设和课程创新，观照教育对象的日常生活实践，增强载体平台建设等方面提出建议，同时观照理论和实践两个层面。② 有学者指出思想政治教育话语权建设的根本要求是坚持理论彻底性、学科思想性、研究科学性，并自觉进行话语权的理论锻造、主体锻造、创新锻造，以思想政治教育话语权的建设掌握意识形态领导权。③ 有学者强调"转换"，指出要实现思想政治教育权力话语向话语权力的转换，即要实现工具性功能话语转化为价值性话语引领、文件话语应用向学术话语生长、政治性话语关注向公共性话语转型。④ 有学者指出，面对激烈的话语权争锋，把握高校思想政治工作话语权应强化阵地意识，抓好课堂阵地、网络阵地、文化阵地，增强思想政治工作的实效性。⑤ 有学者从思想政治教育话语权的导向、力量整合、阵地建设、创新发展、运用艺术等方面提出提升思想政治教育话语权的方略。⑥

(4) 网络领域的思想政治教育话语权研究

由于网络传播的特殊性，网络领域的思想政治教育话语权面临更多的风险挑战，以网络时代、新媒体、微时代等为领域的思想政治教育话语权成为学者关注的重点，并发表了系列学术论文。有学者指出，网络

---

① 邱仁富：《中国特色思想政治教育话语权建构》，《学术论坛》2015 年第 8 期。

② 李庆华、李志飞：《论思想政治教育话语权》，《教学与研究》2016 年第 7 期。

③ 李艳：《思想政治教育话语权的内在规定》，《马克思主义研究》2016 年第 3 期。

④ 侯勇：《权力话语与话语权力：思想政治教育话语权建构与转型》，《理论与改革》2016 年第 3 期。

⑤ 孟国忠：《把握思想政治工作话语权应强化阵地意识》，《学校党建与思想教育》2017 年第 3 期。

⑥ 史姗姗：《思想政治教育话语权研究》，博士学位论文，武汉大学，2014 年，第 238 页。

思想政治教育话语权是指导建构社会实体以及社会关系所产生的权力，蕴含了强制、灌输、说服、引领的社会力量。决定网络思想政治教育话语权的核心要素是主体话语的说服力、客体活动的接受度、话语内容的感染力、话语方式的创新度以及话语环境的优化度。① 有学者指出，在"微时代"信息传播的瞬时性和流动性、语言的简明化和通俗化，以及群体庞大和参与度高等特点在一定程度上使思想政治教育者话语权威性受到削弱、话语控制力受到挑战、话语沟通力受到阻碍，要充分利用"微时代"信息技术和话语优势，理性运用"微媒体"和"微工具"，建立平等互信的主客体关系，提升思想政治教育话语权。② 有学者指出，大学生思想政治教育要适应社会信息化发展的新特点，不断提升网络文化话语权，注重熟识、分析、创新、传播和调控网络领域的文化话语，加强网络信息技术建设、增强网络文化话语设置自觉、促进网络文化话语广泛传播、主动参与网络文化话语交锋和提高网络思想政治教育话语能力。③ 还有学者从符号、模因、人际传播和群体传播的角度对网络流行语理论维度进行剖析，探讨了传统青年思想政治教育的话语范式和面临的困境，提出了通过明确思想政治教育网络话语权重塑的思路、规范思想政治教育网络话语的内容生产、推进思想政治教育网络话语变革、改进网络思想政治教育话语保障机制等方式，重塑思想政治教育网络话语权。④

---

① 李超民、李礼：《网络思想政治教育话语权研究》，《华侨大学学报（哲学社会科学版）》2015 年第 6 期。

② 张金鑫、张国启：《微时代思想政治教育话语权提升的逻辑思考》，《继续教育研究》2015 年第 2 期。

③ 骆郁廷、魏强：《论大学生思想政治教育的网络文化话语权》，《教学与研究》2012 年第 10 期。

④ 王延隆、蒋楠：《网络流行语与青年思想政治教育网络话语权的重塑》，《中国青年研究》2016 年第 6 期。

（5）高校思想政治理论课话语权研究

随着党和国家对高校思想政治理论课教学质量提出新要求，聚焦高校思想政治理论课话语权的研究也悄然兴起。有学者指出，思想政治理论课话语权具有言说任务的引领性、言说者的权威性、言说内容的可信性的内在特性，思想政治理论课话语权建设要与思想政治教育发展规律、意识形态安全的本质、思想政治教育的任务和目的相契合，通过设计主题、把握导向、贴近生活世界提升思想政治理论课话语权。① 有学者指出，高校思想政治理论课话语权存在着三个方面的挑战即社会体制转型中的各种矛盾对思想政治理论课话语权主体的冲击、各种社会思潮对思想政治理论课话语权阵地的侵蚀、复杂的国际社会变化对思想政治理论课话语权的挑战，要积极应对挑战，牢牢掌握话语权。② 有学者指出，在高校思想政治理论课话语权建设中，需要处理好思想政治理论话语的意识形态性与科学性的关系、理论性与实践性的关系、思想性与政治性的关系、创造性与趣味性的关系。③ 还有学者探讨了思想政治理论课教师话语权，指出思想政治理论课教师的话语权主要表现为主流意识形态的主导权、学生全面发展的引导权和课堂教学秩序的控制权，要不断提升理论话语权、优化教学话语权、尊重学生话语权、完善个人话语权。④

（6）思想政治教育话语权的关联性研究

目前一些研究成果虽然没有直接冠以"思想政治教育话语权"之名，但其研究出发点、研究视点、研究方法、论证方式、研究结论等都与思想

---

① 孙英：《高校思想政治理论课话语权建设的基本内涵与根本要求》，《思想理论教育导刊》2016 年第 10 期。

② 李庆霞：《高校思想政治理论课话语权面临的挑战及应对》，《思想理论教育导刊》2016 年第 11 期。

③ 魏佳：《高校思想政治理论课话语权建设中需要注意的几个关系》，《思想教育研究》2017 年第 1 期。

④ 龚萱：《高校思想政治教育理论课教师话语权探析》，《思想理论教育》2015 年第 12 期。

政治教育话语权有一定的关联性，可以拓展思想政治教育话语权研究的理论视野，主要是意识形态话语权、马克思主义话语权、马克思主义话语体系建构等方面的研究，形成了一系列的研究成果。代表性专著有陈锡喜《意识形态与话语体系》（2011）、卢永欣《语言维度的意识形态分析》（2013）、陈承新《政治意识的话语建构——基于当代中国背景的分析》（2014）、杨昕《中国共产党意识形态话语权研究》（2015）、申文杰《马克思主义意识形态话语权理论阐释与实践探索》（2017）、王永进《高校意识形态工作话语权研究》（2017）等等，代表性论文有侯惠勤《意识形态话语权初探》《意识形态话语权建设方法论研究》等系列论文、李宏伟《意识形态话语权的四个基点》、李俊卿等《国际较量视域下中国意识形态话语权的建构》、肖行《论马克思主义话语权面临的挑战及当代建构》、张杨乐《马克思主义话语权考辨及其实践路向》、叶红云《马克思主义理论的学科自信与马克思主义话语权》、井永杰《论全球化语境下的马克思主义话语权》，以及邓伯军和谭培文从"赋比兴"、解释学、现象学、结构主义、"以情立体"等方面对构建马克思主义中国化话语体系的方法论的思考的系列论文，等等。这些研究成果既有理论层面的激扬文字，又有实践层面的针砭时事；既有方法论的指导，又有具体的操作路径；既有聚焦于国内问题的理性省思，又有放眼全球的宏大视野；既有对网络虚拟社会的透彻分析，又有对现实社会的层层解剖；既有历史语境中的话语权考察，又有火热实践中的话语权观测。这些研究成果虽然在立论上与思想政治教育话语权有一定差别，但都聚焦马克思主义理论、关涉中国特色社会主义伟大事业、指向意识形态安全，对推进思想政治教育话语权研究具有重要的理论借鉴价值。

2. 对思想政治教育话语权研究成果的简评

当前，思想政治教育话语权研究出现了一些可圈可点的研究成果，为进一步的研究提供丰富的理论支撑和现实启示，但也存在着一些缺陷与不足。

第一，热点明确、研究具体，但在系统性、全面性、共识性的理论把握方面还有所欠缺。目前的研究热点主要集中在网络、新媒体、微时代等背景下的思想政治教育话语权研究，以及高校思想政治理论课话语权的研究。对这两个具体领域的关注一方面使思想政治教育话语权研究能够在"小切口"的基础上得以深入，问题性和针对性较强，时代气息较为浓厚。但另一方面，眼光的聚焦使视野变得相对狭窄，使思想政治教育话语权研究呈现出一定的碎片化、零散化状态，经验性描述多、现象性分析多、局部性概括多。

第二，理论杂多、概念理解不一，对马克思主义视域下的思想政治教育话语权理论还待深入挖掘。当前，有学者对思想政治教育话语权概念的使用缺乏反思，或直接嫁接西方理论，或直接挪用其他学科的概念界定，或东拼西凑地进行理论叠加，使思想政治教育话语权的理论真意如坠云雾之中，不仅没有增信释疑，反而平添困惑。同时，在经典马克思主义作家的相关著作和中国共产党人的相关著作中蕴含着丰富的思想政治教育话语权思想，虽然并没有直接以"话语权"这一概念进行明示，如若深入挖掘，思想政治教育话语权研究的理论厚度、深度和力度将会有别样的风采。但已有的研究成果却没有就此报以对待西方话语理论同样的理论热情和研究关切，只有少数学者有所涉猎，思想政治教育话语权研究的理论基础尚待铸牢。

三、研究思路及内容

（一）研究思路

本研究以辩证唯物主义和历史唯物主义为方法论指导，以思想政治教育话语权为研究主题，通过文献梳理和理论分析把握思想政治教育话语权的理论脉络、本质内涵和生成逻辑，通过案例分析把握思想政治教育话语权的动态博弈过程，通过切入实践描绘思想政治教育话语权的现实图景，并在此基础上提出建设性意见，以期从整体上系统推进思想政治教育话语权研究。

理论的发展总是在发现问题和解决问题的过程中实现的，而从不同的角度去审视思想政治教育发展可以发现不同的问题并提出新的解决思路。话语权问题是思想政治教育与生俱来的问题，但在长期的发展过程中被遮蔽掩盖，随着多元思想、价值、文化的交流交融交锋和思想政治教育学科自觉的不断提升，话语权问题在实践中不断凸显，亟须从理论上进行回应。目前学术界已经从不同层面对该问题进行回应，但与问题的紧迫性和重要性相比，理论回应的深度、力度还有所欠缺。

本研究在系统掌握相关文献资料和充分借鉴多学科研究成果的基础上，坚持马克思主义立场、观点与方法，着眼于中国特色社会主义伟大事业，立足于当代中国的思想政治教育实践，尝试从理论上回答"什么是思想政治教育话语权？如何把握思想政治教育话语权发展现状？如何系统地推进思想政治教育话语权建设？"等系列问题，达成如下三个研究目标：首先，进行探索性研究，挖掘思想政治教育话语权的理论精要，探究思想政治教育话语权的理论内涵、生成逻辑，确立思想政治教育话语权的理论分析框架，为思想政治教育话语权建设涂抹上厚重的理论底色。其次，进行描述性研究，对思想政治教育话语权存在的问题、制约因素、现实基础进行深入剖析，以描绘思想政治教育话语权的现实图景。最后，进行建构性研究，主要探讨推进思想政治教育话语权建设的思路，从思想政治教育话语权建设的目标、原则、路径等方面着手，有针对性地提出意见和建议，破解思想政治教育话语权建设瓶颈。

（二）研究内容

本研究主要从以下五个方面展开：

1. 思想政治教育话语权的理论渊源。思想政治教育话语权并不是无源之水，它有其思想渊源。该部分重在总结提炼马克思恩格斯列宁、中国共产党人、西方学者关于思想政治教育话语权的重要思想，从不同的视角审视思想政治教育话语权，力图全方位、多层次地展开思想政治教育话语权的理论研究，打牢思想政治教育话语权研究的理论基础。从语言媒介、思想统治地位、理论彻底性、实践根基、思想批判等方面梳理马克思恩格斯对思想政治教育话语权的理论奠基，从"科学意识形态"的提出、"灌输"途径的掌握、批判斗争方式的运用等方面梳理列宁关于思想政治教育话语权的基本性命题，从掌握思想领导、坚持良好学风、走好群众路线、强化舆论引导、展开理论斗争、注重语言艺术等方面阐释中国共产党人对思想政治教育话语权理论的发展，从葛兰西的"意识形态领导权"、拉克劳和墨菲的"话语领导权"、福柯的"话语权力"、哈贝马斯的"话语交往"阐释西方学者的话语权相关理论。

2. 思想政治教育话语权的静态分析。透过重重的理论迷雾，对思想政治教育话语权进行基本界定和分析，形成一个准确的认识是思想政治教育话语权研究的基础。该部分沿着"话语——话语权——思想政治教育话语权"的概念递进，聚焦当代中国这一时空背景下的、作为党和国家事业重要组成部分的思想政治教育话语实践及其话语权研究，对思想政治教育话语权进行抽丝剥茧的理论分析。思想政治教育在不同的活动领域生产、阐释、传播和捍卫主流意识形态，既作为一门学科从事理论研究，又作为一种教育活动的具体类别从事教学育人，还作为一种社会公共活动从事舆论宣传。思想政治教育话语权是话语权利和话语权力的统一，具有主导性与多样性、生产性与压抑性、应然性与实然性等方面的特征，由理论创新权、学术对话权、思想阐释权、思潮批判权、教育引导权、舆论引导权构成。

3. 思想政治教育话语权的动态把握。思想政治教育话语权不是一成不变的，它有其发生发展过程，该部分分析了思想政治教育话语权的生成逻辑和动态博弈过程，力图把握思想政治教育话语权的动态发展轨迹。指出思想政治教育话语权的生成逻辑包括真理逻辑、价值逻辑、实践逻辑、权力逻辑和话语逻辑。并以历史虚无主义为案例，以思想政治教育对历史虚无主义的批驳性回应为主视角，从主体参与及媒介占用（谁在说？通过什么媒介说？）、议题设置（说什么？）、框架建构（怎么说？）、效果评估（说得怎么样？）等思想政治教育话语权得以生成的基本环节入手，分析思想政治教育话语权的动态博弈过程。

4. 思想政治教育话语权的现实图景。强烈的问题意识是本研究的初衷，有效把握思想政治教育话语权的现实状况才能使研究有的放矢。而现实状况总是潜藏在各种社会现象中，时而爆发，时而隐匿。该部分以辩证的画笔描绘思想政治教育话语权的现实图景，既诊断了思想政治教育在理论创新权、学术对话权、思想阐释权、思潮批判权、教育引导权、舆论引导权等方面存在的现实问题，又分析了思想政治教育话语权面临的西方话语霸权挤压、我国社会转型冲击以及信息网络化挑战等制约因素，还从国家硬实力提升、人民获得感增强、文化自信明显增强、全面从严治党、思想政治教育学科发展等方面分析了思想政治教育话语权的现实基础，既正视问题又不失希望。

5. 思想政治教育话语权的建设思考。在把握思想政治教育话语权的现实问题，弄清思想政治教育话语权困境缘由和坚实基础之后，明晰思想政治教育话语权的建设目标、原则和路径，系统推进思想政治教育话语权建设是本研究的落脚点。该部分从实现思想政治教育学科发展新自觉、增强社会主义意识形态话语影响力、培养担当民族复兴大任的时代新人三个方面分析了思想政治教育话语权的建设目标。从政治导向与科学导向相结合、批判斗争与包容对话相结合、中国情怀与世界眼光相结合三个方面分析了思想政治教育话语权的建设原则。从提升思想政治教育的理论创新力、学术对话力、思想阐释力、思潮批判力、教育引导力、舆论引导力六个方面分析了思想政治教育话语权建设的基本路径。

第一章　思想政治教育话语权的理论渊源

理论研究具有社会历史性，理论的发展要关注前人或同时代人的思维材料和理论定在。思想政治教育话语权研究是既定性和超越性的统一，是一个从"有"到"有"的阐释和创造过程。严格来讲，思想政治教育话语权概念是一个现代概念，甚至可以说是一个现代中国的概念。作为一个新近的产物，思想政治教育话语权概念的提出不过寥寥数年，但这并不妨碍它的历史厚度、理论深度和实践广度，并不意味着它是无源之水无本之木。在马克思恩格斯列宁的经典著述中、在中国共产党人的理论发展中、在西方学者的相关论述中，虽然没有直接的现成答案，但却陶熔鼓铸着思想政治教育话语权的相关思想，字里行间智慧流露，深入挖掘如饮醍醐。

第一节　马克思恩格斯列宁对思想政治 教育话语权的理论奠基

马克思恩格斯列宁的经典著述奠定了思想政治教育话语权的理论之基，用这一理论犁铧来翻腾思想政治教育话语权这一片研究领域，是深根厚植思想政治教育话语权研究，使研究不至于丧失灵魂、迷失方向的前提和基础。

一、马克思恩格斯关于思想政治教育话语权的基础性理论

马克思恩格斯是马克思主义的创始人，处在自由资本主义时代沸腾的政治生活漩涡中，他们在不断批判前人和同时代人的思想过程中、在不断清理和发展自身的思想过程中、在不断深入历史学和经济学研究中、在领导国际共产主义运动的实践中，对思想政治教育话语权的基础理论进行了深入阐发。

（一）语言：思想政治教育话语权的交往媒介

思想政治教育是一种精神交往，思想政治教育话语权体现的是这种精神交往过程中的力量对比状况，而语言是精神交往的重要媒介。话语权是语言运用过程中所体现出的思想力量，理解语言是理解思想政治教育话语权的前提基础。马克思恩格斯对语言的发生发展过程、语言与思维和意识的关系有着深入的探讨，为把握思想政治教育话语权奠定了坚实的语言基础。

劳动是语言发生发展的关键。恩格斯在《自然辩证法》中详细论证了人类语言的产生过程，指出"语言是从劳动中并和劳动一起产生出来的"①。在劳动的促动下，一方面，人对自然的支配程度、人的眼界和对新的自然属性的发现大为扩展；另一方面人互相支持和共同协作的场合增多，并清晰地认识到这种共同协作的益处。劳动使彼此之间需要传递的信息不断增多，简单地发出声音已经不能满足劳动和扩大了的交往的需要，

① 《马克思恩格斯文集》第 9 卷，人民出版社 2009 年版，第 553 页。

没有语言来使各种事件和经验抽象化成为一种可感知的明显缺陷，这就使"这些正在生成中的人，已经达到彼此间不得不说些什么的地步了"①，这种"不得不说些什么"的冲动使人的发音器官——喉头得到了缓慢的改造，改造后的喉头发育到一定阶段能够发出"音节清晰的语言"来相互交流，"音节清晰的语言"的产生是人类童年阶段的主要成就。马克思也指出，语言的诞生并不是一下子完成的，而是经历了"由手势语言和不完善的语音进步到音节清晰的语言"②三个漫长的发展阶段，而"音节清晰的语言"的出现，使带有情感、意志、抽象等复杂社会意蕴的人的语言与只能简单传递信息的动物声音区分开来。"劳动使人猿相揖别"这一点从语言维度得到了解释。而从语言的发展来看，马克思指出语言是人们的社会产物，是"作为社会的产品给予我的"③，并从反面指出，"就像许多个人不在一起生活和彼此交谈而竟有语言发展一样"④，这是不可思议的。新语言的产生是在再生产的行为中实现的，随着生产的不断发展，语言也不断发展，并呈现出新的形态。

思维和意识不能离开语言而存在。语言对意识的作用表现在两个方面，一方面，语言从劳动中并和劳动一起产生出来之后，语言和劳动一起成为猿脑向人脑过渡的两股重要推动力，并进一步促进"脑和为它服务的感官、越来越清楚的意识以及抽象能力和推理能力的发展"⑤，在语言和劳动的共同作用下，人类面临的对象世界日益复杂化，接受和传递的信息日益复杂化，人的大脑也在适应这种复杂化的过程中不断进化，逐步形成了以大脑为中心、以感官为入口的生理机制，这是思维和意识得以发展的物

---

① 《马克思恩格斯文集》第9卷，人民出版社2009年版，第553页。
② 《马克思恩格斯全集》第45卷，人民出版社1985年版，第379页。
③ 《马克思恩格斯文集》第1卷，人民出版社2009年版，第188页。
④ 《马克思恩格斯文集》第8卷，人民出版社2009年版，第6页。
⑤ 《马克思恩格斯文集》第9卷，人民出版社2009年版，第554页。

质基础，当然语言和劳动也受益于这种发展。另一方面，语言是一种物质媒介，精神生产、精神交往和精神产品都不能离开语言而存在，"'精神'从一开始就很倒霉，受到物质的'纠缠'，物质在这里表现为振动着的空气层、声音，简言之，即语言。"①精神生产和精神交往要通过语言来进行，精神产品要通过语言来呈现。语言是人类在通过劳动改造自然的过程中，感受到与他人交往的迫切需要的基础上创造出来的对象世界，是物质化的符码，是感性的自然界。

语言是思想的直接现实。虽然有很多符号形式来承载思想，但语言是最基本的意义承载者。如果没有语言，人们不能清晰地按照类别给外界物命名并作出区分，无法简化对世界的认识，无法以概念的形式反映出经验、传递并交流经验，无法准确高效地记录下已有的知识并防止遗忘，无法有效地进行命题判断、逻辑推演、理论创造等思维操作，没有语言的思想是混沌的、易消逝的、不易交流的。虽然思想不能离开语言而存在，但马克思恩格斯同时强调语言只是现实生活的表现，语言"不能独自组成特殊的王国"②，反对将语言无限度地神圣化、独立化、抽象化。语言是物质生活过程的必然升华物，语言和意识具有同样长久的历史，但都没有自己绝对独立的发展历史。

（二）统治地位：思想政治教育话语权的目标

思想政治教育话语权既是意识形态主导权实现的主要方式，又是意识形态主导权的具体表现。建构思想政治教育话语权的目标是为了使思想政治教育承载的代表一定阶级利益的思想观念、政治观点、道德规范等意识形态在社会中占有统治地位，能够影响和支配社会成员的思想和行为。这

① 《马克思恩格斯文集》第 1 卷，人民出版社 2009 年版，第 533 页。
② 《马克思恩格斯全集》第 3 卷，人民出版社 1960 年版，第 525 页。

一目标的确立，有赖于马克思恩格斯在《德意志意识形态》中对意识形态的深刻剖析和规律把握。

马克思恩格斯在《德意志意识形态》中，通过对意识形态实践基础的考察和内部结构的剖析，揭示了意识形态运作的一条基本规律，即"统治阶级的思想在每一时代都是占统治地位的思想。这就是说，一个阶级是社会上占统治地位的物质力量，同时也是社会上占统治地位的精神力量。支配着物质生产资料的阶级，同时也支配着精神生产资料，因此，那些没有精神生产资料的人的思想，一般地是隶属于这个阶级的。"①一定阶级的统治的实现除了要有暴力机器来维系之外，还需要从思想理论上完成自身统治合法性论证并使社会成员相信这一种合法性论证，即以一套有效的政治叙事和强大的政治认同来支撑自身统治的实现。在阶级社会中，代表统治阶级利益的意识形态在社会中占据统治地位，既是统治阶级的主观要求，又是必然的发展趋势。

作为必然的发展趋势，就在于精神生产是精神生产者和精神生产资料相结合的产物，一方面，精神生产需要"概念的生产者""思维着的人""意识形态家"，他们是随着精神劳动和物质劳动的分工，在统治阶级内部分化出来的，是"作为该阶级的思想家出现的，他们是这一阶级的积极的、有概括能力的意识形态家"②，专门从事着意识形态的生产和分配，为统治阶级利益的实现鼓与呼。另一方面，精神生产不是无米之炊，需要依赖一定的精神生产资料和物质条件如培育精神生产者的教育机构、精神生产的场所、精神产品的流通渠道、技术条件等等，大量的精神生产资料掌握在统治阶级的手中，既可以在合乎并体现统治阶级利益的前提下创造出大量的精神产品，畅通无阻地进入思想市场，浸润社会成员；还可以通过权力

---

① 《马克思恩格斯文集》第1卷，人民出版社2009年版，第550页。
② 《马克思恩格斯文集》第1卷，人民出版社2009年版，第551页。

的运作，使不符合统治阶级利益的异见或歧见被排斥、被取消，如通过新闻检查制度垄断批评，强力贯彻主导意志。而无法掌握充足精神生产资料或不认同主流意识形态的非统治阶级，不可能轻易形成并传播完备的、有说服力的、环环相扣的思想体系，他们或依附同化于统治阶级的意识形态，或在无关痛痒的边缘区域挣扎，无法占据统治地位。

在阶级社会中，统治阶级为了巩固自身的统治会使代表自身利益的思想占据统治地位，但体现统治阶级物质关系的意识形态并不全然是赤裸裸地呈现的，它既希望被理解，又害怕被看穿，因此，"占统治地位的将是越来越抽象的思想，即越来越具有普遍性形式的思想。"[1]这一抽象化、普遍化的话语运作使代表特殊利益的意识形态以代表普遍利益的意识形态的面貌出现在社会成员的面前，使社会成员浸润在被编撰出来的种种意识形态神话和幻想中，这里的普遍性的意识形态具有虚幻性和遮蔽性。但统治阶级的统治并不是永恒的，随着经济基础的变更，原有的统治阶级不断没落，新兴的革命阶级不断兴起。对于革命阶级而言，为了争取人心、凝聚力量来面对整个社会昭彰的罪恶，他们必须在自身和群众中激起瞬间的狂热，"与整个社会混为一体并且被看做和被认为是社会的总代表"[2]，使自己能够从革命阶级上升为统治阶级，同样会"赋予自己的思想以普遍性的形式，把它们描绘成唯一合乎理性的、有普遍意义的思想。"[3]这一意识形态的话语运作在革命时期由于被统治阶级的利益相关性和共同性而具有真实性和革命性，但随着革命阶级成为统治阶级之后，又会陷入意识形态虚假性的怪圈。

但是，这一怪圈也不是永恒的，"只要阶级的统治完全不再是社会制度的形式，也就是说，只要不再有必要把特殊利益说成是普遍利益，或者

---

① 《马克思恩格斯文集》第 1 卷，人民出版社 2009 年版，第 552 页。

② 《马克思恩格斯文集》第 1 卷，人民出版社 2009 年版，第 14 页。

③ 《马克思恩格斯文集》第 1 卷，人民出版社 2009 年版，第 552 页。

把'普遍的东西'说成是占统治地位的东西，那么，一定阶级的统治似乎只是某种思想的统治这整个假象当然就会自行消失。"①在阶级社会中，无论是统治阶级还是革命阶级，把特殊利益说成是普遍利益，使代表自身利益的思想占据统治地位，牢牢掌握意识形态主导权都是应然诉求。但在阶级统治消失之处或在阶级矛盾不再是一个社会的主要矛盾的国度，在真正代表普遍利益的无产阶级登上历史舞台之后，他们同样需要使无产阶级意识形态占据统治地位以"同传统的观念实行最彻底的决裂"②，但却因为代表的利益的真实性和普遍性而剥离了意识形态的虚假性和遮蔽性，因为它真的相信自己的本质，就不会用一个异己本质的假象来掩盖自己的本质，也不会求助于粉饰、伪善和诡辩，它始终作为现存世界的革命力量不断前行。约言之，在不同的历史发展阶段，意识形态都是对现实的物质关系在观念上的普遍性表达，这种普遍性观念或因为其代表的利益的特殊性而具有遮蔽性，或因为其代表的利益的真正普遍性而具有真实性，但努力使代表本阶级利益的思想占据统治地位则是共同的诉求，这也是思想政治教育话语权的建构目标。

（三）实践：思想政治教育话语权的现实根基

思想政治教育话语权不是预成的，而是在具体的实践过程中生成的；思想政治教育话语权不是想象中的，而是直接指向实践并有着实实在在的具体表现的；思想政治教育话语权也不是永恒的，而是随着实践的改变而不断变换其形态和发展态势的。思想政治教育话语权是在实践中生成、实现、确证以及持续建构的，实践是思想政治教育话语权的现实根基，只有从实践的维度才能真正理解思想政治教育话语权。马克思恩格斯对实践范

---

① 《马克思恩格斯文集》第1卷，人民出版社2009年版，第553页。
② 《马克思恩格斯文集》第2卷，人民出版社2009年版，第52页。

畴有着深入的探讨，为理解思想政治教育话语权提供了理论指引。

在人类思想史上，马克思恩格斯并不是第一个提出实践概念的人，亚里士多德的"实践智慧"、康德的"实践理性"、费希特的"行动哲学"、黑格尔的"合目的性的活动"、费尔巴哈的"感性"、契希考斯基的"实践的哲学"[①]等等都涉及实践概念，并在思想星空中照耀着马克思恩格斯。马克思恩格斯对实践范畴的阐释，提纲挈领地体现于《关于费尔巴哈的提纲》的 11 条中，全面系统展开于《德意志意识形态》中，一以贯之于《资本论》等后续理论研究中。站在前人的肩膀上，马克思恩格斯以自己独特的方式赋予了实践科学的内涵。在他们那里，实践是指主体与客体、客观性与能动性相统一的"感性的人的活动"，具有社会历史情境性。马克思恩格斯使实践范畴进入了认识论和历史观，同时拒斥了旧唯物主义和唯心主义，指出两者共同的理论偏颇源于他们不了解"革命的""实践批判的"活动的意义，马克思恩格斯在科学阐释实践范畴的基础上实现了哲学领域的伟大变革。

旧唯物主义受近代自然科学方法论的影响，把社会当作一个给定的对象，当作一种可以从旁加以静观的对象，把世界当作"事物"和"机械的组合"而不是"过程"和"有机的整体"。旧唯物主义以抽象的机械思维方式分离了主体与客体、总体与局部、静态与动态，采用经验主义的认识论，诉诸单纯的直观，强调环境对人的决定性作用，忽视人的主体性和能动性，缺乏批判精神和革命精神，不明白"环境的改变和人的活动或自我改变的一致，只能被看做是并合理地理解为革命的实践。"[②]旧唯物主义一旦涉足历史领域则陷入了唯心主义的泥沼，它以"人自身"这一抽象的个人为出发点，把人的自然属性绝对化、把人的社会属性抽象化，只知道用

---

① 俞吾金：《被遮蔽的马克思》，人民出版社 2012 年版，第 365 页。
② 《马克思恩格斯文集》第 1 卷，人民出版社 2009 年版，第 500 页。

个人的观点来看社会、不懂得用社会的观点来看个人，人成为以自然为基础的单个的人。而马克思则阐明"人的本质不是单个人所固有的抽象物，在其现实性上，它是一切社会关系的总和"①，这就在费尔巴哈停留于人的自然规定性而裹足不前的地方走向了现实的具体的历史过程。马克思指出"旧唯物主义的立脚点是市民社会，新唯物主义的立脚点则是人类社会或社会的人类"②，旧唯物主义由于只能达到对单个人和市民社会的直观，把世界当作现存的事物来接受和解释，仅仅能够揭示表面现象、达到对现存事实的理解，不能揭示社会运动的根本规律。在旧唯物主义站在资产阶级的立场上对现存的资本主义社会进行接受、解释甚至赞扬的地方，新唯物主义则站到了使现存世界革命化，实践地改造社会、改变世界的另一方。

马克思指出"和唯物主义相反，唯心主义却把能动的方面抽象地发展了，当然，唯心主义是不知道现实的、感性的活动本身的。"③康德提出"知性为自然立法""理性为自由立法"等命题，以"对象必须遵照我们的认识"这一理论假定替代了"我们的一切知识都必须遵照对象"④这一理论假定，强调人的尊严、高扬人的主体性地位，但康德将纯粹理性无法解决的问题置于实践理性之下，人为地制造了现象与自在之物的僵硬对立。康德以"善良意志"这一悬设的外在价值干预和裁决现实世界，但"善良意志"是软弱无力的，道德上的"应当"和"必须"并不能真正影响现实的历史过程。黑格尔在批判康德的基础上，把实践理解为"绝对精神创造历史的纯粹活动即劳动"，以劳动为中介使主体与客体发生关系，把康德的"自在之物"通过劳动转变成"为我之物"，把康德哲学中现象与物自体的分裂演变成了绝对主体的外化与回归过程，提出了劳动辩证法。但

① 《马克思恩格斯文集》第1卷，人民出版社2009年版，第501页。
② 《马克思恩格斯文集》第1卷，人民出版社2009年版，第502页。
③ 《马克思恩格斯文集》第1卷，人民出版社2009年版，第499页。
④ ［德］康德：《纯粹理性批判》，李秋零译，中国人民大学出版社2004年版，第15—16页。

"劳动"在黑格尔那里被理解为"主体有目的监控之下的过程","劳动中的自我意识即理性"在黑格尔那里不断升格,并成为社会存在的基础,社会历史也由此成为抽离了现实基础的理性运转的历史。① 但抽离了现实基础的历史只是观念中的历史,是概念运动的历史,是形形色色的主观主义的、不确定的历史,真正的历史容易淹没在种种解释当中。马克思指出,"全部社会生活在本质上是实践的"②,对历史的理解不能从观念范畴出发,而要从物质实践出发,使历史建立在坚实的地平之上。

总之,实践在马克思恩格斯那里是基础性概念,实践范畴提示我们,对思想政治教育话语权的理论把握离不开实践的思维方式,不能把思想政治教育话语权当作是与人的实践活动相分离的既存事物而仅做经验式的直观,不能撇开具体的历史进程而把思想政治教育话语权抽象化、绝对化,要"深入到历史的本质性的一度中去"③,实现有原则高度(人的高度)的实践,避免退回到旧唯物主义和唯心主义的理论藩篱中。

(四)彻底:思想政治教育话语权的理论要求

思想理论性是思想政治教育区别于普通知识教育的重要特征,思想政治教育话语权的确立不仅有实践层面的要求,还有理论层面的要求。话语本身不具有力量,话语的力量来源于思想理论的力量,离开一定思想理论支撑的思想政治教育不成其为思想政治教育,更加谈不上拥有思想政治教育话语权。赋予理论力量的是理论的说服力,而理论的说服力来源于理论的彻底性,但理论的彻底性并不仅仅是纯粹的理论问题,还涉及许多相关问题。马克思在《〈黑格尔法哲学批判〉导言》中有一段经典的论

---

① 孙伯鍨、张一兵编:《走进马克思》,江苏人民出版社2012年版,第109—116页。

② 《马克思恩格斯文集》第1卷,人民出版社2009年版,第501页。

③ [德]海德格尔:《海德格尔选集》(上),孙周兴选编,上海三联书店,1996年,第383页。

述："批判的武器当然不能代替武器的批判，物质力量只能用物质力量来摧毁；但是理论一经掌握群众，也会变成物质力量。理论只要说服人［ad hominem］，就能掌握群众；而理论只要彻底，就能说服人［ad hominem］。所谓彻底，就是抓住事物的根本。而人的根本就是人本身。"①这一段论述牵涉"理论为什么要彻底？""理论彻底性的表现是什么？"等问题，马克思恩格斯对这些问题的严谨论证和实践解答是理解思想政治教育话语权理论要求的重要基础。

首先，理论为什么要彻底？这一问题又牵涉到三个关联性问题，包括社会历史进程中理论的作用、群众的作用以及理论与群众的关系。从理论的作用来看，理论力量体现为说服力，是一种逻辑力量。理论是社会意识的一部分，是在实践的基础上对自然界、人类社会以及自身的系统认识，属于思想的上层建筑。它由社会存在所决定，但并不是消极的因素，具有相对独立性，对社会存在具有反作用。在社会历史动力的"平行四边形"中，经济基础是在归根结底的意义上起决定作用的，理论作为各个意志的观念呈现包含在历史的合力当中。但"思想本身根本不能实现什么东西。思想要得到实现，就要有使用实践力量的人。"②思想并不是直接作用于历史进程的，思想的实现要通过现实的人回到实践过程中，这就涉及群众的历史作用问题。历史发展并不是无主体的，"历史活动是群众的活动"③，通过理论引起群众的关怀和唤起群众的热情并不是阻碍历史进步的原因，恰恰相反，正是群众的实践创造推动着历史进步，害怕群众是一种理论上的怯弱。但理论纷繁复杂、千姿百态，并不是所有的思想闪电都能彻底击中人民园地，并不是所有理论都能掌握于群众进而变成物质力量，这就涉及理论与群众的关系问题。理论需要通过群众回到实践以实现自身，群众

---

① 《马克思恩格斯文集》第 1 卷，人民出版社 2009 年版，第 11 页。

② 《马克思恩格斯文集》第 1 卷，人民出版社 2009 年版，第 320 页。

③ 《马克思恩格斯文集》第 1 卷，人民出版社 2009 年版，第 287 页。

需要理论来指导实践以避免实践的盲目性。群众不是愚昧的，没有自绝于理论之外而与理论相对立，理论只要说服人，就能掌握群众。而理论说服人的过程就是通过各种途径和形式展开的思想政治教育过程，也是思想政治教育话语权确立的过程。而理论只要彻底，就能说服人，"彻底"是理论能够说服人，能够被群众掌握的关键。

其次，理论彻底性的表现是什么？彻底性是理论的一种品格，马克思强调"所谓彻底，就是抓住事物的根本。而人的根本就是人本身。"① 这一论断对理论的彻底性提出了两个方面的要求：真和善，是真理持守和人文关怀的统一，是合规律性与合目的性的统一。一方面，彻底的理论具有真理性，是对真理的不断逼近，是主观与客观的统一。理论是一种理性认识、一种高阶认识，是"主体借助于抽象的思维对感性认识进行加工、整理、概括而形成的对于客体的内在本质、整体结构和运动规律的认识"②。真理有客观性内容，理论的彻底性品格要求认识主体不被纷繁复杂的现象所惑而停留于对现象的感知，而是要以抽象的理论思维能力深入到事物内部结构、跟踪事物发展动态，在深度和广度上不断逼近事物的本质，探寻事物发生发展的规律，是建立在感性认知基础上的理性的机巧。与此同时，真理性是在实践中体现出来的，马克思强调"德国理论的彻底性的明证，亦即它的实践能力的明证"③，真理性并不意味着艰涩难懂、神秘莫测，那种以卖弄概念、故弄玄虚、云里雾里的理论不能称其为彻底，彻底的理论是有实践能力的理论。另一方面，马克思强调"人的根本就是人本身"，彻底的理论是善的理论，要具有人文关怀，关注"现实的人及其历史发展"。马克思主义的人文关怀既体现为以悲悯广阔的胸怀对现实的人的生存境遇的真切关注，也体现以严谨的学术态度为无产阶级提供思想武

① 《马克思恩格斯文集》第 1 卷，人民出版社 2009 年版，第 11 页。

② 欧阳康：《马克思主义认识论研究》，北京师范大学出版社 2012 年版，第 160 页。

③ 《马克思恩格斯文集》第 1 卷，人民出版社 2009 年版，第 11 页。

器的负责态度。革命的运动要有科学理论的指导，否则将会带来无可挽回的灾难。恩格斯曾经说过"马克思认为自己的最好的东西对工人来说也还不够好，他认为给工人提供的东西比最好的稍差一点，那就是犯罪！"[1]马克思主义的人文关怀还体现为以大无畏的革命精神投身于无产阶级解放和人类解放事业的崇高情怀，他们公开宣布"无产阶级的运动是绝大多数人的，为绝大多数人谋利益的独立的运动"[2]。马克思主义诞生之初，它只是众多社会主义流派和思潮之一，正是马克思恩格斯对理论彻底性的要求、对真和善的追求、对合规律性与合目的性的坚守，才使马克思主义得以冲破欧洲社会的理论围剿，在众多社会主义流派和思潮中脱颖而出，使反动势力提心吊胆，使人民群众欢欣鼓舞，成为社会主义运动中占统治地位的指导思想，最终在世界范围内葆有自身话语权。

（五）批判：思想政治教育话语权的斗争方式

思想政治教育话语权是一个关系性范畴，它不是独立存在的实体，而是在一定的关系中显现出来的力量对比状况，理论批判和现实批判是思想政治教育话语权的斗争方式。康德以《纯粹理性批判》《实践理性批判》《判断力批判》这"三大批判"奠定了哲学的批判传统。"澄清前提，划定界限"是批判的最基本含义[3]，"批判"使哲学从独断论的迷雾中解放出来。自康德始，批判成为哲学的基本工作方式，以批判的眼光看待现实问题，对现存事物和已有理论采取质疑而不轻信、反思而不盲目、革命而不保守的态度，不断澄清理论前提、划定理论界限成为哲学发展的必由之路。马克思恩格斯正是在批判他人和自我批判的过程中，创建、发展和丰富自己的理论，并使自己的理论与工人运动相结合，排除了形形色色的错误思想对工

---

[1]　《马克思恩格斯文集》第 10 卷，人民出版社 2009 年版，第 588 页。

[2]　《马克思恩格斯文集》第 2 卷，人民出版社 2009 年版，第 42 页。

[3]　吴晓明：《论中国学术的自我主张》，复旦大学出版社 2016 年版，第 33 页。

人运动的干扰，掌握了思想政治教育话语权。在马克思恩格斯的著作中，"批判"是出现频次特别高的字眼，如《黑格尔法哲学批判》《国民经济学批判大纲》《哥达纲领批判》等等，即使是没有把"批判"一词醒目地标识在题目中，其具体内容也涉及批判，如《神圣家族》《关于费尔巴哈的提纲》《德意志意识形态》等等。可以说，"对现存的一切进行无情的批判"①是马克思主义的基本精神。

首先，马克思恩格斯是在批判性继承的基础上创立自己的理论的。列宁曾指出马克思的学说的产生"正是哲学、政治经济学和社会主义极伟大的代表人物的学说的直接继续。"②虽然这一评价尚存有疑虑并在当前遭遇批评，有学者认为这三者无法囊括马克思主义的全部思想，进而把人类学思想称为马克思主义的第四个来源和第四个组成部分③。但是马克思恩格斯对德国古典哲学、英国政治经济学、法国空想社会主义的批判性继承是毋庸置疑的。对德国古典哲学的批判主要涉及：《黑格尔法哲学批判》及其导言对黑格尔的批判，《论犹太人问题》和《神圣家族》对鲍威尔的批判，《关于费尔巴哈的提纲》对费尔巴哈的批判，《德意志意识形态》对费尔巴哈、鲍威尔、斯蒂纳等人的批判，等等。对英国政治经济学的批判主要涉及：《国民经济学批判大纲》对亚当·斯密、弗·李斯特、约·弗·布雷、威·汤普森、约·瓦茨、托·罗·马尔萨斯等人的批判，《1844年经济学哲学手稿》对国民经济学的批判，《政治经济学批判〈序言〉》《工资、价格和利润》等对资产阶级政治经济学的批判，等等。对形形色色的社会主义思想的批判主要涉及：《共产党宣言》对反动的社会主义、保守的或资产阶级社会主义、空想的社会主义的批判，《1848年至1850年的法兰

---

① 《马克思恩格斯文集》第10卷，人民出版社2009年版，第7页。
② 《列宁选集》第2卷，人民出版社2012年版，第309页。
③ 俞吾金：《马克思主义的第四个来源和第四个组成部分——纪念马克思逝世110周年》，《学术月刊》1993年第8期。

西阶级斗争》对革命的社会主义和各种空论的社会主义的批判，《社会主义从空想到科学》对空想社会主义的批判，等等。正是对各种理论的批判过程中，马克思恩格斯不断走出理论迷雾，不断澄清马克思主义的历史唯物主义前提，并同形形色色的理论思潮和流派划清界限。

其次，马克思恩格斯在批判性论战中不断增强自身理论的影响力。批判性论战"这种斗争是最好的宣传手段。一切资产阶级报纸都因我们的人取得巨大的成就而常常哀叹不已"①。马克思恩格斯展开的批判性论战主要表现为对魏特林空想社会主义的批判、对"真正的社会主义"的批判、对蒲鲁东主义的批判、对拉萨尔主义的批判、对巴枯宁主义的批判，等等。批判是一种思想的搏斗，在搏斗中"问题不在于敌人是否高尚，是否旗鼓相当，是否有趣，问题在于给敌人以打击。"②以马克思对蒲鲁东主义的批判为例，可以较好地理解批判性论战在增强理论传播力和影响力过程中的重要作用。蒲鲁东是法国小资产阶级经济学家和社会主义家，在《贫困的哲学》一书中强调要在不触动资本主义私有制的前提下，用和平方法改造社会，代表着小资产阶级的利益，产生了极大的不利影响。马克思指出《贫困的哲学》是"一本坏书，是一本很坏的书"③，是对唯心主义历史观和改良主义的社会经济理论的大肆宣扬。蒲鲁东主义的广泛传播，成为危害工人运动的毒瘤和绊脚石。为消除蒲鲁东主义的负面影响，为工人运动提供科学的理论指导，马克思以批判的精神、严厉的措辞写作了《哲学的贫困》一书。《哲学的贫困》从破与立的双重角度展开了三个方面的论战，既揭露了蒲鲁东的小资产阶级改良主义的幻想，又论述暴力革命和无产阶级掌握政权的必要性；既批判蒲鲁东的唯心史观，又进一步发展了唯物史

---

① 《马克思恩格斯全集》第 36 卷，人民出版社 1975 年版，第 125 页。

② 《马克思恩格斯文集》第 1 卷，人民出版社 2009 年版，第 6 页。

③ 《马克思恩格斯全集》第 47 卷，人民出版社 2004 年版，第 439 页。

观；既批判蒲鲁东的形而上学，又阐明了辩证思维的方法①，对马克思主义"见解中有决定意义的论点"，"第一次作了科学的、虽然只是论战性的概述。"②马克思与蒲鲁东主义的论战持续了几十年，在论战中，小资产阶级社会主义的影响被逐步清除，科学社会主义的原则得以深入工人运动中。

最后，马克思恩格斯在批判性反思的过程中不断丰富和发展马克思主义。与批判他人相比，批判自身难度更高，批判性反思意味着对自身理论在一定程度上的否定，而否定自身在心理上是难以接受的，需要清晰的理论认知、开阔的理论视野、博大的理论胸襟和坚定的理论勇气。马克思批判了"对敌手采取批判的态度，对自己本身却采取非批判的态度"③这一行为，强调在追求理论彻底性的征途中，不能害怕自己已经得出的结论，不能因为自己的已有结论而束手束脚。恩格斯也指出"结论如果变成一种故步自封的东西，不再成为继续发展的前提，它就毫无用处"④。理论是随着实践的发展而不断发展的，理论不能长久地满足于自己已经做出的个别结论，对已有结论的固守和偏执只会陷入僵化保守的泥潭而难以自拔。马克思主义从来不是教条，而是不断发展中的理论，它通过深刻的自我批判，在积极的扬弃和辩证的否定过程中使自身能够在不同的历史情境中不断出场，葆有强劲的生命力。马克思恩格斯的思想都不是一蹴而就，而是不断发展完善的。就马克思而言，在大学期间和《博士论文》写作期间，马克思的思想带有青年黑格尔派的主观唯心主义色彩；在《莱茵报》工作时期，马克思遇到了要对物质利益发表意见的难题，开始从唯心主义转向了唯物主义；在克罗茨纳赫哲学和历史学研究阶段，马克思自觉以唯物主

---

① 孙伯鍨、侯惠勤编：《马克思主义哲学的历史和现状》（上），南京大学出版社2004年版，第110—116页。
② 《马克思恩格斯文集》第2卷，人民出版社2009年版，第593页。
③ 《马克思恩格斯文集》第1卷，人民出版社2009年版，第10页。
④ 《马克思恩格斯全集》第1卷，人民出版社1956年版，第642页。

义原则展开对黑格尔的法哲学的批判，自觉深入社会历史过程，突破直观唯物主义的理论缺陷，逐步走向历史唯物主义；在巴黎经济学研究期间，马克思以实践范畴提出和论证为标志，不断清算自身的信仰，并最终创立了历史唯物主义，并在《资本论》的写作中、对国家学说的发展中、对原始社会史的研究中自觉验证并丰富深化历史唯物主义。① 思想的转变过程其实就是批判性反思过程。

批判不是目的本身，而是一种手段，停留在思想阶段的批判并不能引起现实关系的改变，现实关系的改变要通过实践来实现。但批判是一种必不可少的手段，马克思虽然强调实践地改变世界的优先性，然而对实践地改变世界的凸显并不意味着批判性地解释世界不重要。马克思只是强调，批判性地解释世界之后，还有更重要的实践任务等着去完成，批判性地解释世界是改变世界的一个重要条件。如果不能批判性地解释世界，自由自觉地改变世界就不可能。思想政治教育话语权的确立要与形形色色的理论进行思想搏斗，在批判的过程中消除错误思想的影响，有效传播马克思主义，不断丰富和发展自身，为实践地改造世界奠定思想基础。

二、列宁关于思想政治教育话语权的基本性命题

列宁对思想政治教育话语权基本性命题的阐发是在一定社会历史条件和理论背景下展开的。从社会历史条件来看，在第二次工业革命的促动下，生产力的发展带来了生产关系的变革，欧洲主要资本主义国家逐步从自由资本主义过渡到帝国主义。但俄国的资本主义发展是"半吊子"的，既缓慢发展了资本主义，又受到前资本主义的纠缠，俄国人民挣扎于资本

---

① 恩格斯大抵也经历了从唯心主义向唯物主义、从民主主义向共产主义的转变，这里不再详述。参见孙伯鍨、张一兵编：《走进马克思》，江苏人民出版社2012年版，第6—29页。

主义生产的发展与资本主义生产的不发展之间，生存环境恶劣，社会矛盾不断激化，加之民族矛盾、地区矛盾的交织，俄国社会矛盾尖锐复杂，革命的因素不断积累，不断壮大起来的工人阶级迫切需要科学理论的指导。

从理论背景来看，一方面俄国民粹派把马克思主义著作引入俄国，虽然民粹派并没有正确地理解马克思主义，并在后期成为传播马克思主义的思想障碍，但却使马克思主义在俄国产生了一定的影响力；另一方面，第二国际的领导人和理论家考茨基、伯恩斯坦等人受到实证主义、进化论等思想的影响，缺乏对马克思主义的深刻理解，没有形成对资本主义新变化的清晰认知。在理论立场的偏差和对现实的误判的影响下，他们以改良主义和修正主义对马克思主义进行曲解和篡改，并形成了一股理论逆流，马克思主义面临着被抽空、被污蔑的危险，马克思主义内部的思想分歧和混乱状况使国际共产主义运动大受影响。

列宁在参与和领导俄国革命实践和建设实践中肩负起了坚决捍卫、自觉运用、创造发展马克思主义的重任。列宁并没有明确地提出思想政治教育话语权，但却有一个相关的概念即"思想领导者"。在《什么是"人民之友"以及他们如何攻击社会民主党人》中，列宁指出"如果社会主义者的任务是要做无产阶级的思想领导者，领导无产阶级进行现实斗争，去反对横在一定社会经济发展的现实道路上的现实的真正敌人，那么情形就完全不同了。在这种条件下，理论工作和实际工作就会融合在一起，融合为一个工作"①。这里的理论工作是指"研究、宣传和组织"，列宁指出"不做上述理论工作，便不能当思想领导者；不根据事业的需要进行这项工作，不在工人中间宣传这个理论的成果并帮助他们组织起来，也不能当思想领导者。"②思想政治教育是实现思想领导的重要途径，社会主义者只有

① 《列宁选集》第 1 卷，人民出版社 2012 年版，第 78 页。
② 《列宁选集》第 1 卷，人民出版社 2012 年版，第 79 页。

掌握思想政治教育话语权，才能真正成为无产阶级的思想领导者，掌握思想政治教育话语权和成为思想领导者是同一的过程。列宁围绕着"思想领导者"展开的相关论述，是思想政治教育话语权重要的思想渊源。

（一）"科学的意识形态"是思想政治教育话语权的内容规定

列宁提出了"科学的意识形态"概念，使意识形态"从一个否定性和贬义性的概念转化成一个中性的概念，从一个特指性概念转化成一个泛指性概念。"[①]马克思恩格斯虽然也在描述性和中立性的意义上使用意识形态概念，把意识形态看作是"社会意识形态"。但他们更多的是在否定意义上使用意识形态，把意识形态看作是"虚假的意识"。麦克里兰认为马克思在批判的意义上使用意识形态概念有其内在原因。一方面，马克思受到拿破仑称帝后对待特拉西及其创制的意识形态的敌对态度的影响。拿破仑把法兰西的一切错误和不幸，归咎于意识形态这个暗淡的形而上学，在这一影响下，马克思以批判的态度继承了意识形态概念。另一方面，马克思是基于以下两个因素的考量，即"意识形态与唯心主义相联系在一起，而唯心主义作为一种哲学观是和唯物主义相对立的"，"意识形态与社会中的资源和权力的不公平分配联系在一起"[②]。马克思把历史唯物主义（科学）与意识形态对立起来，既避免了思想混乱，又与实践地改变现存世界这一理论宏愿相一致。

然而，列宁在领导无产阶级革命实践和社会主义建设过程中面临着一个难题，即马克思主义本身是不是意识形态？如果是意识形态，那么马克思主义是虚假意识吗？如果不是，那何以解释马克思主义所具有的意识形态功能？为了解决这个自我指涉的难题，列宁在 19 世纪末到 20 世纪初

---

① 侯惠勤等：《国外马克思主义意识形态研究著作评析》，中国社会科学出版社 2015 年版，第 47 页。

② ［英］大卫·麦克里兰：《意识形态》，孔兆政等译，吉林人民出版社 2005 年版，第 13 页。

对意识形态思想进行了创造性发展。这一发展的过程有三个影响因素：其一，梅林、拉布里奥拉、普列汉诺夫等人，在批判经济唯物主义、新康德主义、庸俗进化论、实证主义等哲学思潮的过程中，对马克思意识形态理论的发展；其二，经过长期的理论斗争和思想清算，"马克思主义已经绝对地战胜了工人运动中的其他一切意识形态"①，广泛传播的马克思主义日益成为社会意识中强劲的力量，马克思主义与工人运动不断结合，把俄国大多数的革命青年集结在自己的旗帜下，无产阶级的社会主义政党也不断形成并积极开展工作；其三，面对日益尖锐化的阶级斗争形势，列宁在参与和领导无产阶级革命运动中，日益觉察出意识形态作为革命斗争的主观条件在革命中的重要作用。在上述因素的影响下，意识形态概念在列宁那里发生了显著变化，意识形态被置于特定的社会结构中，失去了否定的、扭曲的含义，成为一个中立概念。

列宁在提出"科学的意识形态"这一概念之前，使用的是"社会主义意识形态"。在《怎么办?》中，列宁使用了"社会主义意识形态"这一概念。列宁指出，在现代资本主义社会中，"或者是资产阶级的意识形态，或者是社会主义的意识形态"②，意识形态具有阶级性，是阶级利益在思想观念上的体现，所谓的"超阶级的意识形态"是不存在的，"超阶级的意识形态"这一提法只是一种用来麻痹他人的谎言或话语陷阱。意识形态不是资产阶级所独有的，无产阶级也可以拥有自己的意识形态，即马克思恩格斯创立的社会主义意识形态——马克思主义。由于资产阶级利益和无产阶级利益的根本对立，随着资产阶级和无产阶级之间的阶级矛盾的不断激化，资产阶级意识形态和无产阶级意识形态之间的冲突也会不断升级，那种忽视意识形态斗争的想法是对资产阶级意识形态的让步。

①《列宁选集》第2卷，人民出版社2012年版，第2页。
②《列宁选集》第1卷，人民出版社2012年版，第326页。

在《唯物主义与经验批判主义》中，列宁第一次提出了"科学的意识形态"。列宁指出"一句话，任何意识形态都是受历史条件制约的，可是，任何科学的意识形态（例如不同于宗教的意识形态）都和客观真理、绝对自然相符合，这是无条件的。"①科学的意识形态是相对真理和绝对真理的统一，一方面它是"不确定的"，它对自然发展规律、人类社会历史发展规律和思维发展规律的认识受到历史条件的制约，是随着社会历史条件的变化而不断变化的，不是某种恶劣的教条和僵死凝固的东西。随着实践的发展，科学的意识形态的深度和广度会不断拓展。另一方面，它又是"确定的"，是在一定历史条件的制约下对客观的、绝对的真理的不断逼近，是对无限发展着的客观世界的不断接近。科学的意识形态承认真理是客观的、世界是可知的，同五花八门的不可知论、神秘主义划清界限，这一概念弥补了科学与意识形态之间的裂缝。代表着无产阶级根本利益、观点和价值的马克思主义，揭示了自然、社会和人类思维运动的普遍规律，是科学的意识形态。

"科学的意识形态"概念的提出具有重大意义，在革命时期，强化了资产阶级意识形态和无产阶级意识形态的对立，吹响了理论斗争的号角，筑牢了革命的思想堡垒；在建设时期，凸显了马克思主义在社会主义建设过程中的指导作用，凝聚了社会主义建设力量。马克思主义不仅是意识形态，而且是科学的意识形态，是有力的思想武器，是列宁在无产阶级革命时期和社会主义建设时期开展思想政治教育的主要内容，马克思主义同时也就规定了思想政治教育话语权的基本内容。

（二）"灌输"是掌握思想政治教育话语权的重要途径

思想政治教育话语权是在思想政治教育的实践过程中确立起来的，

---

① 《列宁选集》第 2 卷，人民出版社 2012 年版，第 96 页。

"灌输"是思想政治教育的基本实践形式，理解"灌输"并运用好"灌输"是掌握思想政治教育话语权的重要途径。"灌输论"是列宁关于思想政治教育话语权思想中内容丰富、特色明显、常论常新的理论。"灌输论"有其思想发展过程，马克思恩格斯的相关著作奠定了思想根基，考茨基的相关著作初构了思想框架，列宁则对"灌输论"进行了深化发展、系统论述和实践运用，使之成为马克思主义的基本原理，构成了思想政治教育话语权的思想渊源。列宁的"灌输论"思想统论于《怎么办?》一文，散论于《什么是"人民之友"以及他们如何攻击社会民主党人?》《社会民主党纲领草案及其说明》《青年团的任务》等文献中，涉及"灌输"的必要性论证和具体要素剖析。

首先，列宁对"灌输"进行了必要性论证。无产阶级革命需要科学的理论指导，需要科学意识形态的引领。然而，"工人本来也不可能有社会民主主义的意识。这种意识只能从外面灌输进去"[1]。列宁论证了三个问题：其一，工人只能自发形成工联主义意识，不可能有社会民主主义意识。工人在日常的生产过程中感知到被压迫、觉察到生存条件的恶劣，会自发地起来反抗，通过咒骂、引起骚乱或罢工以表达自己的愤懑，争取自己的权益。但咒骂、骚乱只是绝望和报复的表现，罢工只是阶级斗争的萌芽，"但是工人还没有意识到而且也不可能意识到他们的利益同整个现代的政治制度和社会制度的不可调和的对立"[2]。经济斗争不当然具有政治性质，"局限于狭隘的工厂生活范围内的'平凡的日常斗争'"[3]的工人，没有也不可能意识到他们争取到的权益只是在资产阶级允许的范围内施舍出来的利益，人们不能自觉地意识到不推翻现存的制度，这些通过抗争而得来的利益也可能再度被剥夺。其二，社会主义学说是由有产阶级的有教养

---

[1] 《列宁选集》第 1 卷，人民出版社 2012 年版，第 317 页。

[2] 《列宁选集》第 1 卷，人民出版社 2012 年版，第 317 页。

[3] 《列宁选集》第 1 卷，人民出版社 2012 年版，第 356 页。

的人即知识分子创造和发展的。"现代科学社会主义的创始人马克思和恩格斯本人，按他们的社会地位来说，也是资产阶级知识分子。俄国的情况也是一样"①。在资本主义社会中，资产阶级为了维系自己的统治，会采取各种手段愚弄或欺骗无产阶级，对无产阶级的教育也只是为了驯服无产阶级，使他们更好地顺从并服务于资本主义生产，成为被资本支配的人形工具。受尽蹂躏和压迫的无产阶级仅仅是为了维系自身和家庭的生存就需每日苦苦挣扎于日常的、职业性的、细小的工作中，无法在智识和能力上得到充分发展。政治知识是工人"根据自己工厂方面的经验和'经济方面的'经验永远也不可能知道的东西"②。而资产阶级知识分子则限制较少，接受的教育更全面更系统，能够独立地从事理论研究，能更好地把握政治活动的逻辑，提供工人所不能企及的政治方面的知识。其三，社会民主主义意识只能从外面灌输进去。那种对工人自发性的屈从和崇拜，放任工人运动的自发性发展，会导致工人运动受资产阶级意识形态的支配和控制。"资产阶级意识形态的渊源比社会主义意识形态久远得多，它经过了更加全面的加工，它拥有的传播工具也多得不能相比。"③在资产阶级意识形态一统天下的国度中，社会主义意识形态的生存空间是有限的，人们更容易接受资产阶级意识形态的影响而安于现状。因此我们不能静待一切调和折中主义者所允诺的幸福时刻，而是要坚持不懈地同自发性进行殊死的斗争，进行最广泛的政治鼓动，组织全面的政治揭露，启发工人群众的政治觉悟，培养工人群众的政治意识和革命积极性，让工人群众清楚地认识和解决社会主义运动所提出的种种任务，使工人群众的自发意识真正组织成为自觉的阶级意识。

其次，列宁对"灌输"的要素进行了剖析，涉及灌输的主体、客体、

① 《列宁选集》第 1 卷，人民出版社 2012 年版，第 318 页。

② 《列宁选集》第 1 卷，人民出版社 2012 年版，第 358 页。

③ 《列宁选集》第 1 卷，人民出版社 2012 年版，第 328 页。

内容、方法、形式等方面的分析。其一，从灌输的主体来看，灌输的核心力量是组织起来的革命政党，党的全员都要有成为党的宣传员、鼓动员和组织者的自觉性、创造性和坚毅性，开展社会主义意识形态灌输活动。此外，要善于争取有教养阶级的年轻一代的一切优秀分子，争取"自由派和知识分子中间的同盟者"①，通过实践选拔工人、农民和其他一切阶级中了解本阶级的利益诉求和思想状况的积极分子，培养职业革命家，不断壮大灌输的力量。其二，从灌输的客体来看，不局限于工人阶级，而是涉及居民的一切阶级。列宁强调"社会民主党人应当到居民的一切阶级中去，应当派出自己的队伍分赴各个方面"②，包括无产阶级、千百万劳动农民、家庭手工业者、小手工业者、小资产者、知识分子（科学家、工程师、林学家等），等等。其三，从灌输的内容来看，一以贯之的是马克思主义理论即科学的意识形态，"即把社会生活领域也包括在内的彻底的唯物主义、作为最全面最深刻的发展学说的辩证法以及关于阶级斗争和共产主义新社会创造者无产阶级肩负的世界历史性的革命使命的理论。"③革命时期和建设时期又各有侧重。在革命时期，工联书记要做人民的代言人，要注重政治揭露和政治鼓动，揭露所有一切专横和压迫的现象，"他们要善于把所有这些现象综合成为一幅警察暴行和资本主义剥削的图画；他们要善于利用每一件小事来向大家说明自己的社会主义信念和自己的民主主义要求，向大家解释无产阶级解放斗争的世界历史意义。"④建设时期，一方面要粉碎资产阶级制度遗留下来的东西，同传统的观念彻底决裂；另一方面要把群众同国家经济生活的建设联系起来，引导群众投入社会主义建设事业中去。其四，从灌输的方法来看，最根本的是理论联系实际。既要科学地对

---

① 《列宁选集》第1卷，人民出版社2012年版，第374页。

② 《列宁选集》第1卷，人民出版社2012年版，第363页。

③ 《列宁选集》第2卷，人民出版社2012年版，第416页。

④ 《列宁选集》第1卷，人民出版社2012年版，第364—365页。

待马克思主义，避免教条主义和修正主义；又要正确地把握实际，要注重调查研究，少来一些政治空谈，少发一些书生的议论，通过摆事实讲道理、区别对待不同教育对象、教育与劳动相结合等方式，与沸腾的生活相联系。其五，从灌输的形式来看，要注重利用《真理报》等报刊发表政见、以小册子讲大形势、以科学的口号结合革命理想和群众利益、以精彩的演讲来激励群众等等。"宣传员的活动主要是动笔，鼓动员的活动则主要是动口。"[1]灌输的形式大抵分为口头语言灌输和文字灌输两种，其中口头语言灌输"应当善于用简单、明了、群众易懂的语言讲话，坚决抛弃难懂的术语，外来语，背得烂熟的、现成的但是群众还不懂、还不熟悉的口号，决定和结论等一系列重炮。"[2]文字语言灌输不要有空洞无聊的文字堆砌和放肆地拐弯抹角的空论，不能用一个难以理解的概念来解释另一个概念，要引导读者进行思考，由浅入深，用材料证明观点，用事例得出结论。在灌输过程中，文字不是用来炫耀才华的，而是让人们理解和把握的，不能舍本逐末。

列宁的"灌输论"几乎涵括思想政治教育的方方面面，可以说"灌输"就是思想政治教育的理论前身和实践样态，"灌输论"对思想政治教育话语权研究具有重要的启示。

（三）"批判"是捍卫思想政治教育话语权的战斗力量

列宁主义是在同形形色色的反马克思主义和非马克思主义的错误思潮的斗争中发展起来的。马克思主义代表着无产阶级的根本利益，必然会触及资产阶级的利益，在资本主义社会中，"无论是借驳斥社会主义来猎取名利的青年学者，或者是死抱住各种陈腐'体系'的遗教不放的龙钟老朽，

---

① 《列宁选集》第 1 卷，人民出版社 2012 年版，第 352 页。
② 《列宁全集》第 14 卷，人民出版社 2017 年版，第 89 页。

都同样卖力地攻击马克思。"① 只要还存在着资产阶级和无产阶级的对立，这种攻击就不会停止，而且会随着马克思主义的不断发展和广泛传播而愈演愈烈，因此马克思主义"在其生命的途程中每走一步都得经过战斗"②。不断战斗是马克思主义的历史命运，而列宁把批判错误思潮以捍卫马克思主义当作自己的历史命运。列宁在致友人伊·费·阿尔曼德的信中指出："这就是我的命运。连续不断的战斗——反对政治上的各种愚蠢思想和庸俗见解，反对机会主义等等。"③而列宁也不辱使命，同各种错误思潮展开了长期的、反复的思想较量，打赢了马克思主义在帝国主义时代和无产阶级革命时代的理论战役。具体来看，列宁批判了民粹派、"合法马克思主义者"、经济派及孟什维主义、经验批判主义等等，在批判中捍卫了马克思主义。④

第一，列宁批判了民粹派的主观社会学，捍卫了历史唯物主义。民粹派的首领米海洛夫斯基以伯恩斯坦为理论模板，攻击马克思主义。他以"人的本性"当作社会存在和发展的条件，以是否"合乎心愿"作为衡量社会好坏的关键标准，否定物质生产的基础性；把历史看作是偶然事件的堆砌，否定历史发展的客观规律性；把历史必然性和个人自由对立起来，主张杰出人物历史活动的随意性，污蔑唯物史观是宿命论；否定马克思的

① 《列宁选集》第2卷，人民出版社2012年版，第1页。
② 《列宁选集》第2卷，人民出版社2012年版，第1页。
③ 《列宁全集》第47卷，人民出版社2017年版，第463页。
④ 这一论点和下文的具体论述主要参见：庄福龄编：《简明马克思主义史》，人民出版社2004年版，第190—211页；孙伯鍨、侯惠勤编：《马克思主义哲学的历史和现状》（上），南京大学出版社2004年版，第399—417页；石云霞编：《马克思主义理论教育思想发展史研究》（上），中国社会科学出版社2012年版，第521—527页；徐芹：《批判错误思潮与列宁早期俄国资本主义发展思想》，《马克思主义研究》2012年第9期；杨朴伟：《认识"合法马克思主义"及列宁对其的批判》，《思想政治教育研究》2016年第6期。

哲学发现，混淆马克思和黑格尔等等。列宁认为米海洛夫斯基的观点是理论的倒退，是被马克思主义所抛弃的、被唯心主义哲学家说烂了的陈腐垃圾，列宁重申了历史唯物主义的基本观点，公开指出马克思主义通过对资本主义社会这一具体社会形态的分析，第一次把社会学置于科学的基础上，揭示了人类社会发展的基本规律，是被现代社会的实践发展过程所证明了的科学。

第二，列宁批判了民粹派的社会发展观，论证了俄国资本主义的发展。民粹派夸大俄国的特殊性，否定马克思主义的社会经济形态学说的普遍意义，主张俄国绕过资本主义发展阶段，以农村公社土地公有制为基础，直接走向社会主义。列宁根据自己对马克思主义的科学理解，在深入研究俄国农村经济的前提下，利用鲜活生动的新资料，对民粹派的观点进行了批驳。列宁批判了民粹派把农民村社同农民分化和资本主义发展对立起来的错误、论证了俄国地主经济演化为资本主义经济的整个过程、俄国资本主义工业的发展情况以及国内市场发展状况，进而论证了俄国资本主义发展的可能性和必然性，改判了民粹派给俄国资本主义下达的死亡通知书。

第三，列宁批判了"合法马克思主义者"，戳破资产阶级利益辩护士的假面。马克思主义在俄国的广泛传播使其成为一股强大的力量，强大到其反对者都不惜自称为马克思主义者，以迷惑民众。"合法马克思主义者"披着马克思主义的外衣，采用马克思主义的词句，却维护着资产阶级的利益，发表着反马克思主义的言论。列宁批判了"合法马克思主义者"的哲学观，认为"合法马克思主义者"是新康德主义和庸俗经济唯物主义的拥护者，无视历史发展的客观规律，永恒化资本范畴和资本主义制度，指出俄国资本主义制度的历史性和暂时性。列宁批判了"合法马克思主义者"的经济观，批判了"土地肥力递减规律"和"小农经济稳固论"对土地私有制和资本主义生产关系导致俄国农民贫困乃至破产的事实的掩盖，捍卫了马克思主义的政治经济学思想。

第四，列宁批判了崇拜自发性的经济派以及主张放弃无产阶级领导权的孟什维主义，阐释了新型无产阶级政党理论。列宁批判了经济派对工人自发运动的崇拜、对经济斗争的片面强调以及对细微改良的主张，批判了经济派对政治斗争、思想灌输以及革命政党重要性的否定。列宁在批判经济派及孟什维主义的过程中，正面论证了工人群众自觉性与自发性的辩证关系以及灌输论的重要性，全面论述了新型无产阶级政党理论，科学阐释了无产阶级政党的性质、党员条件和组织原则，同机会主义划清界限，有助于为俄国的无产阶级革命力量的积聚。

第五，列宁批判了经验批判主义，回应了俄国马赫主义对马克思主义的攻击。列宁在《唯物主义和经验批判主义》这部著作中"探索那些在马克思主义的幌子下发表一种非常混乱、含糊而又反动的言论的人是在什么地方失足的"[1]，称经验批判主义是对马克思主义的"跪着造反"。列宁在总结俄国无产阶级革命斗争的实践经验和自然科学发展新成就的基础上，系统论述了辩证唯物主义和历史唯物主义的基本原理，阐明了马克思主义的科学世界观是辩证唯物主义和历史唯物主义，区分了经验批判主义的认识论和辩证唯物主义的认识论，揭露了马赫主义的唯心主义立场和不可知论的实质；区分了经验批判主义和历史唯物主义，驳斥了"社会存在和社会意识同一论"和"社会唯能论"。

除上述的五种错误思潮之外，列宁还批判了伯恩斯坦主义、社会沙文主义、后期考茨基主义、寻神说和造神说等等，列宁言辞犀利、极尽嘲讽、直击要害，"树立了一种通过坚持唯物主义立场批判各种错误思潮而创造性地应用和发展马克思主义的典范。"[2]任何一种理论思潮都希望影响

---

[1] 《列宁选集》第2卷，人民出版社2012年版，第14页。

[2] 孙伯鍨、侯惠勤编：《马克思主义哲学的历史和现状》（上），南京大学出版社2004年版，第399页。

民众，进而影响社会发展进程，因此都会在思想阵地中摆出架势，展开思想拉锯，争夺思想政治教育话语权。列宁不仅高度重视批判在掌握思想政治教育话语权中的重要作用，还在革命实践中以马克思主义基本原理为思想武器，以革命的战斗精神对不断粉墨登场的错误思潮展开了无情的理论批判，从而掌握了马克思主义的思想政治教育话语权，为无产阶级革命和社会主义建设提供了思想保证。

第二节　中国共产党人对思想政治教育话语权的创新发展

近代以降，中国遭遇巨变，数代中国人在一片混乱中苦苦摸索，洋务官员、农民阶级、维新人士、资产阶级革命志士等诸多政治力量熙熙攘攘、来来往往，都一度想肩负起救亡图存、求富求强的民族使命，但这些抗争却大业未竟、壮志难酬，一次又一次宣告失败。众里寻他千百度，在十月革命的思想震动下，中国的有志之士蓦然回首，寻到了那灯火阑珊处的马克思主义。诚如瞿秋白所言，"在中国这样黑暗悲惨的社会里，人人都想在生活的现状里开辟一条新道路，听着俄国旧社会崩裂的声浪，真是空谷足音，不由得不动心。"①"渴望改变国家民族命运的中国人"找到了"旨在改变世界的马克思主义"，"金风玉露一相逢，便胜却人间无数"，两者命运般的相遇解锁了"中国究竟该何去何从"这一关卡，中国的前途命运有了转机。在浩浩荡荡的历史情势的作用下，中国共产党作为马克思主义的倡导者、宣传者和组织者也应运而生，在马克思主义的指导下开始书写波澜壮阔的中国近现代史，而中国共产党的思想政治教育是其中浓墨重

---

① 《瞿秋白文集》第 2 卷，人民文学出版社 1986 年版，第 248 页。

彩的一笔。中国共产党人在革命、建设和改革的实践过程中，高度重视思想政治教育，对思想政治教育话语权进行了深入性思考和创新性发展，打造了思想政治教育话语权研究的理论宝库。

一、思想领导是思想政治教育话语权建设的目标指向

党的一切工作的展开都离不开意识形态的鸣锣开道，革命时期如此，建设时期和改革时期亦如此。思想政治教育是中国共产党的优良传统和政治优势，是实现党的思想领导的重要方式。中国共产党不断加强思想政治教育，推进思想政治教育话语权建设是为了更好地实现党的思想领导，使党掌握意识形态领域的主导权和主动权，使社会发展沿着正确的方向前进。掌握思想领导是思想政治教育话语权的建设目标，如果离开这个目标，思想政治教育话语权建设就会陷入盲目被动，甚至失去价值意义。

毛泽东在领导中国革命与建设的历史进程中，曾反复强调党的思想领导的极端重要性。1928年，毛泽东在写给中共中央的报告《井冈山的斗争》中指出，"我们感觉无产阶级思想领导的问题，是一个非常重要的问题。"[1]1942年，毛泽东在给刘少奇的一封回电中指出，延安的党员干部通过对二十二个整风文件的学习[2]，发现并纠正了党内分歧错杂的思想，凝聚了思想共识，效果明显，并明确提出了"掌握思想领导是掌握一切领导的第一位"[3]这一重要论断，希望刘少奇在敌后也指导整风学习，掌握党的思想领导。新中国成立之后，毛泽东强调"思想和政治又是统帅，是灵

① 《毛泽东选集》第一卷，人民出版社1991年版，第77页。
② 1942年4月3日《中共中央宣传部关于在延安讨论中央决定及毛泽东同志整顿三风报告的决定》中规定的整风学习的十八个文件以及中共中央宣传部1942年4月16日《关于增加整风学习材料及学习时间的通知》中增加的四个整风学习文件。
③ 《毛泽东文集》第二卷，人民出版社1993年版，第435页。

魂"①，思想领导一刻都不能放松，一旦放松不但不能推进建设，已取得的革命成果也会失掉。毛泽东站在革命和建设的长远发展的战略高度提出了思想领导的问题，强调党的思想领导对团结革命力量、加强党的建设、服务社会主义建设、巩固社会主义制度、提高人民觉悟、改造主客观世界等方面的重要作用。而党的思想领导如何实现呢？毛泽东指出，"所谓领导权，不是要一天到晚当作口号去高喊，也不是盛气凌人地要人家服从我们，而是以党的正确政策和自己的模范工作，说服和教育党外人士，使他们愿意接受我们的建议。"②思想领导权要通过"说服和教育"才能实现，这里的"说服和教育"以让别人愿意接受为目的，就有明显的思想政治教育话语权意蕴。

改革开放初期，邓小平指出，为了完成经济调整这一艰巨复杂的任务，"为了保证全党思想上行动上的一致，必须有效地加强和改善我们党的思想政治工作。"③邓小平清醒地认识到当时党的思想政治工作的问题和缺陷，即一方面缺乏对四项基本原则有说服力的正面宣传，另一方面又缺乏对反对四项基本原则的严重错误思想的有力斗争，导致党内思想混乱。因此邓小平强调"我们说改善党的领导，其中最主要的，就是加强思想政治工作"④，并从实事求是地评价新中国成立以来党的工作以及毛泽东同志的历史功过，纠正党内不正之风、改变群众对领导干部的形象认知，加强党的组织性、纪律性，发扬共产党员精神，密切党群关系，反对封建残余思想和资产阶级自由化思想等方面指明了加强思想政治工作的具体方向。20 世纪 80 年代中后期特别是 90 年代以来，国际国内形势发生了深刻变化，思想文化领域面临着严峻的挑战。从国内来看，随着改革开放的持续

---

① 《毛泽东文集》第七卷，人民出版社 1999 年版，第 351 页。
② 《毛泽东选集》第二卷，人民出版社 1991 年版，第 742 页。
③ 《邓小平文选》第二卷，人民出版社 1994 年版，第 364 页。
④ 《邓小平文选》第二卷，人民出版社 1994 年版，第 365 页。

推进和社会主义市场经济的发展，人们的精神世界发生了深刻变化。既有竞争意识、开拓创新精神不断孕育等方面的积极变化，也有自由主义、拜金主义、享乐主义等不断滋生的消极变化，加上资产阶级腐朽思想乘虚而入、封建残余思想沉渣泛起，思想领域呈现出正误交织、进退纠缠的局面。从国际形势来看，东欧剧变、苏联解体，社会主义运动陷入低潮，西方敌对势力故技重施，对我国大力实行西化分化的政治图谋。面对思想文化领域的风险挑战，江泽民指出"思想文化阵地，马克思主义、无产阶级的思想不去占领，各种非马克思主义、非无产阶级的思想甚至反马克思主义的思想就会去占领。"①"各级党委要重视意识形态工作，加强对意识形态工作的领导，牢牢掌握意识形态各部门的领导权"②，明确提出了意识形态领导权。

党的十八大以来，在全球化深度展开、社会变革深刻推进、网络信息化快速发展、各种社会思潮风起云涌等因素的作用下，我国意识形态领域面临着复杂尖锐的、短兵相接的斗争。为沟通思想、凝聚共识，习近平高度重视意识形态工作，先后主持召开了全国宣传思想工作会议、文艺工作座谈会、新闻舆论工作座谈会、网络安全和信息化工作座谈会、哲学社会科学工作座谈会、全国高校思想政治工作会议等重要会议，从各条思想战线上展开和加强意识形态工作。习近平指出，中国共产党人能打仗、能搞建设搞发展，这是被历史所证明了的。当前，中国共产党人面临的重要问题是"能不能在日益复杂的国际国内环境下坚持住党的领导、坚持和发展中国特色社会主义"③，对这一问题的解答离不开意识形态的保驾护航。习近平强调意识形态工作是党的一项极端重要的工作，"我们必须把意识

---

① 《江泽民文选》第三卷，人民出版社2006年版，第97页。
② 《江泽民文选》第一卷，人民出版社2006年版，第160页。
③ 中共中央文献研究室编：《习近平关于社会主义文化建设论述摘编》，中央文献出版社2017年版，第31—32页。

形态工作的领导权、管理权、话语权牢牢掌握在手中，任何时候都不能旁落，否则就要犯无可挽回的历史性错误。"①党的思想领导在这里被具体化为掌握意识形态工作的领导权、管理权和话语权，思想政治教育话语权也是在这一大背景下被提上议事日程的。

在我国发展的不同历史时期，思想文化领域会面临着不同的形势和条件，党的意识形态工作也会呈现出不同的样态，甚至这一工作的展开也被冠以不同的名称如"政治工作""宣传工作""思想政治工作（教育）""意识形态工作"，也会以"主动权""主导权""领导权""管理权""话语权"等来引导一定时期具体工作的展开，但一以贯之的是党对掌握思想领导的重视和执着。思想政治教育话语权建设一刻也不能偏离党掌握思想领导这一根本要求和目标指向。

二、良好学风是思想政治教育话语权建设的作风要求

"学风问题是领导机关、全体干部、全体党员的思想方法问题，是我们对待马克思列宁主义的态度问题，是全党同志的工作态度问题。"②良好学风是指马克思主义学风，指在认识思考现实问题、对待马克思主义以及展开具体工作的过程中，要坚持实事求是、理论联系实际。马克思主义既是思想政治教育的思想基础和理论指导，又是思想政治教育的重要内容和行动指南，只有坚持实事求是、理论联系实际的马克思主义学风，正确地认识社会发展变化和人们的思想实际，正确地对待马克思主义，科学地开展思想政治教育工作，才能真正确立起思想政治教育话语权。中国共产党的诞生是马克思主义与中国工人运动相结合的产物，在中国共产党的发生

---

① 中共中央文献研究室编：《习近平关于社会主义文化建设论述摘编》，中央文献出版社2017年版，第21页。

② 《毛泽东选集》第三卷，人民出版社1991年版，第813页。

发展过程中始终伴随着如何了解中国实际，如何对待马克思主义，如何运用马克思主义来解决中国问题，如何发展马克思主义等方面的问题，中国共产党人对马克思主义学风的思考对思想政治教育话语权建设具有重要的理论指导意义。

毛泽东是马克思主义学风的理论凝练者和实践坚守者。1930 年，毛泽东看到当时红军中存在的教条主义对革命斗争造成的极大损失，为反对教条主义而写作了《反对本本主义》。毛泽东开篇就指出"没有调查，没有发言权"[①]，那种没有调查，不了解现实情况和历史情况，只知闭着眼睛瞎说一顿的人，不仅是共产党员的耻辱，还不能解决问题，甚至会弄坏事情和失掉群众。离开实际调查而只"唯书""唯上"的人犯了机会主义盲动主义错误。中国共产党党员要运用正确的调查方法开展社会经济调查，了解中国实际状况，积累详细资料，为革命斗争策略的制定提供现实依据。1941 年，在《改造我们的学习》中，毛泽东批评了党内存在的"不注重研究现状，不注重研究历史，不注重马克思列宁主义的应用"的极坏作风，在对比主观主义的态度中，提出了马克思列宁主义的态度，指出马克思列宁主义的态度就是有的放矢的态度，"'的'就是中国革命，'矢'就是马克思列宁主义"[②]，这种态度就是实事求是的态度。1942 年，毛泽东在《整顿党的作风》提出了"反对主观主义以整顿学风"的任务，从党性党风的高度提出学风问题，指出仅仅停止在现成书本知识上的教条主义和仅仅偏执于感性和局部知识的经验主义都是主观主义，都犯了片面性的错误，都是不正派的学风，都需要加以克服。

邓小平继承了毛泽东的马克思主义学风思想，并认为马克思主义学风问题是个思想路线问题，规定了党的认识的方向、道路、原则和方法，这

---

① 《毛泽东选集》第一卷，人民出版社 1991 年版，第 109 页。
② 《毛泽东选集》第三卷，人民出版社 1991 年版，第 801 页。

是中国共产党发展过程中总结出来的最重要的经验教训。中国共产党的成功源于对实事求是的坚守，中国共产党的曲折发展则源于对实事求是的背离，如果不坚持马克思主义学风，"那非垮台不可"①。邓小平把关系党生死存亡的马克思主义学风进一步概括为"理论联系实际，就是从实际出发，把实践经验加以概括。"②所谓"一切从实际出发"，就是要直面现实，不能舞文弄墨来粉饰现实、弄虚作假来掩盖现实；就是要全面把握现实，不能以管窥天、以蠡测海；就是要透过现象看本质，不能被乱花迷眼、舍本逐末、取表舍里；就是要把握不断变动的现实，不能刻舟求剑、固执拘泥。所谓"把实践经验加以概括"，就是在运用马克思主义立场、观点、方法正确地把握客观实际的基础上，要开动脑筋、抛弃迷信、打破禁锢，大胆地实验、勇敢地闯荡、放开地实干，敢于"摸着石头过河"，并随着实践的推进及时地、不间断地总结鲜活的实践经验。邓小平支持的"真理标准问题大讨论"就是对"四人帮"制造的精神枷锁和"两个凡是"制造的思想禁锢的打破，是对条条框框、跟风倒现象、本本主义等思想僵局的打破，是对马克思主义学风的重新恢复和大力弘扬。"解放思想，开动脑筋，实事求是，团结一致向前看"③的倡导廓清了人们的思想混乱和认识误区，为改革开放的顺利推进奠定了坚实的理论基础。

实事求是、理论联系实际的马克思主义学风在中国共产党人这里代代相传，中国共产党人在一以贯之的前提下，随着社会历史条件的变化和工作任务的要求来确定贯彻的重点，不断丰富其思想蕴含。毛泽东提出实事求是，强调要"有的放矢"；邓小平继承实事求是，突出要"解放思想"；

① 中共中央文献研究室编：《邓小平年谱（1975—1997）》（上），中央文献出版社2004年版，第402页。
② 中共中央文献研究室编：《邓小平年谱（1975—1997）》（上），中央文献出版社2004年版，第378页。
③ 《邓小平文选》第二卷，人民出版社1994年版，第141页。

江泽民继承实事求是，突出要"与时俱进"；胡锦涛继承实事求是，突出要"求真务实"；习近平继承实事求是，突出要"真抓实干"。中国共产党人根据事业的推进不断丰富和发展着实事求是的思想路线，继续和弘扬着马克思主义学风。思想政治教育话语权建设过程中同样要坚持实事求是的马克思主义学风，无论是把握国家社会发展的最新形势，还是了解教育对象的思想实际；无论是学精吃透马克思主义基本原理，还是科学运用马克思主义基本立场、观点、方法；无论是"拿起笔杆子"开展理论研究，还是"磨起嘴皮子"进行教学实践，都需要实事求是。诚如习近平所言，"加强党的理论教育，要坚持实事求是，坚持理论联系实际的马克思主义学风，坚持问题导向，注重回答普遍关注的问题，注重解答学员思想上的疙瘩，反对主观主义、教条主义、形式主义，防止空对空、两张皮。"①在思想政治教育过程中如果把空谈当作实干，把表象当作规律，把假象视为实质，以教条取代实际，以形式掩盖内容，以理论裁决现实，那种"嘴尖皮厚腹中空"的"山中竹笋"是决不会拥有话语权的。"科学的态度是'实事求是'，'自以为是'和'好为人师'那样狂妄的态度是决不能解决问题的。"②思想政治教育只有坚持实事求是，才能在理论问题的科学阐释上葆有话语权，才能在现实问题的合理解答上葆有话语权，才能在理论联系实际的教育过程中真正说服教育对象，拥有话语权。

三、群众路线是思想政治教育话语权建设的方法原则

群众观点是马克思主义的基本观点，以"一切为了群众，一切依靠群众，从群众中来，到群众中去"为基本规定的群众路线，是中国共产党人

---

① 习近平：《在全国党校工作会议上的讲话》，人民出版社 2016 年版，第 16 页。
② 《毛泽东选集》第二卷，人民出版社 1991 年版，第 662—663 页。

创造性运用马克思主义群众观点于中国实际的理论成果和实践产物，是中国共产党一切工作的根本工作路线。毛泽东曾指出在政治动员的过程中，不能远离群众的生产生活实际而做路线纲领的背诵者、传声筒，"要联系战争发展的情况，联系士兵和老百姓的生活"①展开政治动员。"联系士兵和老百姓的生活"就是群众路线的具体体现，就是让老百姓"听"而"信"的方法，也就是建设思想政治教育话语权的方法。江泽民曾指出"党的思想政治工作本质上是群众工作，是宣传群众、教育群众、引导群众、提高群众的工作，因此必须坚持走群众路线。"②思想政治教育是面向群众的，思想政治教育能否拥有话语权，关键在于在群众中展开宣传、教育、引导、组织等工作的过程中能否深得人心、说服群众，能否让群众自觉理解、接受、认同、信服、践行一定的思想观点、政治观点和道德规范，能否让群众团结在中国共产党的周围、凝聚在马克思主义伟大旗帜之下。思想政治教育话语权不是自封的，要看群众承不承认、批不批准，如果脱离群众，思想政治教育话语权建设就是一句空谈和口号，是靠不住的也是建不成的，因此走好群众路线是思想政治教育话语权建设的方法原则。

毛泽东关于群众路线的思想是在开展党的群众工作中不断形成和发展的。1927年，毛泽东在实地考察了湘潭、湘乡、衡山、醴陵、长沙等地之后，看到湖南如暴风骤雨般的农民运动，认为这"乃是广大的农民群众起来完成他们的历史使命"③，一切革命同志都不应该站在他们的后面甚至对面去指责他们是"痞子""糟得很"，而是应该站在他们的前面去领导他们，肯定他们是革命先锋、革命行动"好得很"。1934年，毛泽东在第二次全国工农兵代表大会上提出要"关心群众生活，注意工作方法"④，只有

---

① 《毛泽东选集》第二卷，人民出版社1991年版，第481页。
② 《江泽民文选》第三卷，人民出版社2006年版，第95页。
③ 《毛泽东选集》第一卷，人民出版社1991年版，第15页。
④ 《毛泽东选集》第一卷，人民出版社1991年版，第136页。

与群众待在一起，关心群众痛痒，真心实意维护群众利益，才能团结和组织起群众，才能真正筑起革命的铜墙铁壁，才能克服困难、战胜强敌。1943 年，在《关于领导方法的若干问题》，毛泽东明确地阐释了"从群众中来，到群众中去"的工作方法，这一论断既具有认识论意义，阐明了正确认识的来源、检验认识的方法以及认识的不断发展等内容；又具有方法论意义，阐明了党在开展组织群众、领导群众等群众工作时的根本遵循。肯定群众的伟大创造力，关心群众的生产生活，维护群众的根本利益，"从群众中来，到群众中去"的方法都在毛泽东那里得到了深入说明。

邓小平强调"群众是我们力量的源泉，群众路线和群众观点是我们的传家宝"①，并用"全心全意为人民服务，一切以人民利益作为每一个党员的最高准绳"② 来概括中国共产党党员的任务。1956 年，邓小平在《关于修改党的章程的报告》中指出，党的工作中的群众路线有两层含义，一是相信群众的力量，群众是历史的创造者，要相信群众能够自己解放自己，党的任务就是以谦虚谨慎的态度，密切联系群众，紧紧依靠群众，全心全意服务群众，领导群众去争取和创造自己的幸福生活；二是"从群众中来，到群众中去"这一工作方法是衡量党的工作的标准。只是主观地想为人民服务还不够，还要深入基层，深入群众，向群众学习，总结群众经验，集中群众智慧，避免事务主义和文牍主义。③1979 年，邓小平在《高级干部要带头发扬党的优良传统》的报告中指出，人民群众最关心的三个问题是物价上涨、干部特殊化、房子紧张，强调"我们必须恢复和发扬党的艰苦朴素、密切联系群众的优良传统"④，为了避免脱离群众，干部要去特殊化，要与群众同甘共苦，与群众打成一片，切实关心群众生活，向群众认

① 《邓小平文选》第二卷，人民出版社 1994 年版，第 368 页。
② 《邓小平文选》第一卷，人民出版社 1994 年版，第 257 页。
③ 《邓小平文选》第一卷，人民出版社 1994 年版，第 217—222 页。
④ 《邓小平文选》第二卷，人民出版社 1994 年版，第 217 页。

真解释问题，与群众多商量问题，多干实事来解决实际问题。

群众路线作为一根红线贯穿于中国共产党的发展过程中。"始终代表中国最广大人民的根本利益"是"三个代表"重要思想的内容之一，江泽民强调"我们党是代表人民执掌政权，党的全部活动都是为了保护和实现广大人民群众的利益。"①"以人为本"是科学发展观的核心，胡锦涛强调要做到发展为了人民、发展依靠人民、发展成果由人民共享。党的十八大以来，以习近平同志为核心的党中央分两批在全党开展了以为民、务实、清廉为主要内容的党的群众路线教育实践活动，坚定不移地推进党风廉政建设和反腐败斗争，解决群众反映强烈的"四风"问题，突破影响群众切身利益的症结难点，是对党的群众路线的不断学习和自觉贯彻。在党的十九大报告中，"坚持以人民为中心"这一党的群众路线的时代体现被纳入习近平新时代中国特色社会主义思想十四条基本方略之一。在党的二十大报告中，"必须坚持人民至上"②是开辟马克思主义中国化时代化新境界要坚持的基本原则。党的群众路线在新时代具有了更为丰富的内涵。

群众路线贯穿党的一切工作。具体到思想政治教育话语权建设，一是要始终站稳群众立场，要坚持以人为本，在教育人、引导人、鞭策人的过程中要尊重人、理解人、关心人，遵循人的思想行为活动规律，"不要锋芒毕露，自以为是政治家，而要善于根据不同对象去进行政治解释工作"③，并以人的自由全面发展为最高价值追求；二是要关心群众切身利益，坚持解决思想问题与解决实际问题相结合，邓小平强调"一定要使人民得到实惠，得到看得见的物质利益，从切身经验中感到社会主义制度的

---

① 中共中央文献研究室编：《江泽民论有中国特色社会主义（专题摘编）》，中央文献出版社 2002 年版，第 426 页。

② 《中国共产党第二十次全国代表大会文件汇编》，人民出版社 2022 年版，第 16 页。

③ 《邓小平文选》第一卷，人民出版社 1994 年版，第 17 页。

确值得爱"①；三是坚持群众的主体地位，坚持教育与自我教育相结合，启发群众的觉悟；四是要向群众学习，习近平强调要"从思想和感情深处真正把人民群众当主人、当先生，把自己看作人民群众的公仆和学生"②，汲取群众的经验智慧，学习群众的语言；五是要了解群众实际，通过调查研究、召开座谈、从容讨论等方式，了解群众的所思所想、所焦所虑、所疑所惑、所得所求；六是要使科学理论掌握于群众，赋予群众马克思主义这一强大的思想武器，使党的主张变成群众自觉的行动；七是以群众喜不喜欢、认不认同、信不信任作为思想政治教育话语权建设的检验标准。可见，坚持群众观点，坚持群众工作方法，真正走好群众路线，是推进思想政治话语权建设的方法原则。

四、舆论引导是思想政治教育话语权建设的基本面向

舆论是民众的意见或言论，话语权从原初的意义上来讲，体现为对舆论的影响力和控制力。正确地引导舆论的发展方向，营造良好的舆论生态，是思想政治教育话语权的基本面向。在革命、建设和改革的实践中，中国共产党都有自己的一套政治主张和理论学说，并努力通过各种渠道路径将自己的政治主张和理论学说传播出去，以影响公共意见，使社会朝着自己期待的方向发展。在一定程度上讲，思想政治教育本身就是一种传播党的政治主张和理论学说的实践活动。中国共产党人在不断认识传播工具和手段、深化传播实践、总结传播经验的过程中，形成了独特的舆论传播思想，有助于深化我们对思想政治教育话语权的理解。

---

① 中共中央文献研究室编：《邓小平年谱（1975—1997）》（上），中央文献出版社 2004 年版，第 685 页。

② 习近平：《深入学习中国特色社会主义理论体系　努力掌握马克思主义立场观点方法》，《求是》2010 年第 7 期。

　　毛泽东十分注重舆论的力量，认为"凡是要推翻一个政权，总要先造成舆论，总要先搞意识形态方面的工作。"①舆论具有先导作用，毛泽东把舆论看成是意识形态工作的一部分，认为舆论具有阶级性，代表着一定阶级的利益，无论是革命阶级还是反革命阶级若要维护自身的利益，都必须舆论先行，用体现自身利益和意志的意识形态再造出现实社会，以期在公开政治空间形成一定的舆论影响力。毛泽东认为报纸是制造舆论的强有力的工具，指出"报纸的作用和力量，就在它能使党的纲领路线，方针政策，工作任务和工作方法，最迅速最广泛地同群众见面。"②把报纸办好，使报纸能够吸引人，是党的工作中有重大原则意义的问题。而就如何办好报纸这一问题，毛泽东有着自己深入的思考，一要坚持报纸的党性原则，报纸要在方方面面顾虑到对党的影响。二要坚持全党办报、全民办报，办报也要走群众路线。三要坚持战斗风格，报纸不能是一把钝刀，要生动、锋利、尖锐，不能吞吞吐吐、阳奉阴违，要旗帜鲜明地坚持真理。四要坚持舆论一律与不一律的统一，在人民内部，要允许人们展开思想竞赛，发表不同的观点；但对于敌对分子则不能给他们提供发表错误言论的平台，不能让他们乱说话。五要增强报纸的国际影响力，在借助国际上的进步记者和报纸传播中国共产党的声音同时，强调我国要向世界各地派驻新闻记者，打破国际舆论封锁，让全世界都能听到我们的声音。

　　邓小平认为，"拿笔杆子"是重要的思想政治教育方法，而"拿笔杆子中，作用最广泛的是写文章登在报纸上和出小册子，再就是写好稿子到广播电台去广播。"③邓小平认为报纸办好了，既能够触摸社会的脉搏，

---

① 中共中央文献研究室编：《毛泽东年谱（1949—1976）》第 5 卷，中央文献出版社 2013年版，第 153 页。
② 《毛泽东选集》第四卷，人民出版社 1991 年版，第 1318 页。
③ 《邓小平文选》第一卷，人民出版社 1994 年版，第 145 页。

听到党和国家听不到的声音；还能够把党和国家的声音传播到各阶层群众中，使党和国家的意志得以贯彻。改革开放初期，为使国家从混乱状态中尽快调整过来，保障、维护和发展安定团结的政治局面，邓小平重申了党报党刊的党性原则，强调"党报党刊一定要无条件地宣传党的主张"①，要结合中国特色社会主义这一最大实际，用事实说话，消除人们对改革开放的思想疑虑，旗帜鲜明地宣传四项基本原则，在允许不同观点存在的同时要加强对舆论的管理，查禁、销毁那些败坏社会风气、腐蚀青年和干部的照片、影片和书刊，要同"四人帮"的思想流毒作斗争，肃清封建主义残余影响和资产阶级腐化思想，不允许肆意散布不信任、不满甚至反对党中央的路线方针政策的意见。

江泽民强调"舆论导向正确，是党和人民之福；舆论导向错误，是党和人民之祸……舆论工作就是思想政治工作"②，因此要自觉加强舆论引导，以正确的舆论导向凝聚人心、振奋精神，为党和人民谋福利。胡锦涛则突出对新闻传播规律的把握，注重提高舆论引导的有效性，强调要善于把握新闻传播规律，结合社会热点、利益敏感点以及群众的心理接受度，把握舆论引导的时机、节奏和力度，使党的舆论引导富有成效，真正实现春风化雨。与此同时要关注网络发展状况，"我们必须从占领文化传播制高点和掌握信息化条件下宣传思想工作主导权的高度，抓住信息化的历史机遇，善于运用先进技术传播先进文化"③。

党的十八大以来，党的新闻舆论工作的形势变得更为尖锐复杂，改革的不断深化触动了一部分在社会上拥有较大话语权和较大影响力的个人和集团的利益，他们的声音通过各种途径反映在舆论上，加之西方国家的意识形态渗透愈演愈烈，意识形态竞技场硝烟弥漫；新兴媒体和自媒体不断

① 《邓小平文选》第二卷，人民出版社1994年版，第272页。

② 《江泽民文选》第一卷，人民出版社2006年版，第564页。

③ 《胡锦涛文选》第三卷，人民出版社2016年版，第64页。

发展，舆论格局不断调整。面对新形势，习近平于 2016 年 2 月 19 日召开了党的新闻舆论工作座谈会，提纲挈领地阐明了党在新的时代条件下的新闻舆论思想，主要体现在三个方面。一是从党的工作全局出发对新闻舆论工作进行把握定位，以 48 字方针明确了新闻舆论工作在新的时代条件下的职责和使命；二是提出了新闻舆论工作的政治要求，强调"必须把政治方向摆在第一位，牢牢坚持党性原则"①；三是提出了新闻舆论工作的业务要求，强调要适应分众化、差异化传播趋势，推动传统媒体与新媒体融合发展，把握传播的时度效，加强国际传播能力建设，打造具有较强国际影响的外宣旗舰媒体等新理念新要求②。

　　概括地来看，中国共产党人的舆论传播思想不变的主题是对党性原则的坚守，对政治家办报的要求，对密切联系群众的重视，是党性与人民性的统一。从传播理念来看，革命和建设时期更注重从"宣传"的角度来阐释新闻舆论的工具性意义，随着传播形势的变化、传播工具和手段的发展、传播体制机制的完善以及对传播规律认识的深化，改革开放之后更注重从"舆论引导"的角度来提出新闻舆论工作的具体要求，强调传播的针对性和实效性，注重提高党的新闻舆论传播力、引导力、影响力和公信力。随着互联网的迅速发展，舆论的影响力日趋强大，舆论日益成为各种意识形态力量争夺的重要对象。舆论引导权是思想政治教育话语权的一种表现形式，思想政治教育者要充分利用传统媒体和新媒体宣介党的政策主张、了解社会形势变化和人们的思想行为变化、正确研判舆情、回应舆论热点、把握群众需求、疏导社会情绪、引导舆论发展。

---

① 《习近平谈治国理政》第二卷，外文出版社 2017 年版，第 332 页。
② 《习近平谈治国理政》第二卷，外文出版社 2017 年版，第 333 页。

五、理论斗争是掌握思想政治教育话语权的"拔毒"行动

如果在一个社会中，只有一种理论、一种声音，那么这种理论和声音就拥有绝对的话语权，在这种情势下谈论思想政治教育话语权问题就明显是一个伪命题，没有任何意义。社会并不是铁板一块的，而是由不同的个人和团体构成的，在不同的社会条件下发展起来的个人和团体有着不同的立场和利益，思想认识的水平也存在差异，受外界因素的影响程度也不同，反映在意识形态领域就呈现出了不同的思想之争、主义之争、倾向之争，而社会的有序发展需要统一思想、凝聚共识，因此通过理论斗争，拔出思想毒草，是掌握思想政治教育话语权的必经之途。马克思主义是在斗争中发展起来的，自马克思主义传入中国以来，就与各种各样的主义展开了话语权之争。中国共产党人深谙理论之争实乃道路之争这一要害之处，因此历来重视理论斗争。

毛泽东思想话语权的确立离不开理论斗争，毛泽东强调"我们主张积极的思想斗争，因为它是达到党内和革命团体内的团结使之利于战斗的武器。"①1929 年，面对红四军的党内存在着各种非无产阶级的思想对执行党的正确路线的妨碍，毛泽东批驳了红四军存在的单纯军事观点、极端民主化、非组织观点、绝对平均主义、主观主义、个人主义、流寇思想、盲动主义残余等错误思想，分析了各种错误思想的来源及其表现，并提出了纠正方法，使红四军肃清了旧式军队的影响，为中国人民军队建设扫清了思想障碍。"不破不立，不塞不流，不止不行"②，毛泽东十分重视与各种错误思想作坚决的斗争，《反对本本主义》强调要重视调查研究来克服教条主义；《反对自由主义》强调用马克思主义的积极精神来克服消极的

---

① 《毛泽东选集》第二卷，人民出版社 1991 年版，第 359 页。
② 《毛泽东选集》第二卷，人民出版社 1991 年版，第 695 页。

自由主义，批评无原则的和平以及腐朽庸俗的作风；《上海太原失陷以后抗日战争的形势与任务》中对投降主义的批评；《论持久战》中对亡国论和速胜论的批评；《新民主主义论》对资产阶级专政、"左"倾空谈主义、顽固派的批驳；《整顿党的作风》中对主观主义、宗派主义以及《反对党八股》中对党八股的清算，等等。

　　在革命时期，毛泽东的思想斗争主要是针对党内的错误思想，而新中国成立之后，思想斗争的范围则扩展到整个思想文化领域。在《关于正确处理人民内部矛盾的问题》中，毛泽东的思想斗争思想得到进一步的发展，强调在思想文化领域要贯彻"百花齐放、百家争鸣"的方针，一方面，"艺术上不同的形式和风格可以自由发展，科学上不同的学派可以自由争论"①，艺术领域和科学领域的是非问题不能用行政强制力量去干涉，应通过自由讨论、实践证明和时间考验来进行。另一方面，毛泽东强调"有错误就得批判"②。马克思主义必须在斗争中发展，这是真理发展的基本规律，也被马克思主义的发展历史所证明。马克思主义不害怕任何人任何形式的批评，它以其真理的力量直面各种思想斗争，并在思想斗争中扩大自己的影响力和话语权，因此"百花齐放、百家争鸣"的方针不会削弱马克思主义在思想界的领导地位。思想斗争是社会矛盾在思想领域的表现，因矛盾的性质不同，各种错误思想的性质也不同。在思想斗争中要区分不同矛盾形式的错误思想，对于明显的反革命分子、破坏社会主义事业的分子的错误思想，要剥夺其言论自由，不能给予其施展空间；对于人民内部的错误思想，要疏而导之，采取讨论、批评、说理的方法来克服。与此同时，批评要讲究方法，要用辩证的方法，要有科学的分析、审慎的辨别和充分的论证。

---

① 《毛泽东文集》第七卷，人民出版社 1999 年版，第 229 页。
② 《毛泽东文集》第七卷，人民出版社 1999 年版，第 233 页。

邓小平也强调积极的思想斗争，指出在积极主动、理直气壮而又有说服力地宣传四项基本原则的同时，要与一些反对四项基本原则的严重错误思想进行有力的斗争，"要批判'左'的错误思想，也要批判右的错误思想。"①展开思想斗争不是为了使思想领域纯而又纯，窒息思想活力，而是为了解放思想、团结鼓劲。在如何展开思想斗争方面，邓小平继承了毛泽东的"双百"方针，强调"只有搞'百花齐放、百家争鸣'，各种意见表达出来，进行争辩，才能真正发展马克思主义，发展辩证唯物主义。"②并从思想斗争的操作层面提出了具体意见，其一，马克思主义不怕争论，要广开言路，接受批评和监督，展开积极的辩论；其二，不能对思想混乱状况听之任之，对那种唯恐天下不乱，假借各种名义发表反党反社会主义的言论必须要切实地加以纠正，对触及法律的，还要依法追责；其三，要分析错误思想产生的社会历史原因，认识到错误思想存在的长期性和思想斗争的长期性；其四，要讲究思想斗争的方法，不能简单粗暴地对待，重蹈历史覆辙，而是要透彻说理、从容讨论，"不抓辫子、不戴帽子、不打棍子"③。邓小平强调"仍然要注意防止'左'的错误。过去那种简单片面、粗暴过火的所谓批判，以及残酷斗争、无情打击的处理方法，决不能重复。"④对待思想问题，不能随意地上纲上线，不能要求人人过关、人人做检查，也不能采取压服的办法，而是要通过加强马克思主义理论的学习，通过全面地分析问题、摆事实、讲道理来展开。

江泽民也强调，"如果面对错误的思想政治观点，不闻不问，不批评，不斗争，听任它们去搞乱人们的思想、搞乱我们的意识形态，那是极其危

---

① 《邓小平文选》第二卷，人民出版社 1994 年版，第 379 页。

② 《邓小平文选》第一卷，人民出版社 1994 年版，第 272 页。

③ 中共中央文献研究室编：《建国以来重要文献选编》第 15 册，中央文献出版社 1997 年版，第 136 页。

④ 《邓小平文选》第三卷，人民出版社 1993 年版，第 47 页。

险的，势必危害整个国家和社会的安定团结"①，因此要展开积极的思想斗争，占领思想文化阵地。党的十八大以来，习近平高度重视思想斗争，并形成自己的思想斗争理念。具体包括以下三个方面：其一，强调要"敢抓敢管，敢于亮剑，着眼于团结和争取大多数，有理有利有节开展舆论斗争"，对敌对势力宣扬的"普世价值"，"对那些恶意攻击党的领导、攻击社会主义制度、歪曲党史国史、造谣生事的言论"②，不能为之提供空间和平台，而是要展开积极的思想斗争，摆明态度、勇于交锋，不能遮遮掩掩、含糊其词；其二，区分思想舆论领域的三个地带，有的放矢地展开思想斗争，打好阵地战。对正能量充沛的红色地带，要守正守稳、开疆拓土；对负能量充斥的黑色地带，要激浊扬清、明辨是非；对正误纠缠的灰色地带，要使其朝着红色地带积极转化，防止蜕变黑化；其三，要顶得住、打得赢互联网领域的思想舆论战，当前网络已经成为思想斗争的最前沿，党的思想宣传工作者要当战士、不当绅士，要适应网络技术的发展，把握网络传播规律，克服"本领恐慌"的问题，掌握网络思想斗争的主动权，打造风清气朗的网络空间。

中国共产党人的思想斗争始终坚持唯物主义历史观，把思想斗争看成阶级斗争和社会矛盾发展在思想文化领域的体现，并注意区分思想斗争领域的敌我矛盾和人民内部矛盾。就思想领域的敌我矛盾而言，随着社会主义制度在我国的建立和发展，我国的社会矛盾发生了根本性变化，无产阶级和资产阶级之间的阶级矛盾已经不再是社会主要矛盾，但是这并不意味着阶级矛盾的完全消失，相反，在一定条件下，阶级矛盾还可能激化，特别是国际上资本主义敌对势力念念不忘对我国的西化分化图谋，在我国不断培植资本主义的代言人，因此思想斗争形势复杂多变并会长期存在，要

---

① 《江泽民文选》第三卷，人民出版社 2006 年版，第 88 页。

② 中共中央文献研究室编：《习近平关于社会主义文化建设论述摘编》，中央文献出版社 2017 年版，第 27—28 页。

时刻保持警醒。就思想领域的人民内部矛盾而言，当前我国社会的主要矛盾是"人民日益增长的美好生活需要和不平衡不充分的发展之间的矛盾"①，不平衡不充分的发展势必使部分人民的利益和需要暂时不能得到满足，人民或因为党的宣介不到位，或因为自身认识理解有误差，或因为其他错误思想的裹挟，会在思想上有意见、有想法、有混乱、想出气，这一类的思想斗争就要通过广开言路、耐心教育、合理说服、积极引导来进行。思想政治教育话语权建设要展开思想斗争，要坚持破与立的结合，既正面宣传又涤荡错误；要坚持主旋律和多样性的统一，贯彻"双百"方针，既坚持马克思主义在思想文化领域的指导地位，又支持多样性发展，激活思想活力。

六、语言艺术是掌握思想政治教育话语权的重要条件

语言是思想的承载者，思想通过语言得以表达、传递和交流，在表达、传递和交流思想的过程中，一个人对语言的熟悉程度、运用程度以及特定的语言风格直接反映着他对事物认识的独到处和深刻度，影响着其承载的思想传播的力度和广度。思想政治教育话语权从形式上来讲是通过一定的话语来呈现的，合理运用语言、注重语言艺术是掌握思想政治教育话语权的重要条件。中国共产党人在长期的思想政治教育实践中，在不断推进马克思主义的民族化、大众化、时代化的过程中，对语言的理解、学习和运用方面颇有造诣，对思想政治教育话语权建设很有助益。

毛泽东以自己独特的方式观察和表达着世界，对语言的运用可谓是浑然天成、出神入化，无论是说话还是著文，无论是语言择取还是语言创造，无论是遣词造句还是逻辑安排，道理之通透明白、语言之简洁洗练、比喻之妙趣横生都令人耳目一新。在语言运用的艺术上，毛泽东造诣深

---

① 《中国共产党第十九次全国代表大会文件汇编》，人民出版社 2017 年版，第 9 页。

厚。其一，语言创造力强劲且影响深远，毛泽东创造了诸如"球藉""糖衣炮弹""为人民服务"等词汇和短语，生动有趣而又意味深长；其二，语言活用、化用如鱼得水、信手拈来，毛泽东从俗语、俚语、成语、典籍中化用、改造、激活了一些语言，如"纸老虎""实事求是""星星之火，可以燎原"等语言，巧用比喻、形象生动而又富有意境；其三，马克思主义中国化言简意赅，富有中国气派，如把马克思主义认识论概括为"从群众中来，到群众中去"；把矛盾的观点概括为"一分为二"，等等。毛泽东指点江山、激扬文字，不仅是语言运用自如之典范，而且对语言运用有着深入的思考，集中体现在《反对党八股》一文中。

在《反对党八股》中，毛泽东指出无论是老八股还是洋八股都是藏污纳垢的东西，是死硬的、后退的、阻碍革命的东西，要彻底清算主观主义和宗派主义，就要反对党八股。毛泽东列举了党八股的八大罪状，并在列举罪状的同时，阐明了如何正确地运用语言。其一，针对"空话连篇，言之无物"这一罪状，毛泽东强调文章要写得短些、精粹些，杜绝一切空话，当然文章的长短要以内容为主、视情形而定，不是一味求短而是要言之有物。其二，针对"装腔作势，借以吓人"这一罪状，毛泽东强调"共产党不靠吓人吃饭，而是靠马克思列宁主义的真理吃饭，靠实事求是吃饭，靠科学吃饭"，装腔作势百害而无一利。其三，针对"无的放矢，不看对象"这一罪状，毛泽东强调在写文、演说、谈话、写字等过程中，要通过调查研究和科学分析来了解宣传对象、尊重宣传对象，让对象看得懂听得懂宣传内容；其四，针对"语言无味，像个瘪三"这一罪状，毛泽东强调宣传工作者要花大力气学习语言，要向人民群众学习语言，使语言生动活泼，表现实际生活；要从外国语言中吸收适用的语言，以鲜活的外国语言充实中国语言库，注重洋为中用；要学习古人语言中有生命力的东西，注重古为今用。其五，针对"甲乙丙丁，开中药铺"这一罪状，毛泽东强调说话著文都要以一定的问题为主线，要学会观察问题、提出问题、分析问题和解决问题，不能毫无章法地简单列举或停留于外部联系，玩概念游戏。其六，针对"不负责任，到处害人""流毒全党，妨害革命""传播出去，祸国殃民"这三大罪状，毛泽东强调党八股危害甚大，要以负责任的态度对待宣传、对待语言文字，少唱空洞抽象的调头，下定决心纠正党八股这一不良作风，采用生动活泼鲜活有力的新话风新文化。①

　　毛泽东倡导的新话风新文风一直是中国共产党人的语言标杆，并在后继者那里得以彰显。邓小平在语言运用上也形成了自己的风格。其一，善用数字化的语言提炼路线方针政策，以便于其传播。如以"一个中心、两个基本点"概括社会主义初级阶段的基本路线；以"两手抓、两手都要硬"来概括物质文明建设和精神文明建设的齐头并进；以"三个有利于"作为衡量社会发展状态和各项工作成败是非的总体标准；以四项基本原则作为一切工作的思想底线和政治原则，等等。其二，善用比喻化的语言形容深刻道理，以便于其理解。如以"不管白猫、黑猫，捉住老鼠就是好猫"的"猫论"来解放思想，破除改革开放的思想障碍和机制体制障碍；以"摸着石头过河，走一步，看一步"的"摸论"来形容改革开放的探索性、试错性、渐进性发展，鼓励大胆地试、勇敢地闯。习近平站稳群众立场，形成了平易近人的语言风格，极富感染力和吸引力。具体来看，其一，语言朴实，善用大白话、大实话，如"有话放到桌面上来讲""小康不小康，关键看老乡""撸起袖子加油干""鞋子合不合脚，自己穿了才知道"等话语；其二，形象生动，善用比喻，如以"老虎苍蝇一起打"形容反腐决心和意志、以"照镜子、正衣冠、洗洗澡、治治病"来形容党的群众路线教育实践活动的总体要求、以"扣好人生的第一颗扣子"来形容核心价值观对青年的重要意义、以"把权力关进制度的笼子"形容权力监督的制度性建设、以"敢于啃硬骨头，敢于涉险滩"形容深入改革的艰巨性和坚定性、以"缺

_____

① 《毛泽东选集》第三卷，人民出版社1991年版，第833—845页。

钙"形容理想信念缺失等等；其三，底蕴深厚，善用传统文化，如以"治大国如烹小鲜"来阐释治国理政理念，以"行百者半九十"来阐释持之以恒、坚持不懈的信念，以"合抱之木，生于毫末"来阐释友邦睦邻团结一致的外交理念等等；其四，与时俱进，善用网络语言，如用"朋友圈""点赞""接地气""蛮拼的"等活泼新潮的词语，拉近情感距离。

语言对于思想政治教育话语权建设具有重要作用，毛泽东提出的思想政治教育的十大教授法："（1）启发式（废止注入式）；（2）由近及远；（3）由浅入深；（4）说话通俗化（新名词要释俗）；（5）说话要明白；（6）说话要有趣味；（7）以姿态助说话；（8）后次复习前次的概念；（9）要提纲；（10）干部班要用讨论式"①，其中，四条直接点明"说话"的要求，而由近及远、由浅入深等也与语言运用密切相关。思想政治教育是由具体的人和团体来展开的，语言风格因人而异，不必苛求一统，但立足中国实际、汲取文化传统、善用文明成果、站稳群众立场、活用语言技巧以突显语言的准确性、生动性、趣味性、丰富性、大众性等特质是建设思想政治教育话语权的重要条件。正如习近平所言，"一个道理能深入浅出阐释清楚，走到哪里能很快同群众打成一片，讲的话群众喜欢听，写的文章群众喜欢看，这样才主动，才能得心应手。"②

第三节　西方学者的相关理论借鉴

研究思想政治教育话语权需要有一个宽广的视角，博采众长才能打破

---

① 《毛泽东文集》第一卷，人民出版社 1993 年版，第 104—105 页。

② 中共中央文献研究室编：《习近平关于社会主义文化建设论述摘编》，中央文献出版社 2017 年版，第 32 页。

思维的狭隘性和理论的封闭性。如果以"思想政治教育话语权"为核心范畴去搜罗和整理西方学者的相关理论，往往是无功而返，因为西方并无完全对等的范畴，但这并不意味着西方学者在"思想政治教育话语权"这一论题上的完全缺席。他们只是以其他的概念和思维方式呈现出对这一主题的相关思考，是用另外一只眼来看待和观察思想政治教育话语权。西方人文社会科学流派众多、理论杂呈，本研究仅择取与"思想政治教育话语权"这一主题理论关联度相对密切的几位学者的理论来进行概括化阐释，虽有挂一漏万之嫌，但亦可大体呈现西方学者对"思想政治教育话语权"这一主题的理论框架，以资借鉴。

一、葛兰西的"意识形态领导权"

葛兰西不仅是一个富有创造性的理论家，还是一个直接参与国际共产主义运动的实践活动家。俄国十月革命的胜利和欧洲无产阶级革命的失败对葛兰西造成了强烈的现实冲击，面对无产阶级革命在俄国和欧洲的命运反差，葛兰西以市民社会的不同地位为解剖东西方社会结构的入口，提出了西方社会无产阶级革命中的意识形态领导权问题。

葛兰西对"市民社会"概念的创造性理解是意识形态领导权思想提出的前提。起初，市民是用来指在城市中从事一定经济活动的群体，这一群体后来逐步发展成新兴的资产阶级，而市民社会也指在经济活动中联结成的各种关系和外部秩序。虽然黑格尔和马克思在对待市民社会和国家这两者关系上有截然不同的理论态度，但在他们那里，市民社会都指向物质生产关系和经济关系，甚至特指资本主义社会中的物质生产关系。与黑格尔和马克思从经济领域来定位市民社会不同，葛兰西把市民社会归结为上层建筑领域，赋予了市民社会以文化意义。市民社会以中介的形式改变了经济基础和政治社会的直接互动关系，经济基础对政治社会的制约和必然性要求通过市民社会的中介而采取合法化、契约化的程序来实现，政治社会对经济基础的安排和作用也要通过市民社会的中介而以意识形态领导的方式来实现。市民社会与政治社会共同组成资本主义社会的上层建筑，在维护资产阶级统治方面发挥着不同的功能，其中市民社会行使"霸权"职能即意识形态领导权功能，通过社会舆论和意识形态渗透，劝诱和教育被统治阶级积极赞同、自觉服从并自动融入统治阶级的道德规范和文化价值，使无产阶级把资产阶级的意识形态当作自己的意识形态，在增强资产阶级意识形态影响力的同时，阻碍无产阶级形成自己独立的意识形态，以"同意""契约"和"合理化"作为外观；政治社会行使"直接统治"或管辖职能即传统意义上的政治功能，以军队、法庭、监狱等国家机器为专政工具，以"暴力"和"强制"作为外观。葛兰西指出，"随着治理有方的社会的各种要素变得越来越明显，不难想象国家的强制因素会逐渐消失"①，经济因素对意识形态的决定作用变得越来越间接，而意识形态则有着更为广阔的独立活动空间，国家日益成为"守夜人""教育者"，围绕着意识形态领导权的争夺也会越来越激烈。

在东方社会，由于工业文明和商品经济欠发达，还未形成独立的市民社会，资产阶级只有政治社会这一道防线，因此无产阶级可以通过暴力革命形式打破资产阶级的暴力统治，取得革命的成功。在西方社会，资本主义经济的发展使市民社会不断发育完善，资产阶级不仅掌握了政治领导权，还掌握了意识形态领导权，一旦资产阶级面临统治危机，市民社会的稳定结构就凸显出来。市民社会"可以抵制直接经济因素（如危机、萧条等等）'入侵'的灾难性后果。市民社会的上层建筑就像现代战争的堑壕配系"②，

---

① ［意］安东尼奥·葛兰西：《狱中札记》，曹雷雨等译，中国社会科学出版社2000年版，第218页。

② ［意］安东尼奥·葛兰西：《狱中札记》，曹雷雨等译，中国社会科学出版社2000年版，第191页。

强有力地支撑了资产阶级的统治。在西方社会，当无产阶级想以暴力推翻资产阶级统治的时候，才发现暴力充其量只能破坏外在的壕沟——政治社会，而对其背后的强大堡垒和工事——市民社会则无能为力，而且通过市民社会的意识形态渗透，防御者可以提振精神、恢复斗志，进而卷土重来、收复失地，重新筑起牢固的防御体系。葛兰西就是从市民社会在东西方社会中的差异以及市民社会具有的强大功能来解释无产阶级革命的不同命运，并提出了西欧国家无产阶级革命的新战略——夺取意识形态领导权，逐步突破资产阶级的文化堡垒和思想根基，进而在恰当的时机掌握国家政权，而掌握国家政权之后也要继续思想领导。具体来看，葛兰西提出的无产阶级夺取意识形态领导权的革命战略包括以下两个方面的内容。

其一，要以阵地战的策略替代传统暴力革命的运动战。运动战是以政治革命和武装起义为形式，直指资产阶级的政治领导权，具有直接性、迅速性和暴力性；阵地战则是步步为营、稳扎稳打，保持耐心持之以恒地夺取学校、教会、报刊、杂志等意识形态阵地，以无产阶级意识形态来突破资产阶级意识形态钳制，逐步瓦解资产阶级的思想城池。由于资产阶级掌握了大批训练有素的、专门化的、有充足时间和财力保证的意识形态从业人员，他们牢固地坚守着意识形态阵地，无产阶级占领意识形态阵地的斗争将是一个长期性、艰巨性和复杂性的过程。

其二，有机知识分子是意识形态领导权的承担者。有机知识分子是现代资本主义的产物，有两个主要来源，一部分是由传统的文人、哲学家、教士、新闻记者等非无产阶级的知识分子转化而来，一部分是"新的阶级所彰显的新型社会中部分基本活动的'专业人员'"[①]，他们在实际的经济生活中，使自己的观念沿着"技术工作观——技术科学观——人道主义的

---

① ［意］安东尼奥·葛兰西：《狱中札记》，曹雷雨等译，中国社会科学出版社 2000 年版，第 2 页。

历史观"不断上升，使自己从"专家"成长为"领导者"(专家和政治家)①。
与传统知识分子相比，有机知识分子剥离了独立性和超然性的外观，不再
以知识权威作为自身合法性的来源，不是知识、价值和伦理的空谈者和义
愤者。有机知识分子批判性地介入现实生活，与普罗大众有着千丝万缕的
关系，反对知识权威，以知识的合理性为自身合法性来源。有机知识分子
以"建设者、组织者和'坚持不懈的劝说者'"② 参与社会生活，他们创造
和发展无产阶级的意识形态，组织和领导道德生活和精神文化的改革，从
文化上启蒙和教育人民群众、提升人民群众智识水平、使人民群众知识分
子化，合成和捍卫历史集团内部的团结和集体意志。有机知识分子在夺取
意识形态领导权的过程中起着关键性作用，人民群众要是没有知识分子的
指引以及知识分子提供的思想产品，就很难从日常的生产生活中萌发革命
意识，就很难在思想上团结起来。因此，要把培养和锻炼有机知识分子作
为无产阶级革命的重要任务。

二、拉克劳、墨菲的"话语领导权"

20 世纪 60 年代后期以来，资本主义社会内部产生了新的变化，马克
思所预言的资本主义的崩溃并没有出现，整个社会矛盾也没有简化为资产
阶级和无产阶级你死我活的斗争，相反资产阶级和无产阶级可以在同一片
沙滩上度假。但社会抗争并没有停止，也没有简化，而是以更加多元多样
的复杂形式展开，女权主义、种族主义、生态主义等社会运动都是不同层
面的社会抗争的表现，参与抗争的群体不再具有单一的阶级标签和一致的

---

① ［意］安东尼奥·葛兰西：《狱中札记》，曹雷雨等译，中国社会科学出版社 2000 年版，
第 5 页。

② ［意］安东尼奥·葛兰西：《狱中札记》，曹雷雨等译，中国社会科学出版社 2000 年版，
第 5 页。

阶级利益基础，他们来自不同阶层、拥有不同身份，只是因共同的话语而临时"缝合"在一起，阶级属性在社会斗争中不断隐退。随着当代资本主义社会发生的新变化，马克思主义的理论和范畴正经受着包容力和解释力挑战，马克思主义究竟该何去何从、何以自居这一理论命运问题和社会主义的斗争策略问题成为西方左派学者思考的核心问题，葛兰西的意识形态领导权思想不断复兴并得到继续深化。面对新的历史条件，拉克劳、墨菲在《领导权与社会主义的策略》（1985）一书中，对马克思主义传统中的"领导权"理论进行了谱系学研究，并提出了自己的"话语领导权"思想，扬起了后马克思主义的理论旗帜。

拉克劳、墨菲认为在马克思主义理论发展中有两种不同的理论逻辑，一种是"把社会历史当成理智上可以把握的、围绕概念化规律可以解释的总体这一经典马克思主义理性主义"，这是占主导地位的历史必然性逻辑；一种是"要求在本质和形态学有效性不受任何怀疑的进化典型中引进事态的不平衡"，这是扮演着补充角色的政治偶然性逻辑，即在历史必然性断裂之处产生的"领导权"理论。[①] 拉克劳、墨菲认为以考茨基为代表、自诩为正统马克思主义的经济决定论体现的是历史必然性逻辑，这一理论强调社会历史发展过程中存在着铁一般的客观规律，把经济基础置于绝对优先的位置，把经济利益作为一切社会活动的最终解释者和裁决者，把政治当作经济基础的附属物，忽略政治斗争的复杂性和政治运动中人的主动性，存在着经济主义的弊端；这一理论把异质的主体立场（阶级、种族、性别、民族、世代等等）消解为单一的阶级立场，试图把多样的利益诉求还原为共同的阶级诉求，视无产阶级为社会主义运动中的天然的、永恒的领导者，忽视其他话语主体在话语实践中的重要性，存在着阶级主义的还

---

① ［英］拉克劳、墨菲：《领导权与社会主义的策略——走向激进民主政治》，尹树广等译，黑龙江人民出版社 2003 年版，第 3 页。

原论弊端。拉克劳、墨菲批判历史必然性逻辑，认为这一本质主义的理论诉求、对"一元论的渴望"使马克思主义陷入僵局，使马克思主义无法在新的历史条件下拥有充分的理论解释力，抵抗形式日益复杂的现代社会"存在着不能被还原为阶级立场和生产主义逻辑的新的政治认同"①，为此，他们考察了政治偶然性逻辑。

　　拉克劳、墨菲认为，伯恩斯坦对政治自主活动空间和伦理主体自发性的重视、索列尔和卢森堡对政治斗争的偶然性和多元性的强调都是这一逻辑的探路者，而在政治偶然性这一理论逻辑上迈出关键性步伐的是列宁的政治领导权理论和葛兰西的意识形态权理论。列宁提出无产阶级的先锋队问题的同时强调革命中的广泛合作的"阶级联盟"，强调政治斗争的不平衡性和多样性，以无产阶级的政治领导权撕开了历史必然性逻辑的裂口。葛兰西延续了列宁的历史观即"历史并不按一个简单逻辑行进，每一接合和断裂取决于革命主体的政治干预"，但他把列宁仅仅是在革命时期强调政治优先性的策略性思考，拓展成在社会稳定时期都应该坚持的一般原则，政治偶然性逻辑不断拓展。②拉克劳、墨菲赞赏列宁和葛兰西对政治偶然性逻辑的发展，但他们认为列宁和葛兰西依旧有探索历史的本质和深层意义的理论渴望，依旧受本质主义和还原主义的影响，总是试图将多元分化的社会群体还原到"受工人阶级领导的'阶级联盟'（列宁语）或'历史集团（葛兰西语）'"，将工人阶级本体化为历史的真实的、普遍的主体，并寻求其经济根源。③

　　拉克劳、墨菲不满意"领导权"理论的发展状况，想要彻底地清除历

---

① ［美］凯尔纳、贝斯特：《后现代理论——批判性的质疑》，张志斌译，中央编译出版社2011年版，第218页。

② 周凡、李惠斌主编：《后马克思主义》，中央编译出版社2007年版，第59页。

③ ［美］凯尔纳、贝斯特：《后现代理论——批判性的质疑》，张志斌译，中央编译出版社2011年版，第218页。

史必然性逻辑的影响，实现"对各种被压迫群众的自主性的理解以及对一切政治认同和斗争之开放性和偶然性的理解"①，他们以葛兰西著述中"包含的阵地战、历史集团、集体意志、领导权、知识分子和道德领导这些新概念"为出发点②，以后结构主义的话语理论为分析工具，引入拉康精神分析中的缝合理论，对马克思主义传统中的政治理论和实践进行批判性反思，提出了"话语领导权"。拉克劳、墨菲认为社会并不是一种既定的存在也不具有固定的总体意义，而是"按照话语规则形成的一个非稳定的差异系统"③，他们把建立要素之间关系的实践称之为链接，把来自链接实践的结构总体称之为话语，认为社会概念就是一种话语空间④。构成社会话语结构的基本要素是拉康式的飘浮不定的空洞能指，它们围绕着一个缝合点（"主人能指"即特定语境下凸显出来的优势话语）链接而形成一个意义的结构网络，通过缝合点将其他要素链接起来的实践即社会政治领域的领导权链接。⑤ 这些缝合点可以是民主、自由、平等、性别平权、国家等特定话语，它们在一定的语境下使分散的话语主体链接成意义统一体、拥有暂时的身份认同，并使之成为社会抗争的话语主体，如女权主义运动中对性别平权话语的身份认同，这种链接具有偶然性、随机性和开放性。在拉克劳、墨菲那里，社会抗争被归结为话语斗争，是多元价值诉求的特殊言说和话语实践，不可被简化还原为单一的话语实践，在多元话语实践中

---

① ［美］凯尔纳、贝斯特：《后现代理论——批判性的质疑》，张志斌译，中央编译出版社 2011 年版，第 216 页。

② ［英］拉克劳、墨菲：《领导权与社会主义的策略——走向激进民主政治》，尹树广等译，黑龙江人民出版社 2003 年版，第二版序言第 3 页。

③ ［美］凯尔纳、贝斯特：《后现代理论——批判性的质疑》，张志斌译，中央编译出版社 2011 年版，第 219 页。

④ 仰海峰：《拉克劳与墨菲的霸权理论》，《教学与研究》2008 年第 8 期。

⑤ 严泽胜：《领导权与缝合的逻辑——拉克劳、墨菲对"领导权"概念的拉康式重构》，《马克思主义与现实》2014 年第 1 期。

无产阶级并不当然居于中心地位，并不拥有特权。异质的话语斗争并不是原子式的孤立实践，它们之所以与社会主义相关联，就在于话语斗争的主体是在资本主义制度下被压迫的、处于屈从地位的多元群体，是资本主义制度向个人生活领域和社会生活领域的不断延伸而引发的话语抵抗，多元话语诉求构成社会主义意义网络的缝合点，是对拉克劳、墨菲理解的社会主义价值理想的不断逼近。

拉克劳、墨菲的"话语领导权"是一种理论杂糅，他们拒斥本质主义的理论逻辑，采用了后结构主义、后现代以及后马克思主义的观点，是一种以差异逻辑和偶然性逻辑来直面异质话语实践的理论阐释，以对女权主义者、和平激进分子、环境论者、同性恋者以及有色人种等各种话语抗争的高度敏感和理论关注扩容了西方"左翼政治"这一概念，对"激进民主多元主义理论做出了拓荒性的贡献"①。但却存在着明显的理论缺陷，主要表现为他们批判的马克思主义是被歪曲了的、被马克思所丢弃、被后人所强加给马克思的马克思主义，并不是真正的马克思主义；社会通过话语而被阐释、被理解、被建构这一点并无太大疏漏，但他们对话语理论的使用，抽离了历史和现实的维度，把话语悬置于实践和制度之上，把现实的政治斗争归结为话语斗争，实际上是回到了黑格尔，反对词句的斗争没有触及资本逻辑的深层结构，看似激进实则保守。拉克劳、墨菲的"话语领导权"思想尽管有种种理论缺陷，也并没有超越马克思主义，但作为一种理论补充，这一思想依然富有启迪意义，它为我们提供了一个观察现代资本主义社会的多样化视角和丰富性解释，通过恢复话语理论的历史和现实维度，可以开启不同的理论地平。

---

① ［美］安娜·玛丽·史密斯：《拉克劳与墨菲：激进民主想象》，付琼译，江苏人民出版社 2010 年版，第 6 页。

三、福柯的"话语权力"

福柯是一位复杂的思想家，如果想给他贴上某一种标签或以同一性的学术框架去把握他的思想，都只是一种徒劳，"他的思想被一些相互对立的方面撕扯得支离破碎，这些对立的方面包括总体化与非总体化的冲动、推论性与超推论性理论化方法之间的张力、宏观视角与微观视角之间的冲突以及统治与抵抗之间的辩证等等。"①从他的思想来源上，我们可以看到黑格尔、尼采、马克思、德鲁兹、弗洛伊德、梅洛－庞蒂、萨特、索绪尔、施特劳斯、阿尔都塞、巴塔耶等人或多或少的精神投影，但他又不与任何人共谋而做理论的停留；从他的思想论域来看，涉及疯癫、精神病、性史、临床医学、监狱、身体等在传统学术中被边缘化的诸多沉默问题；从他的思想的影响上，哲学、社会学、心理学、政治学、历史学、文学等不同学科都因其思想的丰富性和刺激性而为其留置着一定地位，女性主义、后殖民主义、文学批评主义、微观政治学等后现代理论都闪烁着他的思想火花、分享着他的理论成果，上文所述的拉克劳、墨菲也是福柯话语理论的受益者。福柯是一个站在前现代、现代与后现代之间的思想家，"总是在转折点、断裂处听见历史的尖锐轰鸣。"②福柯的思想内容庞杂、影响深远，不管是前期对"疯狂""诊所""监狱"的考古学分析，还是后期对"知识""话语""人文科学"的谱系学分析，"话语与权力"的复杂关系一直是他从各个角度进行论证的主题，而围绕着这一主题又涉及"话语""权力""话语与权力的相互关系"三个子问题。

首先，福柯对话语的全新赋义。由于对"表层—深层"思维模式的拒斥以及把话语当作一种复杂的现实，福柯并没有对"话语"进行本质主义

---

① ［美］凯尔纳、贝斯特：《后现代理论——批判性的质疑》，张志斌译，中央编译出版社2011年版，第40页。

② 汪民安：《福柯的界线》，南京大学出版社2008年版，第60页。

的总体化探讨，因此也未形成一个前后一贯的"话语"概念，而是在不同的著作中以不同的概念和分析框架呈现"话语"，以期从不同层面用不同方法来接近"话语"。

在《词与物：人文科学考古学》中，"话语"围绕着"知识型"展开，研究概念的网络和它们的形成规律（相同或相异的）。知识型就是"'词'与'物'借以被组织起来并能决定'词'如何存在和'物'为何物的知识空间"①，"知识型"以不被人觉察（类似于精神分析中的"集体无意识"）的形式存在，是一种认识的秩序和理解的助手，是"一种文化的那些基本代码（那些支配其语言、知觉框架、交流、技艺、价值、实践层级的代码）"②，它像一张思想地图，既提供了思想和交流的基础，指引着知识形成的道路；又设定了思想限度和言说结构，制约着人们的感性经验如何被述说、如何上升为知识，决定了在特定历史时期特定地域的事物被感知、描述、表达、刻画、分类和认知的方式，具有历史相对性。为了避免使自己的"话语"概念被贴上极端唯心主义和结构主义的标签，使话语更好地与制度、权力、文化等各种社会机制相关联，在《知识考古学》中，福柯把"话语"表述为更具流动性的"档案"。档案是陈述的系统③，陈述是一种功能，是话语的原子，话语是陈述的整体，档案是陈述的控制系统，是言谈的机械装置，是话语表达、话语保存、话语记忆、话语再生等话语形成的形式和界限。无论是"知识型"还是"档案"都指向话语的历史结构、形成机制和控制系统，这也是福柯对话语理论真正感兴趣之处。在福

① ［法］米歇尔·福柯：《词与物：人文科学的考古学》，莫伟民译，上海三联书店2016年版，译者的话第6页。

② ［法］米歇尔·福柯：《词与物：人文科学的考古学》，莫伟民译，上海三联书店2016年版，前言第6页。

③ ［法］米歇尔·福柯：《知识考古学》，谢强等译，生活·读书·新知三联书店2003年版，第143页。

柯那里，话语与话语实践具有一定程度的等义性，话语实践不只是个体用以表述思想、愿望、形象的表达行为，不只是被用于某个推理系统中的理性活动，不只是说话的主体在构造语法句子时所具有的能力，而是"一个匿名的、历史的规律的整体"①，在话语实践中，知识得以生产、意义得以建构。

其次，福柯对权力的微观物理学研究。福柯在批判传统权力观的基础上提出了权力的微观物理学，开启了一个分析权力的新视角。福柯认为近代以来，在对权力的理论阐释过程中形成了两种主流模式，即自由主义的法权模式和马克思主义的经济学模式。自由主义的法权模式"从法律、法定权利和道德权利以及政治主权等方面来分析权力"②，把权力视为权利，可以像商品和财产一样通过一定的法律程序和社会契约被占有、转移和让渡，强有力的国家主权就是在社会契约的缔结过程中产生的。马克思主义的经济学模式从权力服从服务于经济这一功能规定性出发来分析权力，集中体现在列宁的"政治是经济的集中体现"这一命题中。福柯认为无论是法权模式还是经济学模式都是经济主义的，都是从经济中演绎出来并可以还原到对经济的分析当中，并都指向以主权为中心的、宏观的、强制性的国家权力。面对高度分化的现代社会，传统的权力观仅仅局限于政治领域的权力分析是远远不够的，还需要扩展到整个社会生活的方方面面，因此福柯不满意这两种理论模式而提出了自己的权力分析方法，关注驾驭肉体的政治技术学。

比较来看：第一，传统的权力观把权力理解为政治权力，附属于经济基础；福柯则泛化了权力概念，认为权力无处不在，把一切事物之间的不

---

① ［法］米歇尔·福柯：《知识考古学》，谢强等译，生活·读书·新知三联书店 2003 年版，第 130 页。

② ［美］凯尔纳、贝斯特：《后现代理论——批判性的质疑》，张志斌译，中央编译出版社 2011 年版，第 55 页。

均等的力量关系都视为权力，赋予权力本体论的意义。第二，传统的权力观把权力当作一种"物"来加以"占有"，是一种具有排斥性的可保持的"特殊所有权"，权力运行的模式是进行某种交易的契约或对一块领土的征服；福柯则把权力当作"一个永远处于紧张状态和活动之中的关系网络"，是一种调度、计谋、策略、技术、运作，是一种不断运转的力量，是永恒的战斗。第三，传统的权力观认为权力有主体，谁拥有权力谁就拥有支配权，这是一种单向的支配形式；福柯则冲淡了权力的主体性，把人视为权力网络中的相互冲撞的不稳定的点，去除了国家、公民、阶级等固定身份，权力在斗争和冲突的过程中有控制也有反抗。[①]第四，传统的权力观认为权力是确定的、集中的，围绕着国家政权这一中心点而展开；福柯则认为权力是零星的、片段的、多样性的、不确定的，是一种分散的规训性力量，有着形形色色的权力运作技术和策略，渗透到社会生活的方方面面。第五，传统的权力观认为权力是压抑性的消极力量，福柯则认为权力不仅具有压抑性的一面，还具有生产性的一面，权力能够生产出现实。

最后，福柯以知识为中介对话语与权力关系进行阐释。这又涉及三个问题即"话语与知识的关系""知识与权力的关系"以及"话语与权力的关系"。

第一，话语与知识的关系。一方面，话语是型构知识的实践（这可以从"知识型"概念的字面意义中获得理解），知识是在话语实践中形成的。在福柯那里，知识被界定为"由某种话语实践按其规则构成的并为某门科学的建立所不可缺少的成分整体"，这些由话语实践所决定的成分包括知识所涉及的对象群、所使用的陈述类型、所掌握的概念、所利用的理论序列的选择策略，这些成分是"一致（或者不一致）的命题得以立足，相对

---

① ［法］米歇尔·福柯：《规训与惩罚》，刘北成等译，生活·读书·新知三联书店 2012 年版，第 28—29 页。

准确的描述得以发挥，验证得以进行和理论得以展开的基础"，因此福柯强调"不具有确定的话语实践的知识是不存在的"。① 另一方面，"每一个话语实践都可以由它所形成的知识来确定"②，因此通过分析特定历史时期的知识可以发现该时期的话语实践的规则和深层结构，福柯在《词与物》中概括出的四种知识型就是这一观点的理论预演和具体体现。

第二，知识与权力的关系。福柯以肉体为中介谈论知识与权力的关系，一方面，肉体是知识的分析对象，历史学、人口学、病理学、心理学、社会学等学科在不同层面对肉体进行分析解剖，形成了各种关于肉体的知识，这些知识是在权力的干预下形成的，受到社会制度、文化传统、价值取向等一定历史条件的制约。已经形成的知识为权力更好地干预肉体提供了支撑，构成了某种肉体的政治技术学，惩罚制度的发展与人们关于肉体的知识的形成和更新具有某种对应关系，甚至可以以肉体史为背景撰写惩罚史。另一方面，肉体是权力的作用对象，"肉体也直接卷入某种政治领域；权力关系直接控制它，干预它，给它打上标记，训练它，折磨它，强迫它完成某些任务、表现某些仪式和发出某些信号"③，在福柯那里，权力是一种弥散性的微观力量，是一种对肉体的规训和惩罚，这种规训和惩罚以关于肉体的知识为支点，通过权力的运作使肉体既具有生产能力又被驯服，变成一种有用的力量。

第三，话语与权力的关系。一方面，权力制约和制造话语，话语是权力的话语，话语身处复杂的权力关系中，是在权力的隐蔽运作下展开的话

---

① [法] 米歇尔·福柯：《知识考古学》，谢强等译，生活·读书·新知三联书店 2003 年版，第 202—203 页。
② [法] 米歇尔·福柯：《知识考古学》，谢强等译，生活·读书·新知三联书店 2003 年版，第 203 页。
③ [法] 米歇尔·福柯：《规训与惩罚》，刘北成等译，生活·读书·新知三联书店 2012 年版，第 27 页。

语实践。社会控制程序像一张"普罗科鲁斯特之床"对话语进行阉割，包括对话语的外部控制、对话语的内部控制以及对话语主体的控制三种形式。① 另一方面，话语承载和展现权力、生产和再生产权力，话语本身就是一种权力，权力是话语的权力，权力通过话语建构起来，"一种话语就是一种调控权力之流的规则系统"②。同时，话语并不完全服膺于权力、对权力俯首帖耳，面对权力的话语控制，主体可以通过反向原则、断裂性原则、特殊性原则、外在性原则的运用摆脱能指的统辖，实现对话语的批判和抵抗，进而质疑甚至颠覆通过话语而运作的权力。话语与权力是一种内在的循环关系。

正是在对话语、权力、话语与权力的关系等问题的阐释中，话语权概念得以凸显出来。虽然福柯的思想因其深刻而赚足眼球，因其片面而招致批判，但不管是作为理论的起点还是批判的靶子，无论是作为被借用的理论资源还是被争论的对象，福柯都是话语权研究中一座无法绕过的高山，提供了颇多富有刺激性甚至颠覆性的理论意见，是我们理解思想政治教育话语权的重要视角。国内学者在探讨话语权时，虽然不尽赞同甚至反对福柯关于话语与权力的关系分析，但都无不提及福柯，足见其思想的影响力。

四、哈贝马斯的"话语交往"

哈贝马斯是法兰克福学派的主要代表人物之一，面对现代发达工业社会条件下技术理性异化给人类带来的不幸，技术理性批判是他与其他法兰克福学派成员共同的理论主题，但他提出了自己独特的技术理性批判和重

---

① 黄华：《论"话语的秩序"——福柯话语理论的一次重要转折》，《北京行政学院学报》2006年第2期。

② ［美］艾莉森·利·布朗：《福柯》，聂保平译，中华书局2002年版，第44页。

建方案。哈贝马斯认为既不能仅仅把理论旨趣投注于对技术理性异化现象的笼统批判（如霍克海默、阿多诺），也不能从理性文化外部去寻找理性危机的根源、把价值或审美要素纳入理性作为解决方案（如马尔库塞），而是主张从理性的内在机制出发去揭示理性危机的根源，充分发挥理性的潜能以克服理性的片面化。哈贝马斯借助韦伯的工具理性和价值理性概念来分析劳动和交往，确立了交往之于劳动的价值优先性，并指出技术异化的根源在于"以科学技术为背景的劳动的'合理化'导致了交往行为的'不合理化'"，而"要从根本上扬弃技术的异化，就要真正建立起主体间的理解，实现交往行为的合理化"①，这就形成了以话语为媒介的交往行为理论即话语交往理论。哈贝马斯的话语交往理论是 20 世纪西方话语理论的重要一脉，其中对话语交往性资质的认定、对话语交往普遍有效性规范的制定以及对话语交往理想情境的设计对理解思想政治教育话语权有着重要的启示意义。

首先，哈贝马斯对话语交往性资质的认定。交往行为是以话语为媒介的相互作用，是一种语言理解行为，是在"至少是两个以上的具有语言能力和行动能力的主体的内部活动"②。交往行为的发生不是任意的，参与交往的主体必须具备一定的语言能力和行动能力，也就是说要具备交往性资质。交往性资质主要包括三个方面的内容：其一，选择陈述性语句的能力，即话语主体能够选择和说出含有一定信息、知识、内容、意义等呈现事物的现存状态的句子，同时这一句子所含的陈述性内容能被听者理解和分享；其二，表达言说者本人的意向的能力，即话语主体能够通过意向性动词、情态、语气形式以及其他方式使自己的真实想法、主观意图、内心情感得以清晰地传达出来；其三，实施言语行为的能力，即话语主体能够

---

① 参见衣俊卿等：《20 世纪新马克思主义》，中央编译出版社 2012 年版，第 321—325 页。
② ［德］哈贝马斯：《交往行动理论》第 1 卷，洪佩郁等译，重庆出版社 1994 年版，第 121 页。

通过使用施行性短语、"以言行事"的表征物一类，使言说者和听者进入一种主体间的人际互动关系。交往性资质不仅要求话语主体能够构造和选择一个合乎语法的句子，还要求话语主体的意图和行为能够被他者所接收、理解和认同，可理解性是关键。话语主体的交往性资质是有效的交往行为得以展开的前提，交往性资质是通过道德和实践学习而获得的，交往性资质的获得过程就是自我同一性的建立过程。

其次，哈贝马斯对话语交往的普遍有效性规范的制定。话语交往行为是为了达到主体间的理解并导向某种认同，"认同归于相互理解、共享知识、彼此信任、两相符合的主观际相互依存。认同以对可领会性、真实性、真诚性、正确性这些相应的有效性要求的认可为基础。"[1]四项有效性要求是任何一个交往行为合理展开的条件，其中，针对语言世界本身、使言说者和听者能够相互理解的可领会性（合语法性）始终在场，而真实性、真诚性、正确性则根据面对不同世界的具体交往行为，存在着不同的价值优先序列，有着不同的显现程度。当言说者面对的是"作为现存物的总体性的'外在世界'"时，话语行为类型是断言式的，承担的是"呈现事实"的语用学功能，此时可领会性和真实性要求居于主导地位；当言说者面对的是"作为所有被规范化调整了的人际关系之总体性的'我们的社会世界'"时，话语行为类型是调整式的，承担的是"建立合法的人际关系"的语用学功能，此时可领会性和正确性居于主导地位；当言说者面对的是"作为言说者意象经验之总体性的'特殊的内在世界'"时，话语行为类型表白式的，承担的是"表达言说者自身的主体性"的语用学功能，此时可领会性和真诚性居于主导地位。[2]

最后，哈贝马斯对话语交往的理想情境的设计。哈贝马斯对话语交往

---

① ［德］哈贝马斯：《交往与社会进化》，张博树译，重庆出版社1989年版，第3页。
② 参见衣俊卿等：《20世纪新马克思主义》，中央编译出版社2012年版，第331页。

的理想情境的设计主要体现在《话语伦理学解释》（1991）一书中，在书中他设计了一种带有乌托邦色彩的，体现民主、自由、平等的话语交往的理想情境，这一理想情境"预设了所有的人都可以同等参与的不受压抑的对话的可能性，在这对话中只有合理的论证能够被接受"①。在这一理想情境中，具有交往资质、遵循普遍有效性规范的所有话语参与者，不论其信仰、身份、性别、种族、国别、财富、地位、文化、教育等生理的或社会政治经济的状况如何，都拥有平等的话语权利，都可以自由地进入这一话语空间，每一个人的话语都应得到同样的重视；这些话语权利涉及表达、解释、主张、建议、讨论、质疑、论证、批评等诸多方面；话语权利的行使应撇开任何暴力的或强制的干预和打压，即要彻底排除权力的压制；平等话语权利的实现需要通过反复论证、广泛协商、求同存异、保持宽容进而建立公正合理的话语程序，这些程序包括话语论证程序、决策程序和法律程序，程序的建立和遵守使合理的交往前提得以体制化；通过这些程序所取得的理解、所达成的共识、所获得的普遍认同就拥有真理的力量（政治领域的真理），对所有的话语主体都具有普遍的约束力。哈贝马斯通过对这一话语交往的理想情境的设计，希望消除人与人、集体与集体、社会与社会、国家与国家之间因话语差异而导致的冲突、隔阂、敌意、歧视和苦难，尊重话语权利，开放话语空间，减少话语扭曲，取消话语霸权。②

总体来看，西方学者对话语和话语权的思考是各执己见的，并没有一条标准的理论之线可以用来对其进行圈定，哈贝马斯的话语交往理论与福柯的话语权力理论就有着不同的理论旨趣。福柯以其冷峻的眼光把话语与

---

① ［英］威廉姆·奥斯维特：《哈贝马斯》，沈亚生译，黑龙江人民出版社 1999 年版，第42—43 页。

② 参见章国锋、钱满素：《当代文明》（上），福建教育出版社 2010 年版，第 364—367 页；章国锋：《话语·权力·真理——社会正义与"话语的伦理"》，《社会科学》2006 年第2 期。

权力之间盘根错节的关系——剖析，哈贝马斯则以其乐观的理论设想试图把话语与权力之间的扭结——撇清。在两条背道而驰的理论道路上，话语的理论张力也展现得淋漓尽致，思想政治教育话语权研究的理论空间也进一步打开。话语和话语权理论勃兴于西方，思想政治教育话语权研究如果避谈西方的话语和话语权理论是不完整的，无视西方学者的相关理论成果只是一种自欺欺人，并不能在实际上增进我们在这一方面的话语权。与此同时，不加反思地套用西方的话语和话语权理论也是不恰当的，不管不顾地在他者的理论汪洋中沉浮只会迷失自我，必须立足于当代中国的思想政治教育实践，始终坚持马克思主义的立场、观点和方法，在马克思主义理论视域下对西方的话语和话语权理论进行重新语境化，既不能使思想政治教育话语权研究成为话语和话语权理论的陈列室和展览厅，又要避免话语理论内部的无限增殖对思想政治教育话语权研究的撕裂。

第二章　思想政治教育话语权的静态分析

思想政治教育话语权的静态分析沿着"话语——话语权——思想政治教育话语权"的概念递进，对思想政治教育话语权进行抽丝剥茧的理论分析，以把握思想政治教育话语权的内涵、特征和内在构成。

第一节　话语与话语权

一、话语

对大多数人而言，话语是一个熟知而非真知的一个概念，我们经常在不同场合、不同层次、不同领域上使用它但较少对其进行限定，以致话语成为一个无所不包、无所不指的概念神话。目前，话语概念在我国学术界歧义丛生、疑云不断甚至边界消失，主要缘于以下两个方面的影响：

其一，话语是一个舶来词或者说是翻译过程中由译者创造出来的一个词。汉语中的"话语"和英语中的"discourse"的意义并不是完全对等的①，导致我们的理解容易存在偏差。在汉语表达中，根据《现代汉语词典》的解释，"话语"是名词，意为"言语；所说的话"。《大辞海》将"话语"定义为"语言交际中运用语言成分建构而成的具有传递信息效用的言语作品"②，也是在名词的意义上使用的。在英语表达中，根据《新牛津英汉双解大词典》的解释，"discourse"既可作名词又可做动词，做名词用时有"交谈、辩论、正式讨论、谈话"等意思，做动词用时有"讲述、著述、交谈"等意思。在《西方哲学英汉对照词典》中，"言谈（dicourse 即话语——引者注）是指比单个句子更长的一个语言序列，以一些句子或陈述作为它的最小单位。交谈、对话、讲述和论证都被视为言谈的形式。对于言谈的研究要考虑参加言谈的谈话者和聆听者，以及言谈发生的时空所在。"③ 词典对"话语"的解释只是一些基本含义的说明，在实际的运用中则更为复杂。

其二，话语起初是语言学中的一个范畴，指一个比语句或命题更广泛的意义单位，但其不断引起学术关注则要归因于后结构主义理论的兴起，而后结构主义者往往拒绝回答"话语是什么？"这样一个带有本质主义和实证主义色彩的问题。④ 话语在后结构主义者那里缺乏统一的规定性，不同学者对话语的使用往往会根据理论背景、学科立场、学术旨趣、思维方式、思想风格、问题指向的不同而对话语进行差异性赋义，而理论后继者更是可能抓住话语的某一维度进行边界突围和意义拓展，使话语在理论文

---

① 有学者认为把"discourse"译为"话语"不尽准确，应译为"言说方式"或"话语方式"，指称对于一个对象、一件事物、一种现象、一个问题或概念，不同的人或群体各有其理解和言说的方式，各有一套自己的概念系统和推理逻辑。参见章国锋：《话语·权力·真理——社会正义与"话语的伦理"》，《社会科学》2006 年第 2 期。

② 夏征农、陈至立主编：《大辞海》（第六版普及本），上海辞书出版社 2010 年版，第 8 页。

③ ［英］尼古拉斯·布丁、余纪元编著：《西方哲学英汉对照词典》，人民出版社 2001 年版，第 264—265 页。

④ 张宽：《〈Dicourse〉话语》，《读书》1995 年第 4 期。

本中呈现出"普遍的流行、广泛的运用、较少的界定"这一特征。而如果一个概念被广泛运用，其真实意义就可能被遮蔽。话语俨然成为一个哪里需要就往哪里搬的理论板砖，堆砌不同学科的理论城墙，而多学科堆砌的理论城墙五彩斑斓，让人眼花缭乱，使话语概念的意义不断丰富的同时增加了我们理解的难度。作为一个组合性非常强的概念，话语可以前置非常多的词汇来表达不同的意蕴，在学术领域就产生了诸如历史话语、政治话语、文化话语、教育话语等不同的组合，这里的"话语"几乎成为"理论"的代名词，更遑论日常生活中的话语在不同层次上的运用，"××+话语"俨然成为一种惯常性甚至口号式的表达，话语概念被滥用。

话语是一个随意膨胀、不断增殖、复杂多义、混乱模糊的热门概念，对话语进行系统的说明是一件吃力不讨好的事情，但是也有一些国内外学者敢于啃硬骨头，从不同的角度对话语进行了多维度的说明，对我们理解和把握话语具有重要的启示意义。虽然目前依旧没有一个盖棺定论的说明来终结关于话语的争论，但是话语的神秘面纱亦被一层一层地揭开，一定程度上回答了"话语是什么？"这一问题。

荷兰学者图恩·梵·迪克基于不同学科对话语在不同意义上的使用的分析，列举了话语的十大主要属性（详见表1）。国内学者经常引用的关于话语的说明，如费尔克拉夫的"话语不仅反映和描述社会实体与社会关系，话语还建造或'构成'社会实体与社会关系；不同的话语以不同的方式构建各种至关重要的实体，并以不同的方式将人们置于社会主体的地位"[1]，主要是第二层次上的运用；詹姆斯·保罗·吉的话语是"语言加上'其他材料'"[2]，主要是第四、五、六层次上的运用；冯·戴伊克的话语是

---

[1] ［英］诺曼·费尔克拉夫：《话语与社会变迁》，殷晓蓉译，华夏出版社2003年版，第3页。

[2] ［美］詹姆斯·保罗·吉：《话语分析导论：理论与方法》，杨炳钧译，重庆大学出版社2011年版，第28页。

"语言使用的一种特殊形式，一种社会交往的特定形式；并将其理解为社会情景中完整的交际事件"①，主要是第一、四、六层次上的运用。

表1　图恩·梵·迪克列举的十大话语属性及其相关应用领域②

话语属性	主要关涉领域
1. 作为社会互动的话语	语用学、会话分析
2. 作为权力和宰制的话语	社会学、政治学
3. 作为交流的话语	认知心理学、认知科学、传播学
4. 作为上下文情境化的话语	语用学、社会语言学、文体学、语言人类学
5. 作为社会意指过程的话语	社会符号学特别是多模态话语研究
6. 作为自然语言应用的话语	语言学及其相关学科
7. 作为复杂、分层结构的话语	涉及诸多学科，在话语语法和会话分析中尤为凸显
8. 作为序列和结构层次的话语	几乎涉及所有领域，但在话语语法、会话分析、叙事和论证研究中尤为凸显
9. 作为抽象结构与动态策略的话语	话语的补充性研究
10. 作为类别或类型的话语	文学话语的不同类型研究如诗歌、小说、戏剧等等

从国内来看，施旭认为话语是"实际生活中的语言活动"，并对话语进行了十点说明：1. 话语是"语言使用"和"语境"的结合体；2. 话语是意义和语言形式的结合体；3. 话语是具体的语言生活事实；4. 话语包含关联的，甚至相排斥的另类话语；5. 话语与其他符号（如眼神、手势、媒体手段）相辅相成；6. 话语既是描述世界的方式，也是一种社会行动；7. 话语是言说方式、行为方式和思维方式的统一；8. 话语从语境中凸显出来成为话语研究的对象；9. 话语是主客交融的产物；10. 话语是构成社会生活的

---

① ［荷］冯·戴伊克：《话语 心理 社会》，施旭等编译，中华书局1993年版，第208页。
② ［荷］图恩·梵·迪克编：《话语研究：多学科导论》，周翔译，重庆大学出版社2015年版，第3—5页。

113

主要部分。① 陈汝东则从不同学科出发总结道，"语言学家把'话语'看做是超句单位的序列，社会学家把'话语'当成是不同群体行为方式在语言层面上的反映，传播学家把'话语'视为信息的载体，文艺学家把'话语'作为叙事行为方式和批评的对象，政治学家则把'话语'当作权力和权势的象征。"② 杨文星则从语言学角度和非语言学角度对话语进行了阐释，在语言学方面，人类语言学把话语当作是一种社会活动，主要研究语言的实际使用；功能语言学把话语解释为一个语义单位，包括一定语境中的口语和书面语两种形式；认知语言学认为话语由认知现象构成，注重话语理解研究。在非语言学方面，社会文化学研究影响语言运用的社会规约，认为话语是社会行为的组成部分，研究话语与权力、社会结构、社会利益、社会变革等的关系；文学对话语的研究，早期受亚里士多德的影响主要探索语篇和结构、形式与文体，20 世纪以后则把话语看成是一种社会行为，研究文学话语与社会因素的相互关系。③

从不同学科出发对话语进行说明既符合话语使用的实际，也是多角度阐释话语的有效路径，这一阐释路径能够带来理论上的冲击，直观地呈现话语的丰富性和复杂性，彰显话语研究的理论张力和发展空间。话语作为一个开放性概念，只有放置在特定的系统中才能得到说明。就思想政治教育话语权这一论题而言，如果依旧从多学科去铺展话语，既可能造成概念、框架、逻辑上的不统一甚至矛盾，也不可能突破现有的理论阐释而获得多大创造性、顶多是在众多分析中增添平庸的一笔，亦无助于对思想政治教育话语权的深入剖析。因此，结合国内外学者的研究成果和本书的理

---

① 施旭：《文化话语研究——探索中国的理论、方法与问题》，北京大学出版社 2010 年版，第 3—7 页。

② 陈汝东：《论话语研究的现状与趋势》，《浙江大学学报（人文社会科学版）》2008 年第 6 期。

③ 杨文星：《"话语"在不同视角下的阐释》，《理论月刊》2016 年第 9 期。

论旨趣，笔者不再枚举话语在不同学科的理论意蕴，而是有的放矢地择取相关学科以及相关学者的理论观点，从语言与话语的对比中去说明话语，理由如下：从理论发展来看，话语理论是在对语言研究的理论反叛中发展起来的，可以从语言到话语的理论发展脉络中把握话语；从具体阐释来看，只有在一定的关系中阐释概念，概念的真正意义才可能彰显，厘清话语与语言这一密切相关的概念的关系，有助于把握话语的特性。由于话语是西方"舶来品"，对它的发展脉络的梳理是对西方学者话语理论的回溯。

从理论发展来看，对话语的阐释要追溯到语言学家和哲学家对语言与言语的区分。洪堡特最早提出"作为总体的语言"与"每次的讲话"之间的区分。索绪尔受"格式塔完形性思想"的影响，想在语言面前当一个不偏不倚的旁观者，想要建立一门完整的、统一的、独立的、对语言本身进行研究的语言学。索绪尔区分了语言与言语，认为语言是言语中一个确定的部分，是一套必要的社会规约，是一个自足的整体和分类原则[1]，具有社会性、独立性、可识别性，而"言语是多维的，而且种类庞杂；它同时跨越多个领域——物理的、生理的和心理的——又同时属于个人和社会；我们不能把它归于人文事实的任何一种范畴，因为我们无法揭示它的统一性。"[2]索绪尔确立了语言对言语的优先性，把语言作为语言学唯一的研究对象。索绪尔之后的很长一段时间，西方语言学的主攻方向都是语言而不是言语，布拉格学派对语言的社会性一面的发挥，哥本哈根学派对语言的形式性一面的发挥，美国学派对具体语言结构的描写都可以纳入结构主义语言学的麾下。但随着理论的发展，结构主义语言学深陷于语言的牢笼，割断了语言发展与社会历史的纽带，反历史主义和反人文主义的理论缺陷

---

[1]　[瑞士] 费尔迪南·德·索绪尔：《普通语言学教程》，刘丽译，中国社会科学出版社2009年版，第11页。

[2]　[瑞士] 费尔迪南·德·索绪尔：《普通语言学教程》，刘丽译，中国社会科学出版社2009年版，第11页。

暴露无遗。

话语理论就是在对语言的牢笼不断突围的过程中兴起的，它要求打破语言指向内部的绝对自律性、封闭性、无主体性，重建语言与主体、生活、历史、文化、制度、意识形态等外在因素的关系，即把语言置于一定的历史文化语境中去理解和把握。

巴赫金在对个人主观主义和抽象客观主义的双重批判过程中，提出了自己的话语理论，认为"在语言的自身中研究语言，忽视它身外的指向，是没有任何意义的"[1]，语言"只有当它进入一定的语境（上下文），与其所处的特定的时空、社会、文化等背景发生联系，并获得特定的话者（作者）和听者（读者），形成前后应对的交际关系时，才能成为言语交际的单位——话语，才能具有真实的涵义。"[2]巴赫金的"超语言学"中的"超"意即超出传统语言学所探讨的词汇学、句法学、语法这一"死的语言""被提纯的语言""独白式的语言"等范畴，强调行动中的、鲜活语境下的、有主体的、与他者对话式的、交际的、存在于一定时空的话语。本尼维斯特吸收莫里斯的语用学观点和奥斯汀的日常语言学观点，以符意和语义的区分来代替索绪尔的语言与言语的区分，认为"语言结合了两种不同的意指方式，我们将其中一种称为符意学方式，另一种称为语义学方式"[3]，"符意学（符号）应关涉到被识别，语义学（话语）应关涉到被理解。"[4]这里的符意学就是语言层面的，符号是语言的基础单位，语言是形式符号的集合；语义学是话语层面的，语句则是话语的基础单位，话语是活生生

---

① [俄] 巴赫金：《巴赫金全集》第 3 卷，钱中文主编，白春仁等译，河北教育出版社 1998 年版，第 73 页。

② 萧净宇：《超越语言学：巴赫金语言哲学研究》，上海人民出版社 2007 年版，第 73 页。

③ [法] 埃米尔·本维尼斯特：《普通语言学问题（选译本）》，王东亮等译，生活·读书·新知三联书店 2008 年版，第 137—138 页。

④ [法] 埃米尔·本维尼斯特：《普通语言学问题（选译本）》，王东亮等译，生活·读书·新知三联书店 2008 年版，第 139 页。

的交流中的语言、行动中的语言、有主体的语言。巴赫金和本尼维斯特在概念使用和理论旨趣上有一定的差异，但他们都不赞同语言对言语的价值优先性，而又基本上赞同索绪尔对语言与言语的区分，所提出的话语概念基本上是在言语层面来讲的，也就是说，在传统语言学家那里运用"言语"或"语言使用"等概念的地方，在话语理论研究者那里表现为"话语"。

福柯则不赞同索绪尔对于语言与言语的二分，他在语言、言语之外另提话语，这是福柯话语理论的独特之处。福柯认为话语不可被简约为语言和言语，在他那里，话语"时而是所有陈述的整体范围，时而是可个体化的陈述群，时而又是阐述一些陈述的被调节的实践"①。福柯把话语看成一种实践活动，强调权力与话语之间的密切关系，作为权力和宰制的话语成为性别主义、后殖民主义等西方国家"新左翼"政治的理论出发点。虽然福柯强调语言、言语、话语的三分，赋予了话语更为广阔的理论空间，但他的话语概念依旧笼罩在言语概念的影子之下，或者说，依然是在言语层面上引申出来的，"词"与"物"借以被组织起来并能决定"词"如何存在和"物"为何物的知识空间，何尝不是受权力制约的行动中的语言所带来的影响呢？

从理论脉络的梳理中可以发现，话语是在与语言的区分中得以确定自身的，在这一区分中我们依稀可以看到西方文化传统中希腊文化中的理性主义和希伯来文化中的人文主义相互纠缠的影子。基于对既有思想成果的梳理整合，笔者对话语做了一个不甚高明的理解（这远远称不上一个严格的定义，只是一种描述性的说明），认为话语是一定社会文化环境中行动着的语言，是言说方式和言说成品的统一。话语与语言既有联系又有区别。

---

① ［法］米歇尔·福柯：《知识考古学》，谢强等译，生活·读书·新知三联书店 2003 年版，第 85 页。

话语与语言的联系：第一，在具体的话语中，语言是话语被理解并发挥作用的基础，基于共同的语言结构才能产生共同的联想，离开语言结构，话语无所凭依；第二，在历史发展过程中，话语的现实存在是语言建立的前提，语言的习得是通过具体的话语活动来实现的；第三，话语促使语言发生变化，通过听别人说话而获得的印象改变着我们的语言习惯，话语是鲜活的、变动的，持续的话语变化会沉淀为语言。①

话语与语言的区别。话语与语言的区别并不是绝对的。西方理论中一直强调话语与语言的区别，除传统语言学中把语言的单位理解为词、词组、句子，把话语的单位理解为大于句子的序列这一形式上的区别外，最根本的还在于索绪尔意义上的"语言"其实是抽离了物质基础的语言，是唯心主义立场上的语言，而这一意义上的"语言"则被看成是抽象的、静态的、无主体的、被纯化了的语言，所以才与我们强调的"话语"有严格的区分。而马克思主义视域下的、建立在历史唯物主义基础上的"语言"则始终是与实践、历史、思想、思维等因素密切相关的，语言的发生和发展过程、作用和影响过程都没有抽离一定的时空，语言不是独立王国，劳动是语言发生发展的关键，而劳动是具体的人的劳动，是在一定时空中历史地进行的劳动。所以马克思主义视域下的"语言"本身具有"话语"的意蕴，与话语并没有绝对严格的区分，这点也体现在笔者给出的"话语是一定社会历史环境下行动着的语言"这一描述性说明中。通过追溯语言与话语的理论发展过程并用对比的方式来论述语言与话语，只是为了凸显话语的特性，以便更好地把握话语，这也是对常识性使用中的偏见的一种清理。行文中对"语言"的论述也不再是索绪尔意义上的"语言"，而是马克思主义视域下的"语言"，因此话语与语言的区别是相对的，具体阐释

---

① 参见［瑞士］费尔迪南·德·索绪尔：《普通语言学教程》，刘丽译，中国社会科学出版社 2009 年版，第 22 页。

如下：

第一，从社会性／个体性来看，"语言是一种社会性的法规系统，即人们进行交流时所必需的规约系统，它类似于某种集体契约"①，语言是一套抽象的符号系统，是社会的产物；话语则强调在一定语境下的对一套符号系统的具体运用，话语同时属于个人与社会，既可以是社会层面的话语实践，也可以是个人层面的具体交际。

第二，从静态性／动态性来看，语言和话语都具有静态性和动态性的双重意蕴，但各有偏重。语言作为符号系统是相对稳定的，虽然语言也会随着历史的发展和话语的沉淀而不断更新，但这一更新是缓慢的、长时期的，具有相对静态性。话语是言说方式和言说成品的统一，既是动词又是名词。从动态性来看，不同时空背景下的个人或群体对某一种事物、现象、问题都有不同的理解和把握，就会形成特定的言说方式，展开不同的话语实践。从静态性来看，话语实践会凝结成一种言说成品（语言结果）、一套渗透着情感、价值、信仰等社会历史文化要素的特定符号系统、一套用于折射现实、陈述思想、沟通交往的表达体系，这也是话语沉淀和转换为语言的过程，目前学界热议的"学术话语体系""话语体系建设""中国话语"等范畴其实就是从言说成品（符号系统、表达体系、成套装备）这一层意义上来讲的。

第三，从主体性来看，语言是无主体的，或者更准确地说，语言的主体是一个大范围的如民族、国家等抽象范畴，在没有同一等级上的他者出现时，主体是相对隐匿的、不被察觉的；话语是有具体主体的，具体的话语活动是一个交际活动，有对话者，至少是在两个主体之间展开的，"话语，就是由言说的人在主体间性的条件下承担着的语言"②，话语是主体之

① 汪民安：《福柯的界线》，南京大学出版社 2008 年版，第 57—58 页。
② ［法］埃米尔·本维尼斯特：《普通语言学问题（选译本）》，王东亮等译，生活·读书·新知三联书店 2008 年版，第 301 页。

间说与听、写与读、阐释与理解的媒介，它往返于主体之间。

第四，从现实性来看，语言是潜在的符码，是实现思想交流的先决条件，而话语是行动中的语言，是一种社会实践方式，是语言与思想的结合体，是思想交流的完成，只有在话语中信息交换才能实现。

第五，从语境性来看，作为一种社会现象，语言不可能完全自律封闭、始终如一，不可能形成独立的语言王国，但语言系统一旦形成则具有相对的稳定性和独立性，并力图撇开历史、文化、制度、权力、意识形态、价值观念等外在因素的干扰（虽然这种撇开只能在一定程度上做到）；话语则无时无刻不向外部敞开，以其描述、解释、建构等功能的发挥与现实发生关联，话语承载和反映着历史、文化、制度、权力、意识形态和价值观念，而正是在这一意义上，话语权得以出场。

二、话语权

话语是一定社会文化环境中行动着的语言，它是社会现实和社会秩序得以产生、维持和再现的主要媒介，"理解话语就是理解语言的政治社会学"①。当话语突破封闭的语言结构而被置于整个社会文化大背景中的时候，当权力寻求自身的实现方式和影响途径的时候，话语权概念就不断孕育着。"话语权"是"话语"与"权"的组合，有两个基本的析出语义"权利"和"权力"。目前，国内学界既有从"权利"的角度对话语权进行界定，认为话语权是言说与表达应该享有的自由度，是公民的一项政治权利；②也有从"权力"的角度对话语权进行界定，认为话语权是话语中蕴含的强制力量或支配力量③；也有从"权利"和"权力"的结合出发，认为话语

---

① 卢永欣：《语言维度的意识形态分析》，社会科学文献出版社 2013 年版，第 119 页。

② 陈堂发主编：《媒介话语权解析》，新华出版社 2007 年版，第 1—2 页。

③ 傅春晖、彭金定：《话语权力关系的社会学诠释》，《求索》2007 年第 5 期。

权是通过创造、表达、设置、传播和运用一定的话语来影响和引导人的思想和行为的权利和权力①。笔者认同从"权利"和"权力"的结合出发对话语权进行界定，认为话语权是话语权利和话语权力的结合体。

（一）作为权利的话语权

权利是一个近代概念，是"'以物的依赖性为基础的人的独立性'这种社会形态的产物"②，亦即资本主义社会发展的产物。马克思曾以人的发展状态的不同把人类历史划分为三大发展阶段，在"人的依赖关系"发展阶段，社会以自然血缘和宗法关系为纽带，人与人之间的关系表现为直接的统治和臣服，在这一阶段"权利"概念在思想史中是缺位的。在"以物的依赖性为基础的人的独立性"阶段，人的社会关系和生存条件不再是自然发生的而是由自己的历史活动创造出来的，虽然这一阶段人并未获得真正的独立，人被自己创造出来的物质力量所奴役和主宰。但这种异己的外在的物质力量的的确确是自己创造出来的，人在物质生产中实现了自己的主体性，不再作为某个共同体中毫无个性的附属物，而是成为了摆脱人身依附、人身束缚的狭隘关系的独立的个人，并意识到自己和他人是一个可以独立思考、自主选择、自觉追求、渴望尊严的主体。与此同时，"普遍的社会物质变换，全面的关系，多方面的需求以及全面的能力的体系"③的形成使人与人之间的联系更为紧密，权利观念就是伴随着人的主体性和独立性的不断凸显以及协调人与人之间日益复杂的社会关系的需要而出现的。

霍布斯和洛克是较早讨论权利的思想家，他们假定在国家形成之前存在着一种自然状态。虽然霍布斯假定的自然状态是"一切人对一切人的战

---

① 骆郁廷、史姗姗：《论意识形态安全视域下的文化话语权》，《思想理论教育导刊》2014年第4期。
② 赵修义、朱贻庭：《权利、利益和权力》，《毛泽东邓小平理论研究》2004年第5期。
③ 《马克思恩格斯全集》第46卷（上），人民出版社1979年版，第104页。

争"状态，而洛克假定的自然状态是"完备无缺"的自由平等状态，但他们都认为人们依据自然法和人的普遍理性而享有各种天赋的自然权利，如生命权、私有财产权等，权利"是基于人的独立性和维护人的尊严的主体对利益诉求的资格确认，是人的尊严的'护身符'。"① 而马克思则超越了自然权利观，认为权利不是人作为一个自然人固有的、天然的、内在的自由，而是一定社会历史发展阶段的产物，是由社会建构起来的。权利既是一个道德概念，又是一个法律概念。作为道德概念，"权利范畴标志着人们应该、能够或者实际做出某种行为的自由度"②，这是作为一个有尊严的社会人有资格提出的要求，这种要求有着道义的支撑；作为法律概念，权利是"法律关系主体所具有的为或不为一定行为或要求他人作出或抑制某种行为以满足自己某种利益的能动的手段"③，这是作为一个国家的公民有资格提出的要求，这种要求得到国家和社会的承认，受到法律的保护，有着相应的制度支撑。

作为权利的话语权实质上是言论自由权，指个人在道德和法律的规范下享有运用一定的话语形式（口头的或书面的）来表达观点、发表意见、传递信息、广泛讨论、交流思想、捍卫辩护、反驳质疑乃至保持沉默的资格和自由。《布莱克维尔政治学百科全书》中指出言论自由是"最重要的公民自由或权利之一。它意味着通过口头、书写或印刷以及其他手段进行交流的自由。"④ 近代以来，言论自由权在一些国家、地区和国际性组织中以法律的形式确定下来，成为一项法定权利。如《中华人民共和国宪法》第二章第三十五条规定的公民享有的基本政治自由，"中华人民共和国公

---

① 赵修义、朱贻庭：《权利、利益和权力》，《毛泽东邓小平理论研究》2004年第5期。

② 林喆：《权利的法哲学》，山东人民出版社1999年版，第346页。

③ 杨春福：《权利法哲学研究导论》，南京大学出版社2000年版，第69页。

④ [英]戴维·米勒、韦农·波格丹诺：《布莱克维尔政治学百科全书》，邓正来主编，中国政法大学出版社1992年版，第274页。

民有言论、出版、集会、结社、游行、示威的自由。"① 联合国《公民权利和政治权利国际公约》第十九条第二款规定"人人有自由发表意见的权利，此项权利包括寻求、接受和传递各种消息和思想的自由，而不论国界，也不论口头的、书写的、印刷的、采取艺术形式的、或通过他所选择的任何其他媒介。"②

作为权利的话语权——言论自由权具有重要的价值。首先，言论自由权有助于发现、获得和传播真理。人类的理性是有局限性的，对于任何不能一见即明的事物，大多数人都不能予以完全明晰准确的辨别判断，哪怕是理性思辨能力卓绝之人能够提出他所在的那个时代的优势意见，这一意见也可能随着时代的变化而褪去真理的外衣、失去正当性。无论是能在思想史中留下痕迹的明哲人士，还是悄无声息的芸芸众生，都具有知识的局限性和思辨习性的薄弱性，因此只有使各种意见得以表达、各种观点得以充分讨论才可以最大限度地克服思维的局限性，逐渐发现、获得和传播真理。言论自由权为竞争性意见得以自由表达提供了可能性空间，在这里，人们的精神活跃度高，真理不会因为是少数人的意见而被埋没，真理可以在与错误思想的交锋中使自己得到清楚认识和生动表达的机会；在这里，错误意见中包含的部分真理不会面临被过滤掉、被错失的风险，真理拥有从敌对意见中吸纳合理成分、不断补足整全自身的机会；在这里，真理在与各种异见的论辩、讨论、冲突的过程中不断检视自身而避免教条化，并不断扩大自身的影响力，使人们真切地感知和领悟真理的理性力量。

其次，言论自由权有助于个性的完善和个性自由的实现。一方面，言论自由权允许不同意见自由形成和公开表达，有助于扩大人们的眼界和视野，使人们能够接触和了解到多种多样的生活方式，帮助人们从某一种刻

---

① 《中华人民共和国宪法》，人民出版社 2018 年版，第 21 页。

② 转引自佟丽华：《走进联合国：中国社会组织参加联合国人权理事会大会纪实》，人民出版社 2017 年版，第 86 页。

板的、机械的或被他人指定的生活方式中解脱出来，进而使人们能够自己选择、创造和实践适合自身成长和发展的有尊严的生活计划。另一方面，自行选择生活计划这一人生意愿的实现需要调动一个人所有的能力。而言论自由权使人的观察力、推理与判断力、行动力、辨别力、毅力与自制力等理性能力在自由思考、自由表达、广泛讨论、不断省思中得到锻炼，进而使人的智力发育、道德发展、审美能力都得到极大提升，使人能够更大概率地自行选择生活计划，过有尊严的生活。

最后，言论自由权有利于社会的进步。言论自由权有利于增进社会的包容，纾解社会矛盾。对言论自由的追求是人的生命意志的体现，如果通过束缚思想、限制表达、禁锢言论等形式来剥夺言论自由权，会带来一系列的消极后果：真理或丧失了发挥空间，或错失对话机会使自身变得脆弱、僵化、凝滞，社会进步的理性力量和知识积累就会变得薄弱；错误的思想可能因被禁锢反而产生"禁果效应"，诚如马克思所言，"自由永远不会不被人所珍视，而普遍的不自由的例外就更加可贵了。一切秘密都具有诱惑力"①，被禁止的著作会被看成殉道者，引起人们的好奇甚至崇拜，使人误入歧途；社会问题欲盖弥彰，社会的不满情绪找不到合理释放的突破口，负面情绪的不断积累可能引发社会动乱，使社会错失以正常手段推动革新以及从异见中汲取智慧的机会，等等。而言论自由可以使社会问题的解决和社会矛盾的化解在秩序的、可控的范围内推动，正如黑格尔曾指出的那样，"每一个人还愿意参加讨论和审议。如果他尽了他的职责，就是说，发表了他的意见，他的主观性就得了满足，从而他会尽量容忍。"②言论自由使人从狭隘的偏见中、从漠然的旁观中、从封闭的视野中走出来，使整个社会走向开放包容，从各个方向为社会发

---

① 《马克思恩格斯全集》第1卷，人民出版社1995年版，第178页。
② ［德］黑格尔：《法哲学原理》，范扬等译，商务印书馆1961年版，第334页。

展注入动力。

言论自由权是有限度的而不是绝对的。言论自由权有来自历史的、物质的、法律的和道德的四个方面的限度。其一，历史的限度，马克思强调"权利决不能超出社会的经济结构以及由经济结构制约的社会的文化发展。"①权利不是自然而然就有的，一定的权利是一定社会历史发展阶段的产物，不可能超越这个社会历史阶段。从历史来看，对自由和平等权利的要求是资本主义制度的产物，恩格斯指出"资产阶级在反对封建制度的斗争中和在发展资本主义生产的过程中不得不废除一切等级的即个人的特权，而且起初在私法方面，后来逐渐在公法方面实施了个人在法律上的平等权利，从那时以来并且由于那个缘故，平等权利在口头上是被承认了。"②只有当资本主义生产关系所要求的自由和平等权利遭到政治制度的限制和约束时，"摆脱封建桎梏和通过消除封建不平等来确立权利平等的要求"③才提上日程，才在更大范围内产生影响。言论自由权也是在这一历史过程中才得以确立和承认的，并会随着社会历史的发展被不断赋予新的内涵。其二，物质的限度，这里表现为两种：一种是来自人的大脑的认识能力和语言能力的限制，"不论人的头脑中会产生什么样的思想，以及这些思想什么时候产生，它们只有在语言材料的基础上、在语言的词和句的基础上才能产生和存在。"④言论是思想的表达，思想是人脑的产物，人脑的发育程度及其相伴生的人的话语能力如口齿清楚、演说才能或心理智能等影响言论自由权的实现程度。一种是来自形式和载体的制约，言论的表达需要借助一定的物质形式和传播媒介，可否占有、能否运用一定的大众传播媒介影响着言论自由的实现程度，例如在社交

---

① 《马克思恩格斯文集》第 3 卷，人民出版社 2009 年版，第 435 页。
② 《马克思恩格斯文集》第 4 卷，人民出版社 2009 年版，第 293 页。
③ 《马克思恩格斯文集》第 9 卷，人民出版社 2009 年版，第 111 页。
④ 《斯大林选集》下卷，人民出版社 1979 年版，第 527 页。

媒体时代，随着网络技术的发展和移动终端的普及，呈现出"人人都有麦克风"的局面，言论自由权的实现程度得到极大扩展。其三，法律的限度，马克思指出，"法律上所承认的自由在一个国家中是以法律形式存在的"①。言论自由权是一项法定权利，既受到法律的承认和保护，又受到法律的限制和约束，如我国宪法第五十一条规定，"中华人民共和国公民在行使自由和权利的时候，不得损害国家的、社会的、集体的利益和其他公民的合法的自由和权利。"②其四，道德的限度，言论自由权的使用不得违背公序良俗，要处理好个人与他人、社会的关系，坚持公平性和宽容性，要划分群己界限、度己及人、尊重他人，不得通过诋毁、污蔑、压制、攻击、剥夺等手段伤害他人的言论自由和社会言论自由氛围。在现代社会，随着法律的不断完善，这一道德原则一般通过法定程序上升为法律原则，如 2023 年我国最高人民法院、最高人民检察院、公安部印发了《关于依法惩治网络暴力违法犯罪的指导意见》的通知，依法惩治网络暴力违法犯罪活动，防止绝对的言论自由权在网络空间的滥用。

正是因为作为权利的话语权受到种种限制，作为权力的话语权才得以出场，如果说话语权利在应然状态下追求的主导价值是自由的话，那么话语权力在实然状态下体现的主导价值则是控制和支配。

（二）作为权力的话语权

"作者生活在某一个话语场里，他无时无刻不在从这个话语场里引用资源，使用别人曾经用过的话语，否则他就不可能和别人交流。"③对作为权力的话语权的理解，需借鉴和阐释前人的思想成果，以把握问题的实

---

① 《马克思恩格斯全集》第 1 卷，人民出版社 1995 年版，第 176 页。

② 《中华人民共和国宪法》，人民出版社 2018 年版，第 26 页。

③ 钱冠连：《语言：人类最后的家园》，商务印书馆 2005 年版，第 115 页。

质。当前，对话语权的理解主要有以下几种理论视角。

一种是把话语权解释为支配舆论的权力。罗素认为在众多权力形态当中，支配舆论的权力是"对于一个人的意见施加影响，也就是进行最广义的宣传"①，通过对一个人的意见施加影响，使一个人相信、尊重、赞成某一个领导权威、某一项制度安排、某一套理论体系是其他权力得以贯彻的重要条件，因此他把支配舆论的权力看作是一切权力的来源。支配舆论的权力与武力是互动的，这一互动过程分为三步实现：第一，以某种特定的信条说服他人，引起少数人改变他们的想法；第二，用武力确保社会中其余的人都能接触到正确的宣传；第三，绝大多数人有了真诚的信仰，因而无须诉诸武力就能维护统治。②

一种是把话语权解释为权力在语言活动中的转译。丹尼斯·朗认为"权力是某些人对他人产生预期效果的能力"③，而"控制其他群体的某些群体的'霸权'一定会转译在他们的一切活动和表现方式中，包括人类最杰出的创造物和占有物——语言在内"④，权力通过语言不断渗透到社会文化生活的方方面面。权力转译到语言当中而对外部世界产生预期效果主要通过操纵和说服来实现。操纵有两种形式，一种是掌权者限制或有选择地决定权力对象的信息供应，一种是不露声色地反复灌输某些消极或积极态度，权力的操纵者被看作是神秘的专门知识和精巧装置的主人，操纵因为隐瞒掌权者的真实意图而带有欺骗性质，会让人产生邪恶的联想、恐惧的心理和深切的疑虑，具有坏名声，效果也有限。⑤ 说服看似是一般交谈形

① [英] 伯特兰·罗素：《权力论》，吴友三译，商务印书馆 2012 年版，第 27 页。
② [英] 伯特兰·罗素：《权力论》，吴友三译，商务印书馆 2012 年版，第 110—111 页。
③ [美] 丹尼斯·朗：《权力论》，陆震纶等译，中国社会科学出版社 2001 年版，第 3 页。
④ [美] 丹尼斯·朗：《权力论》，陆震纶等译，中国社会科学出版社 2001 年版，第三版引言第 3 页。
⑤ [美] 丹尼斯·朗：《权力论》，陆震纶等译，中国社会科学出版社 2001 年版，第 35—37 页。

式，更具有合理性外观，但因为不同的人占有的个人禀性、声誉、技术手段等"说服资源"不同，且一人通过说服他人能够到达预期效果、实现自身目的，因此说服是一种权力形式。无论是操纵还是说服，都是通过一定的话语实践来实现的，因此是话语权的表现形式。

一种是把话语权解释为符号权力。布尔迪厄认为"符号权力通过陈述某个被给予之物来构成它，通过影响世界的表象来影响世界"①，符号权力通过三个步骤来贯彻权力意志。首先，言说者（权力的施加者）通过一定话语实践建构给定事物，即以特定的话语对外部世界进行赋义，形成一系列的假定和公理，并通过权力运作把这些意义强加为合法意义，形成一个由特定话语构成的意义世界和表象世界。这是由权力的话语实践整理出来的"事物的秩序"。其次，言说者（权力的施加者）借助于一些特殊的话语动员手段包括教育、广告等，使听众（权力的承受者）对这些由特定话语构成的意义世界可视可见，使人们从降生之日起就笼罩在一定的"事物的秩序"中，为人们的思想和行为设置和框定可见视野。最后，听众（权力的承受者）对这个世界闻而可信，他们通过"误识"，把由特定话语建构起来的"事物的秩序"视为理所当然的、自然而然的现状来接受，而不是把它当作暴力来领会，而"在所有形式的'潜移默化的劝服'中，最难以变更的，就是简单明了地通过'事物的秩序'发挥作用的那种劝服"②，通过这种"劝服"，听众（权力的承受者）认可这些话语的合法性以及说出这些话语的人的合法性。

一种是把话语权解释为一种发挥意识形态功能的方式。姆贝认为"话语不仅仅是一组政治上中立的推论实践，而且是一种表义系统，它使得某

---

① [法]布尔迪厄、[美]华康德：《反思社会学导引》，李猛等译，商务印书馆2015年版，第181页。

② [法]布尔迪厄、[美]华康德：《反思社会学导引》，李猛等译，商务印书馆2015年版，第206页。

些意义形成和旨趣凌驾于其他之上。"① 这些话语包括故事、神话、隐喻、仪式、标志语等多种表现形式。话语具有认知和意义建构功能，社会现实是通过话语才得以清晰呈现并构成意义的。意义形成并不是完全中立的、客观的，不同的人对这个世界的意义把握是不同的，在众多的意义中凸显出来的主导意义是权力运作的结果。话语不仅作为一种主导意识形态的支配形式，维持和重现权力关系，话语还发挥着"一种作为社会行为者藉以改变对他们所处的社会解构的认识的工具的功能"②。话语具有潜在的转换性和构造性，权力的承受者并不是全然接受权力施加者赋予的话语意义，他们会根据自己对世界的真实体验来理解话语意义。因此，权力承受者理解的话语意义和权力施加者建构和传播的话语意义之间就会存在着裂痕，当这种裂痕达到无法缝合之时，主导的意识形态就会被解构，原有的话语意义体系就无法维系。

一种是把话语权解释为权力斗争的话语表达。费尔克拉夫认为"作为一种意识形态实践的话语从权力关系的各种立场建立、培养、维护和改变世界的意义。"③费尔克拉夫认为话语与社会结构之间存在着辩证关系，一方面，"话语是被社会结构所构成的，并受到社会结构的限制"④，这些限制包括社会层次上的阶级和其他关系、法律或教育等特殊机构所特有的关系、分类系统、各种规范和各种习俗，而这些限制无不是权力关系的产物。各种权力关系在话语实践中展开斗争，以期形成符合自身利益的特定

---

① ［美］丹尼斯·K.姆贝：《组织中的传播和权力：话语、意识形态和统治》，陈德民等译，中国社会科学出版社 2000 年版，第 122 页。

② ［美］丹尼斯·K.姆贝：《组织中的传播和权力：话语、意识形态和统治》，陈德民等译，中国社会科学出版社 2000 年版，第 122 页。

③ ［英］诺曼·费尔克拉夫：《话语与社会变迁》，殷晓蓉译，华夏出版社 2003 年版，第 62 页。

④ ［英］诺曼·费尔克拉夫：《话语与社会变迁》，殷晓蓉译，华夏出版社 2003 年版，第 59 页。

话语。另一方面，话语建构社会意义，话语建构着有着不同称呼的社会身份、人与人之间社会关系、知识体系和信仰体系，话语在意义方面说明世界、组成世界、建构世界①，而权力正是通过各种意义来隐瞒其意图并取得合法性的。话语之间的纷争不是简单的语词之争，而是意义之争、意识形态之争，是意识形态背后的权力之争和利益之争，当某种权力嵌入话语实践，其形成的特定话语在社会中被自然化或被赋予"常识"的地位时，它就确立了优势话语权。

一种是把话语权解释为意识形态权力。迈克尔·曼认为"意识形态权力源出于人类对寻求生活终极意义、共享规范和价值、参与审美实践和仪式活动的需求。"②首先，人们对世界的把握并不是直接的，而是通过一定的意义进行的，而这种意义是通过一定的话语来构成的。虽然每个人对世界都会赋予不同的意义，形成不同的理解，但对生活终极意义的阐释却被少数的个人和集体所垄断，他们为人们认识世界提供了一个意义框架。人们看似思想自由，但几乎不能自由思想。其次，人与人之间的交往是在一定的规范下进行的，共享规范和价值是形成社会秩序、促进社会合作的重要条件，而规范和价值不是天然的，也是由权力主导下的话语建构而成的。最后，审美实践和仪式活动同样是传达权力的过程。意识形态权力是权力的话语呈现，这是一个互文的过程，权力垄断了意义、规范、价值的阐释，垄断了审美实践和仪式活动的展开，同时，谁能够占据这种垄断地位，谁就拥有权力。"意识形态权力主要是弥散性的，是通过说服、'真理'声称和参与仪式'自由'来行使支配权"③，这里论及的"说服、'真

---

① ［英］诺曼·费尔克拉夫：《话语与社会变迁》，殷晓蓉译，华夏出版社 2003 年版，第 60 页

② ［英］迈克尔·曼：《社会权力的来源》第 2 卷（上），陈海宏等译，上海人民出版社 2015 年版，第 8 页。

③ ［英］迈克尔·曼：《社会权力的来源》第 2 卷（上），陈海宏等译，上海人民出版社 2015 年版，第 8 页。

理'声称和参与仪式'自由'"都是话语实践，都要通过一定的话语来实现。意识形态权力主要有超越性和内聚性两种弥散方式，其中，超越性是指意识形态话语实践超越经济、军事和政治权力组织的社会空间边界，为来自不同国家、阶级的人们面临的共同问题提供一种似乎合理的解决方案，如面对全球生态危机而提出的"可持续发展"理念而产生的影响力；内聚性是指通过一定的意识形态话语实践强化现有的权力组织，提振其"内在士气"，复制和加强现有的权力关系，如一个企业、集团、组织、国家的文化理念而产生的内聚力。

我国学者对话语权的理解并没有超出上述几种主要的阐释方式，对话语权的阐释多从某一理论视角切入，并结合自身学科特点进行发挥，如传播学领域把话语权理解为"影响和控制舆论的权力与能力"[①]，政治学领域或从国家权力结构出发阐释意识形态权力、或从政治合法性出发阐释话语斗争，文化学领域则主要从不同话语意义建构的差异性来阐释话语权。在马克思主义理论视域下，话语本身的意义得到承认和尊重，但这一种承认和尊重是把话语当作一种思想中介、交往媒介来理解的，话语本身与话语背后所蕴含的内容相比，在价值序列上处于相对次要的位置。与此相适应，话语权关注的同样是话语背后的内容。在马克思主义语境下，话语权不可能抽离一定的历史文化环境。结合前人的思想成果和自身的理解，笔者认为作为权力的话语权实质上是指通过一定的话语实践体现出来的影响力和控制力。具体阐释如下：

第一，话语权力产生于不平等的差异关系中，只有在差异存在的地方才会有力量对比和能量流动，如果人人平等就不存在权力关系了，也就不存在政治了。这里的不平等不是人格尊严的不平等，而是占据的社会地位

---

① 张国庆：《媒体话语权：美国媒体如何影响世界》，中国人民大学出版社2012年版，序言第1页。

上的不平等、可运用的话语资源的不平等、个人的话语能力的不均衡，等等。话语的力量并不是来自语词本身，而是源自使用语词的人的差异性权力关系。

第二，话语权力具有意向性，权力就是"在一种社会关系内部某个行动者将会处在一个能够不顾他人的反对去贯彻自身意志的地位上的概率，不管这种概率的基础是什么"①，话语权力是话语主体的意志彰显和利益体现，话语主体通过一定的话语实践影响和控制话语受众，是为了达到一定的预期效果，使他们的思想和行为朝着有利于话语主体的意志和利益的方向发展，使自己的偏好胜过其他的偏好，也就是说，谁掌握话语权力，谁就能够掌握主导权。

第三，话语权力具有互动性，体现为"权力要说话"和"要向权力说话"两个维度②，有控制的地方就有反抗。掌权者运用优势话语资源，在话语实践中建构、阐释、传播自身的观点、想法、价值、理念、规范，论证社会制度和相关政策的合理性，生产和再生产权力关系，维护自身统治地位。权力承受者虽然拥有的话语资源相对较少，但并不意味着完全没有话语资源，他们也可以通过一定的话语实践向掌权者表达自己的意愿和利益。在一个相对稳定的社会，权力承受者的话语权力远不如掌权者的话语权力强大，但并不是微不足道的，而是会形成一种制衡关系，权力施受双方会通过妥协、协商、对话来保持社会互动，维持社会的有序运行。而在社会变动剧烈时期，权力承受者拥有的话语资源有可能优于现有的权力施加者，其话语权力甚至能够改变、解构现有的权力关系，那时革命的时代就到来了。

第四，话语权力接受价值评判，拥有合理性和不合理性两种尺度。"并

---

① ［德］马克斯·韦伯：《经济与社会》第1卷，阎克文译，上海人民出版社2010年版，第147页。
② 卢永欣：《语言维度的意识形态分析》，社会科学文献出版社2013年版，第121页。

非所有的权力或权威必然地是压迫性的：如果正确的手正确地使用它，它就能成为人类福祉的源泉。"① 权力并不必然是恶，权力既可能压抑自由，也可能保障自由，关键在于权力掌握在谁手上以及如何运用权力。如果在尊重话语权利的基础上，能够正确地运用话语权力，使代表普遍利益的先进的思想、正确的观念、合理的规范占据社会的主导地位，形成良好的舆论氛围和社会风尚，社会就会朝着科学的方向发展；如果错误地运用话语权力，打压话语权利，扩张话语霸权，窄化话语空间，窒息话语活力，扰乱话语秩序，使错误的思想、观念、价值、舆论甚嚣尘上，那将给社会带来不幸、使社会误入歧途。

第五，话语权力是通过对"意义"的掌控、以"说服"取得"同意"来实现的，话语权力与经济权力、军事权力、政治权力不同。经济权力源出于人类榨取、改造、分配和消费自然资源的需求，通过对经济资源的不均等控制来实现；军事权力源出于有组织的防卫必要和对外侵略的效率，通过掌握生杀予夺大权来实现；政治权力源出于领土内集中管理的有效性，通过国家组织强制贯彻②。"话语的实践就是用符号界定事物、建构'现实'和创造世界的社会实践，其核心是赋义行为"③，话语权力通过建构社会的意义来实现。人并不是简单地蛰伏于世界，总是在寻找能够安身立命的意义，"当人追求有意义的生活的时候（动物不知道追求有意义的生活），除了语言的叙述，几乎没有别的办法，能使你感到什么是有意义的。"④权力通过介入一定的话语实践，为人们提供生活终极意义、共享规

---

① ［英］特里·伊格尔顿：《历史中的政治、哲学、爱欲》，马海良译，中国社会科学出版社 1999 年版，第 100 页。

② ［英］迈克尔·曼：《社会权力的来源》第 2 卷（上），陈海宏等译，上海人民出版社 2015 年版，第 8—10 页。

③ 李智：《从权力话语到话语权力——兼对福柯话语理论的一种哲学批判》，《新视野》2017 年第 2 期。

④ 钱冠连：《语言：人类最后的家园》，商务印书馆 2005 年版，第 106 页。

范和价值，亦即提供一套意识形态话语体系，并使这一套意识形态话语体系深入人心、使人们相信它的合理性、同意它所解释和构建的这个世界秩序。话语权力具有强制性，是权力运作的产物，但这种强制性是隐匿的、不外显的，话语权力的力量是实实在在的，主要以"说服"为形式呈现、以"同意"为效果呈现，需要社会行动者的合谋和承认。

概括来看，话语权是话语权利和话语权力的统一。其中，话语权利是言论自由权，是对话语资格的确认；话语权力是通过一定的话语实践体现出的影响力和控制力，是对主体意志的贯彻。在应然状态下，人人都具有话语权利，每个人都可以在道德和法律的规范下享有运用一定的话语形式（口头的或书面的）来表达观点、发表意见、传递信息、广泛讨论、交流思想、捍卫辩护、反驳质疑乃至保持沉默的资格和自由，话语权利运行的结果是话语的多样性和丰富性。与话语权力相比，话语权利更注重自身情感、价值、观念、意见等的表达，虽然这种表达客观上可能会带来一定的话语后果，但不必然具有对他人产生强制影响力和约束力。在实然状态下，人人具有话语权利并不意味着人人具有话语权力，权力通过话语发挥作用，话语在权力关系中展开，由于不同话语主体在占据的社会地位、拥有的社会资源、个人的话语能力、掌控的话语内容和话语形式等方面的差异性，话语权力呈现出有无之分、强弱之别，话语权力运行的结果是话语秩序的形成和话语均衡。话语权力虽然以话语权利为基础，但话语权力驱逐着话语权利，话语权力是话语权的深层意蕴。有的人"无足轻重""人微言轻"，即使声嘶力竭地发出声音也会被淹没在纷杂的话语场，掀不起一点涟漪；有的人则"一言九鼎""金声玉振""一锤定音"，能够在纷繁复杂的话语场中脱颖而出、振聋发聩，真正入耳入脑入心，使自己的话语传之既广、达之既深、流之既远，让人信服、受人遵从、令人模仿。这就是话语权力带来的影响，权力掌控着话语的分量。一个人、一个群体乃至一个民族、国家具有话语权，意味着他占据一定的话语优势，其所追求的利益、价值、思想等能够得到有效的话语呈现，能够进入公共议程，具有影响他人思想行为以及整个社会运行的能力。因此，话语权既是斗争的手段，是权力的一种运作方式；又是一种稀缺的资源，成为被争夺的对象。

第二节　思想政治教育话语权的基本要义

一、思想政治教育是一种特定的话语实践

要把握思想政治教育话语权的内涵，还需对思想政治教育的内涵有着清晰的认识。目前，国内学界承认较多、引用较广的概念是由张耀灿、郑永廷、吴潜涛、骆郁廷等学者著述的《现代思想政治教育学》（2006）一书中的思想政治教育概念，在该书中，思想政治教育被定义为"一定的阶级、政党、社会群体遵循人们思想品德形成发展规律，用一定的思想观念、政治观点、道德规范，对其成员施加有目的、有计划、有组织的影响，使他们形成符合一定社会、一定阶级所需要的思想品德的社会实践活动。"[①]可以围绕这一经典概念，从话语实践的角度对思想政治教育进行说明。当然，对这一经典概念可以从"大思政"和"小思政"（宏观和微观）两个方向来理解，从"小思政"的角度来看，这一"有目的、有计划、有组织的影响"主要指学校层面的教育，而从"大思政"的角度来看，这一"有目的、有计划、有组织的影响"是指"主流意识形态的主导和灌输"[②]，是主流意识形态的生产、阐释、传播和捍卫过程，本研究是从"大思政"的

---

① 张耀灿等：《现代思想政治教育学》，人民出版社 2006 年版，第 50 页。

② 《思想政治教育学原理》编写组：《思想政治教育学原理》，高等教育出版社 2016 年版，第 92 页。

角度、从宏观的角度来看待思想政治教育的。

思想政治教育作为一种特定的话语实践，话语主体是"一定的阶级、政党和社会群体"，是在说话的人和群体。话语受众是"一定的社会成员"，是接受话语讯息、参与话语实践、反馈话语效果的人和群体。话语主体和话语受众以话语为纽带展开交往，在一定条件下可以相互转换。话语内容是"一定的思想观念、政治观点、道德规范"，这些思想观念、政治观点和道德规范以一定的话语编织和表现出来，或凝结为书面话语，或流动为口头话语。话语行动是"施加有目的、有计划、有组织的影响"，这种影响要通过话语运用来实现、以"说服"为主要机制。话语效果是"使社会成员形成符合一定社会、一定阶级所需要的思想品德"，以话语受众的"同意"来体现主流意识形态话语的影响力。同时，思想政治教育话语实践是在一定的社会文化环境中展开的，这就涉及到了话语语境。

需要说明的是，思想政治教育是政治实践的一种特殊形态，从普遍意义上讲，它贯穿于古今中外的政治运行中（虽然在不同的时空会有不同的名称和不同的实践方式），上述经典概念就是从普遍意义上对思想政治教育进行的说明。本研究的理论旨趣并不在于对普遍意义上的思想政治教育话语权进行研究，而是聚焦当代中国这一时空背景下的、作为党和国家事业重要组成部分的思想政治教育话语实践及其话语权研究。但是，由于普遍性与特殊性的相互依存性，为了更好地理解和把握当代中国的思想政治教育话语权，在具体的行文中会交叉进行普遍性和特殊性的论述。

话语主体（说者）是一定的阶级、政党和社会群体，是思想政治教育话语实践的发动者、组织者和实施者，涉及的是"谁在说"的问题。在我国，思想政治教育主要的话语主体是中国共产党各级党组织及其成员，他们分布在宣传、教育、科研、新闻、文艺、出版等各行各业，这些行业通过一定的话语实践生产、阐释、传播和捍卫着特定的思想观念、政治观点和道德规范，具体到个人的典型代表有：大中小学思想政治理论课教师、马克思主义理论研究者、传统媒体/新媒体从业者、党组织宣传人员等等具体人员，他们或是从事思想政治教育的专职人员，或是负有思想政治教育责任、带有思想政治教育性质的兼职人员，但都是思想政治教育话语实践的具体承担者。话语主体在明晰思想政治教育目标、要求和任务的前提下，把握话语受众的思想行为特征和变动趋势，确定某一时期思想政治教育话语实践所要解决的主要问题，选择合理的思想政治教育话语内容，制定科学的思想政治教育方案，决定思想政治教育话语实践展开的时机、场所、形式、载体、机制等，并具体展开思想政治教育话语实践影响一定的社会成员，总结评估思想政治教育话语实践效果。

　　话语受众（听者）是一定的社会成员，是话语主体的言说对象，是思想政治教育话语的接受者、参与者和反馈者，涉及的是"对谁说"的问题。在我国，思想政治教育的话语受众包括全体社会成员，但在不同的时期、不同的地域、不同的领域有不同的重点群体和个人，如党员干部、知识分子、青年学生、农民、士兵、少数民族等。话语受众具有受控性，在思想政治教育话语实践中居于从属地位，接受话语主体的话语引导；话语受众具有能动性，在思想政治教育话语实践过程中，话语受众并不是木然的、被动的、消极的旁观者，而是积极的、主动的、活生生的参与者，他们可以选择配合或者不配合话语主体，可以选择参与或不参与话语交往，可以选择接受或者不接受话语内容，可以选择反馈或不反馈话语效果；话语受众具有差异性，不同的话语受众在年龄、身份、职业、生活环境、成长背景、思想水平、接受能力、利益诉求等方面都存在着差异，伴随着现代社会的高度分化，这种差异性会不断扩大且不可被还原为单一的标签，无法用同一把尺子一插到底；话语受众具有可塑性，话语受众的思想观点和价值理念并不是一成不变的，而是可以通过思想政治教育话语实践带来积极的影响，使之不断缩小甚至弥合与主流意识形态之间的差距。话语主体与话语受众是民主平等、主导主动、双向互动和相互转化的关系 ①，都有资格发出自己的声音，都能对思想政治教育话语实践产生一定的影响。

话语内容是由一定的思想观念、政治观点、道德规范等构成的意识形态话语，是"一组有意义的相互关联的话语符号体系，或者能够表达完整意义的信息集合"②，涉及的是"说什么"的问题。话语内容具有时代性，是特定时代的产物，是随着人们的生活条件、社会关系、社会存在的改变而改变的，是时代脉搏的跳动、时代精神的流溢和时代主题的彰显；话语内容具有阶级性，是一定阶级、政党、集团的意志贯彻、观念表达和价值立场，服从服务于一定阶级、政党、集团的利益需要和权力旨趣，中国共产党的思想政治教育代表着中国最广大人民群众的根本利益；话语内容具有人文性，它关注人的生活世界，贴近人的生活实际，体现人的精神诉求；话语内容具有整体性，是按照一定的理论逻辑和实践逻辑建构起来的具有内在联系的话语整体。我国思想政治教育话语内容主要包括思想教育、政治教育、道德教育、心理教育四个方面，核心是以马克思主义为主导的社会主义意识形态教育，包括马克思主义把握世界的思维方式和推理逻辑以及由一定的概念、范畴、术语构成的马克思主义的思想理论成果，既有历史形成并相对固定的部分，又有根据时代发展不断创生的部分。

话语行动是有目的、有计划、有组织地施加影响，涉及的是"怎么说"的问题。"有目的"是指思想政治教育话语实践不能盲目展开，而是要有的放矢，这是思想政治教育区别于社会环境影响的根本所在③；"有计划"是指思想政治教育话语实践要在时间、要求、步骤、方案、程序、规

---

① 《思想政治教育学原理》编写组：《思想政治教育学原理》，高等教育出版社 2016 年版，第 219 页。

② 吴琼：《思想政治教育话语发展研究》，中国社会科学出版社 2017 年版，第 37 页。

③ 《思想政治教育学原理》编写组：《思想政治教育学原理》，高等教育出版社 2016 年版，第 179—180 页。

则、途径等方面做出规划，使思想政治教育话语实践的展开更具针对性、明确性和有效性，正所谓"凡事预则立，不预则废"；"有组织"是指思想政治教育话语实践要集中力量，具体的话语实践虽然是由具体的个人来承担的，但这些具体的个人不是一盘散沙，而是处于有明确的目标导向、有精心设计的结构、有意识协调合作的社会组织当中的。思想政治教育是主流意识形态的生产、阐释、传播和捍卫过程，主要承担着理论研究、教学育人、宣传引导等任务，依托马克思主义理论研究、思想政治教育理论研究、意识形态研究、社会思潮研究等学术系统，小学、中学再到大学等学校教育系统，传媒、出版、网络等社会舆论系统来展开，各条思想文化战线通过学术研究、课堂教学、报告讲演、舆论传播等丰富的形式、渠道、媒介对社会成员有目的、有计划、有组织地施加影响，这种施加影响的过程要遵循人们的思想品德形成发展规律。当然，不同的系统具有不同的话语实践方式和运行机制，并采取不同的话语形式，如口头话语、书面话语、体态话语等形式，通过创造话语、阐释话语、传播话语、批判话语等方式展开。

话语效果是思想政治教育话语实践带来的后果，涉及"说得怎么样"的问题。"使社会成员形成符合一定社会、一定阶级所需要的思想品德"是上述经典概念规定的理想的话语效果，这一话语效果主要体现在社会成员身上，具有一定的局限性。随着思想政治教育话语实践的不断发展，应从更为宏观的视野来考察，"区别于微观研究对个体思想政治素质发展变化与教育引导的关注，宏观思想政治教育学着眼于整个社会意识形态的发展变化及主流意识形态的建构、维护和发展"①。在我国思想政治教育话语实践中，理想的话语效果就是捍卫马克思主义在我国意识形态领域的指导地位，促进人的自由全面发展，坚持我国的社会主义发展方向。这里的话

---

① 沈壮海：《宏观思想政治教育学初论》，《思想理论教育导刊》2011年第12期。

语效果是从理想层面和目标层面上来讲的，而具体的现实话语效果则有待于检验和评估。

话语语境是思想政治教育话语实践展开的环境，涉及的是"在什么语境下说"的问题。话语语境是思想政治教育话语实践展开的社会大环境，是影响人们的思想与行为、影响思想政治教育活动开展的因素的总和①。思想政治教育作为整个社会系统运行中的一环，它不是孤立展开的，会受到整个社会历史文化环境的影响，经济状态、政治格局、文化氛围、社会变迁等都会对思想政治教育话语实践产生制约。语境影响着思想政治教育话语实践的具体展开，话语形式的选择、话语内容的组合、话语媒介的择取、话语意义的阐释都需要在一定的语境下展开，并伴随着语境的变化而有所调整。语境的影响既可能是积极的也可能是消极的，话语主体可以在认识分析、开发利用、改变创造一定语境时趋利避害。

二、思想政治教育话语权的内在蕴含

话语是在一定社会文化背景下行动着的语言。话语权是个人或群体有资格、有能力通过一定的话语来自我表达和影响他人，是话语权利和话语权力的统一。思想政治教育是一种特定的话语实践，是以话语为媒介、由话语来建构的，离开了话语，思想政治教育就无法展开，思想政治教育关系就无法维系。从普遍意义上来讲，思想政治教育话语权是指一定的阶级、政党、社会群体，有资格、有能力通过有目的、有计划、有组织的话语实践，使自己创造和倡导的思想观念、政治观点、道德规范等意识形态话语，得以公开表达和广泛传播，取得社会成员的普遍认同，主导社会成

---

① 《思想政治教育学原理》编写组：《思想政治教育学原理》，高等教育出版社 2016 年版，第 317 页。

员的思想行为，是话语权利和话语权力的统一。

思想政治教育话语权是一种话语权利，强调的是一种资格。思想政治教育话语权利是指一定的阶级、政党、社会群体，在道德和法律的规范下，有资格享有运用口头的或书面的话语形式，对一定社会历史文化环境中的思想领域、政治领域、道德领域等领域的问题和现象，表达观点、发表意见、传递信息、广泛讨论、交流思想、捍卫辩护、反驳质疑乃至保持沉默，亦即拥有使自己创造、承认和倡导的符合自身利益诉求、价值要求和角色规定的思想观念、政治观点、道德规范等意识形态话语得以公开表达和广泛传播的机会和可能性，是普遍意义上的言论自由权在思想政治教育话语实践领域的具体体现。参与思想政治教育话语实践的话语主体和话语受众都享有话语权利，都拥有通过一定的话语体现自身主体性和意志性的机会和可能性，但表现形式不尽相同。就话语主体的话语权利而言，主要表现为他们能够自由自主地"生产和分配"一定的思想观念、政治观点、道德规范，形成一套符合自身利益要求、价值诉求和角色规定的思想政治教育话语体系，使之在思想政治教育话语场中自由流通；就话语受众的话语权利而言，主要表现为他们可以根据思想认识水平、精神文化需要、政治发展诉求等自身思想政治实际，能够就思想政治教育话语实践中的现象和问题自由发表意见、充分表达意愿，自由自主地"选择和消费"他们认同的思想观念、政治观点、道德规范，"拒绝和反驳"他们不认同的思想观念、政治观点、道德规范。当然这种区分并不是绝对的，只是在特定思想政治教育场域中所处的位置不同而表现不同，这种位置会随着社会历史条件的变化而变化。思想政治教育话语权利是自由表达、传播和选择一定思想政治观点的资格，对话语主体和话语受众的话语权利的双重尊重，既要克服话语主体盛气凌人、搞"一言堂"的桀骜态度，又要克服话语受众对话语主体轻蔑敌视、置若罔闻的散漫态度，这是思想政治教育话语实践得以互动展开、自由沟通、平等交往的前提。话语权利只是一种潜在的可能性，它肯定了思想政治教育话语实践参与者"可以自由言说"的资格，但其具体的实现程度和完善程度还受到许多复杂因素的影响，在"说了算不算"这个问题上，权力的控制和支配至关重要。

思想政治教育话语权是一种话语权力，是一种通过话语实现的影响力和控制力，强调的是一种能力。话语权力是思想政治教育话语权的深层规定。思想政治教育话语权力是指思想政治教育话语实践过程中的影响力和控制力，这种影响力和控制力表现为一定阶级、政党、社会群体，有能力使其创造和倡导的思想观念、政治观点、道德规范等意识形态话语，得以公开表达和广泛传播，取得社会成员的普遍认同，主导社会成员的思想行为。思想政治教育是在话语交往中完成的，但它并不是一种纯粹的、价值无涉的、完全平等的话语交往关系，在思想政治教育话语实践中，话语主体和话语受众处于不同的权力位置关系。

一个是说者（话语权力的施加者），处于主导和支配地位，说者通过占有、控制和支配意识形态话语资源（政策制定、机构设置、人员配备、传播渠道等），首先创造一套符合权力旨趣的思想观念、政治观点、道德规范等意识形态话语，接着声称这套意识形态话语为"真理"（这一套意识形态话语有可能本身就是真理、是科学的意识形态，如无须伪装的马克思主义；也有可能是戴着真理面具的谬论，需要具体问题具体分析）并予以大力倡导，而带着"真理"光环的意识形态话语能够在社会中畅通无阻地运行，久而久之就会成为整个社会理所当然的常识，成为事物自然而然的秩序，成为普遍认同的习俗、传统、规范、信仰，简言之，成为整个社会的主导话语，"统治思想在流行话语里结晶，流行话语使统治思想得以呈现。"[①]而不符合权力旨趣的异质话语要么被放逐、被边缘化，要么做出妥协，被同化、被吸收。"真理从不在权力之外。没有真理不是存在于权

---

① 钱冠连：《语言：人类最后的家园》，商务印书馆 2005 年版，第 130 页。

力关系的斗争中"①，真理的争夺很大程度上就是意识形态权力的争夺。权力并不是洪水猛兽，不用谈"权"色变，权力是一种强劲的力量，关键是看掌握在谁的手中，能否运用得当，权力既可能为真理保驾护航，也可能异化扭曲真理。中国共产党代表着中国最广大人民群众根本利益执掌着中国的政治权力，中国共产党坚持、倡导和发展的马克思主义是科学的意识形态，是真理性和价值性的统一，能够给人的发展和社会的发展提供科学的指引。

一个是听者（话语权力的承受者），处于从属和被支配地位，听者的思想行为界限实际上是说者所划定和设置的意识形态话语界限，听者看似能够独立自主的思考，其实一直受到意识形态话语的引导，受到一种世界观的指引，规约着听者对"我是谁？我的出身是如何？社会的角色和我在社会秩序中的地位如何？公民身份的条件和责任是什么？我怎样才能在经济体系中发挥作用？"等系列问题的思考和回答。② 这些问题既涉及人与外在的社会、政治、经济和教育系统的关系，是对他所处的外部世界的认识；又涉及一个人内在的存在感、自我身份认同感以及尊重感，是对他自身内在世界的认识。对这些问题的思考和回答都不是任意的，我们的所思所想、所说所写都是在意识形态话语划定的界限中进行的，不是在这种意识形态话语之中，就是在那种意识形态话语之中，因此思想文化领域总是存在着意识形态话语斗争。在权力更替的革命时期，有批判思维能力的人可能会首先溢出原有边界，撕开意识形态话语之网，来反抗现有的意识形态话语，产生新的有影响力的意识形态话语，那时候就会开始一个新的循环。最开始，新的意识形态话语会令人不安，需要人们颠覆原有的世界观、人生观、价值观，这是一个艰难的适应过程，也存在着不能适应的风

① ［美］艾莉森·利·布朗：《福柯》，聂保平译，中华书局2002年版，第43页。

② ［美］杰拉尔德·古特克：《哲学与意识形态视野中的教育》，陈晓端译，北京师范大学出版社2008年版，第169页。

险，关键在于新的意识形态话语与社会历史发展方向是否一致，如果是一致的，指向更好的未来的，它最终会突围出来成为社会的主流意识形态话语，主导人们的思想和行为。从世界范围来看，马克思主义之所以能够从资本主义意识形态中的强大攻势中突围，焕发出勃勃生机，确立起自己的话语权概缘于此。

"如果说一个时代有一个时代的统治思想的话，一个时代也有一个时代的一套统治话语。统治话语往往是共识的标记，我们是在共识中生活的。"①权力如浮影游墙，既强大又脆弱，它能够在政治之壁上投射出强大的影子，进而把整个世界笼罩在它的阴影之下。而权力之所以能够在政治墙壁上投射出强大的影子，就在于有一套意识形态话语之光守护着，如果意识形态话语之光熄灭，被统治者不再认同统治者的统治权力的合法性，再强大的权力也会轰然倒塌。也就是说，权力运作的每一个瞬间都需要意识形态话语的守护，都需要一套政治叙事来提供合法性论证，这就需要通过积极的、有概括能力的、专门的意识形态家占有精神生产资料，进行思想观念、政治观点、道德规范等意识形态话语的生产和创造。这一套意识形态话语还需要能够自由流淌、广泛传播于整个社会，得到权力承受者的普遍认同和普遍支持，成为他们思想行为的基本遵循和主导力量，此时思想政治教育话语权力才得以真正确立。思想政治教育话语实践就是意识形态话语的生产、阐释、传播和捍卫过程，思想政治教育话语权是对意识形态话语主导权的建构、维护和发展。"思想政治教育活动实际上是真理与权力的结合，这种结合不仅保持了统治思想的统治地位，而且为进行思想政治教育和提高效果提供了政治条件。"②马克思恩格斯指出的"统治阶级的思想在每一时代都是占统治地位的思想"、列宁强调的"当思想领导者"、

①　钱冠连：《语言：人类最后的家园》，商务印书馆 2005 年版，第 126 页。
②　孙其昂：《思想政治教育学前沿研究》，人民出版社 2013 年版，第 193 页。

中国共产党人重视的"掌握思想领导"的深刻意蕴都展现于思想政治教育话语权之中。谁掌握了思想政治教育话语权，谁就掌握了主导人们思想行为的影响力和控制力，进而就掌握了主导由人所构成的社会以及由人所推动的社会发展的影响力和控制力。

思想政治教育话语权其实就是指思想政治教育的话语影响力，这种影响力通过话语实践体现出来。具体到当代中国，思想政治教育话语权是指中国共产党及其成员，有资格、有能力通过有目的、有计划、有组织的话语实践，使自己坚持和发展的以马克思主义为指导的社会主义意识形态话语，得以公开表达和广泛传播，取得社会成员的普遍认同，主导社会成员的思想行为，是话语权利和话语权力的统一。思想政治教育是党和国家事业的重要组成部分，党和国家掌握了思想政治教育话语权，就意味着掌握了"将马克思主义的社会意识形态有效转化为当代中国社会的主流意识形态、将马克思主义的思想理论成果内化为社会公众的思想理论素质"① 的资格和能力。推进思想政治教育话语权建设就是要激活马克思主义的吸引力、影响力和凝聚力，使马克思主义真正成为人们的思想指引和行动指南，巩固马克思主义在意识形态领域的指导地位，巩固全党全国人民团结奋斗的共同思想基础。

三、思想政治教育话语权的基本特征

（一）主导性与多样性

辩证的视野是矫正偏见的一服良剂，以辩证的视野来看待思想政治教育话语权面临的首要问题就是主导性和多样性的统一问题。在思想政治教育话语实践过程中，我们可以发现"自由过少带来停滞，过多则导致混

---

① 沈壮海：《思想政治教育学科建设的关键词》，《思想理论教育导刊》2010 年第 10 期。

乱"①的现象存在，即通常意义上讲的"一收就死，一放就乱"的尴尬现象。思想政治教育话语实践的顺利展开，一方面需要集中控制以避免陷入思想混乱和无休止的争斗，形成一定的话语秩序和话语共识，"在一切社会交往中，至少在周期性的或'定型的'社会互动中，社会控制是固有的"②，思想政治教育话语实践也不例外；另一方面需要唤醒个人和群体的积极性以克服思想僵化和停滞，减少人们对思想政治教育话语实践的倦怠感和冷漠感，保持思想的鲜活力和生命力。这就决定了思想政治教育话语权始终存在着一个非对称和相对平衡的问题。思想政治教育话语权具有话语权利和话语权力的双重意蕴，是主导性和多样性的统一。

主导性是指"事物在特定场域系统中依循特定规范与方向、通过特定现实条件居于主导地位、发挥主导作用的本质及特点"③，作为一种话语权力，思想政治教育话语权体现了话语主体对话语受众的思想行为的不对称的主导和支配关系，它意味着话语主体对话语受众思想行为的影响力和控制力，要远远大于话语受众对话语主体思想行为的影响力和控制力。它要求把掌握权力的阶级、政党和社会群体的思想观念、政治观点、道德规范等意识形态话语，置于整个社会的主导地位，这一主导地位通过法律或制度确立下来，成为占统治地位的意识形态话语；它要求主流意识形态话语发挥主导作用，整合和引领各类其他意识形态话语，主导人们的思想行为，提供社会价值判断标准，指引社会发展方向，最终体现和维护掌握权力的阶级、政党和社会群体的政治利益和经济利益。在我国，思想政治教育话语权的主导性体现为坚持马列主义、毛泽东思想和中国特色社会主义理论体系的指导，坚持中国特色社会主义道路和共同理想，坚持中华民族

① [英]伯特兰·罗素：《权威与个人》，储智勇译，商务印书馆2012年版，第38页。
② [美]丹尼斯·朗：《权力论》，陆震纶等译，中国社会科学出版社2001年版，第3页。
③ 任志锋：《当代中国社会主义意识形态主导性研究》，中国书籍出版社2015年版，第52页。

伟大复兴与共产主义理想，培育和践行社会主义核心价值观，建设具有强大凝聚力和引领力的社会主义意识形态，整合引领各种社会意识形态，同各种错误观点作斗争，维护中国最广大人民群众的根本利益。

作为一种话语权利，思想政治教育话语权具有多样性。"夫物之不齐，物之情也"（《孟子·滕文公》）。思想政治教育话语权承认话语主体内部、话语主体和话语受众之间，基于自身社会角色、利益诉求、价值观点、政治立场、认识水平、思想觉悟等方面的差异，对思想政治领域的同一个或不同的问题和现象形成多样化的观点和看法，允许不同意识形态话语之间的竞争和交锋。同时，思想政治教育话语权的多样性还表现为复合性，即思想政治教育话语权是多重的，由理论创新权、学术对话权、思想阐释权、教育引导权、思潮批判权、舆论引导权等多种权能构成，它指涉思想政治教育话语实践过程中的不同系统、不同环节、不同任务中衍生出来的复合性话语权，这一点会在思想政治教育话语权内在构成部分进行详细论述。思想政治教育话语权是主导性和多样性的统一，这就意味着思想政治教育话语权并不是一种绝对话语权，不是垄断一切、禁绝一切的话语权，而是一种相对话语权、一种优势话语权，它始终存在着缝隙，与外部世界进行着不间断的能量交换，寻求着不同力量之间的某种微妙的平衡和调节，有排斥也有包容。如果说拥有绝对话语权是1，没有话语权是0的话，那么思想政治教育话语权只能是在1与0之间徘徊，而不可能完全归于1或归于0。

（二）生产性与压抑性

思想政治教育话语权既具有生产性又具有压抑性，所谓生产性是指它会生产和创造出原来没有的某些东西，是一种肯定性的话语权力；所谓压抑性是指压抑和支配某些现有的或只是苗头性的东西，是一种否定性的话语权力。思想政治教育话语权的运行过程和运行结果均体现了生产性和压抑性，既是一个确立正确思想、破除错误思想的过程，也是一个凝聚社会共识、防止思想混乱的过程。

从思想政治教育话语权的运行过程来看，生产性表现为中国共产党会在继承中创新、坚持中发展出一套由思想观念、政治观点、道德规范等组成的、以马克思主义为指导的社会主义意识形态话语，这一套意识形态话语会为人们提供关于生活的终极意义、共享规范、价值、信仰、知识、真理等方面可触及的说明和答案，提供一种认知结构和思想框架，人们凭借这一套意识形态话语来认识、了解、改变自己的内部世界、外部世界以及自己在外部世界中所处的位置，"人们正是在意识形态的这种无意识中，才能变更他们同世界的'体验'关系，并取得被人们称作'意识'的这种特殊无意识的新形式。"①正确的思想会引导人、错误的思想会误导人，思想政治教育话语权的压抑性表现为它会压抑和控制与社会主义意识形态话语相背离的、别有用心的意识形态话语，同错误的思想观念展开斗争。我国是社会主义国家，阶级矛盾已经不是社会主要矛盾，但这并不意味着我国就完全不存在阶级矛盾，在一定条件下阶级矛盾有可能激化，而基于阶级矛盾的意识形态斗争也会随之激化。从国际大范围来看，资本主义意识形态和社会主义意识形态斗争依然激烈，意识形态领域的攻防战持续进行。社会不是铁板一块的，只要社会还有矛盾和分歧存在，就会在思想文化领域以思想的歧见体现出来，不同的社会力量会形成不同的意识形态话语。我国思想文化领域不是纯而又纯、一派祥和的，既有马克思主义思想的存在，也有非马克思主义甚至反马克思主义思想的存在。这些不同的意识形态话语会在思想文化领域展开激烈的博弈，为争夺人心而展开的思想斗争大有愈演愈烈之势。思想政治教育话语权是在斗争中确立起来的，要与形形色色的理论进行思想搏斗，要在批判的过程中消除错误思想的影

---

① ［法］路易·阿尔都塞：《保卫马克思》，顾良译，商务印书馆 2006 年版，第 230 页。

响，有效传播马克思主义，不断巩固和发展自身。

从思想政治教育话语权的运行结果来看，生产性表现为通过一系列说服机制而生产出同意和认同，形成社会共识和忠诚信仰，稳定社会秩序，"所有社会都需要某种集体认同感和共识，缺少这种共识，就会很快分崩离析。"①中国共产党及其成员并不直接发布命令，而是通过有目的、有组织、有计划的思想政治教育话语实践，提供可靠的理论依据和现实证据进行积极的说服，让社会成员通过自己的思考和评判而心悦诚服，引导社会成员把马克思主义的思想理论成果内化为自身的思想理论素质，外化为符合社会期待的行为，召唤出积极投身于建设中国特色社会主义伟大事业的社会成员，创造出积极向上的公众效应，巩固马克思主义在意识形态领域的指导地位，巩固全党全国人民团结奋斗的共同思想基础。压抑性则表现为中国共产党及其成员依托教育、宣传、文化等各条思想文化战线，通过说服、感染、暗示等方式，排除其他错误思想的干扰，把社会成员思想上的歧见和行为上的越轨控制在一定的范围之内，使之不动摇最广大人民群众的根本利益、不影响整个社会的有序运行、不偏离社会主义的发展方向。

（三）应然性与实然性

思想政治教育话语权具有应然性与实然性的双重特性，一套意识形态话语占据统治地位与其在社会上真正起支配作用，这两者之间并不是完全对等的。"统治阶级的思想在每一时代都是占统治地位的思想"②，中国共产党凭借其掌握的物质力量和政治权力，在生产、阐释、传播和捍卫以马克思主义为指导的社会主义意识形态话语的过程中占据有利的物质条件和

---

① ［英］雷切尔·沃克：《震撼世界的六年：戈尔巴乔夫的改革怎样葬送了苏联》，张金鉴译，改革出版社1999年版，第58页。

② 《马克思恩格斯文集》第1卷，人民出版社2009年版，第550页。

精神条件，既可以使社会主义意识形态话语拿到在思想市场上自由流通的门票，为社会成员营造良好的思想文化环境；又通过一系列的制度安排、法律规范、政策制定来体现和贯彻以马克思主义为指导的社会主义意识形态话语，使其上升为国家主流意识形态话语，为其提供强有力的物质支撑和政治保障，使之在社会上占据支配地位，更有机会、更有可能主导人们的思想和行为。"思想政治教育是一种制度化的思想传递、说服、支配活动，权力支持使它更有力量"①，这就是思想政治教育话语权的应然性。

然而，思想政治教育话语权是一种关系性权力，它不仅仅是话语主体意志的单方面的强制贯彻，它还需要话语受众的回应、接受、认可和跟随，思想政治教育话语权是在互动中建立起来的，而这一互动过程有一系列不确定因素介入其中，这就涉及思想政治教育话语权的实然性问题。其一，真理只有被承认为真理才能真正发挥作用，真理并非不证自明的，人们对真理的接受和承认过程是漫长的，面对旧的群体需要反复的证明，面对新的群体需要重新证明，需要不断地提供证据进行说服，如果证明不当、说服不力就不会确立起话语权。马克思主义是真理，但要使马克思主义被广大人民群众所接受，真正发挥指导作用，必须始终不渝地推进马克思主义的中国化时代化，思想政治教育话语权建设如逆水行舟，不进则退。其二，现实的人是有需要的人，话语受众作为现实的人，他们的所思所想、所作所为都与自身的需要密切相关。利益是需要的满足，马克思曾指出思想一旦离开利益就会使自己出丑，话语听众接受的意识形态话语如果不仅不会带来物质需要和精神需要的满足，还会使自己招致损失，那么他们就会质疑甚至抵抗这一套意识形态话语。社会主义意识形态代表着中国最广大人民群众的根本利益，但根本利益与具体利益并不相同，随着社会分化的不断加剧，人们的利益诉求多样化，并非所有的人的利益都能得

① 孙其昂：《思想政治教育学前沿研究》，人民出版社 2013 年版，第 193 页。

到满足，如果不进行合理的说明和工作的改进，就会滋生出抵抗力量。其三，资源优势不等于也不承诺现实的话语权。话语主体占据意识形态话语生产和传播的有利条件，但是如果没有恰当地分析、科学地运用这些条件，没有使这些有利条件真正发挥效用，那么话语主体的意识形态话语有可能仅仅停留在官方宣传的口号和条文，成为无法引起共鸣的自说自话，思想政治教育话语权就不会确立。其四，意识形态话语一旦被创造出来就具有相对的独立性，能够在一定程度上游离在话语主体的控制之外，意识形态话语在传播的过程中可能自我增殖也可能不断耗散，而话语受众对这一套意识形态话语的理解和阐释也不是整齐划一的，他们可能从中转译出符合权力意志的意义，也可能构造出不符合权力意志的意义，思想政治教育话语权有可能落空或被中断。因此自觉地推进思想政治教育话语权建设，最大限度地减少不确定因素，使潜在的思想政治教育话语权有效地转化为现实的思想政治教育话语权就成为话语主体面临的重要任务。

四、思想政治教育话语权的内在构成

深入思想政治教育话语权内部对思想政治教育话语权的结构进行剖析，有助于我们深化对思想政治教育话语权的理论认识。目前，学界对话语权的结构分析有三种不同的路径：一种是把视线落到"话语"上，从"话语要素"上来分析话语权的内在构成，如有学者认为中国共产党意识形态话语权由话语主题、话语主体、话语载体三个方面构成[1]；一种是把视线落到话语权的"来源"上对话语权进行结构分析，如有学者把媒体话语权的结构分为四个最核心要素，其中信任感（公信力、权威性、自律性）带来社会认同，吸引力（认同感、熟悉感、相似性）带来公众青睐，依赖感

---

① 杨昕：《中国共产党意识形态话语权研究》，社会科学文献出版社 2015 年版，第 53 页。

（被需要、习惯的力量、稀缺性）带来影响力，服务性（共同体、趣味性、内容为王）带来议程设置能力[1]；一种是把视线落到"权"上，从话语权的不同"权能"进行结构分析，如有学者认为意识形态话语权包括提问权、论断权、解释权和批判权[2]，实质上是对话语权的功能结构分析。三种分析路径都有其道理，就思想政治教育话语权的结构而言，笔者倾向于第三种分析路径，即把视野聚焦到"权"上，从思想政治教育话语权的功能结构方面进行分析。

思想政治教育着眼于整个社会意识形态的发展变化及主流意识形态的建构、维护和发展，是主流意识形态话语的生产、阐释、传播和捍卫过程。在我国，思想政治教育有着复杂的存在样态，它既作为一门学科从事理论研究，又作为一种教育活动的具体类别从事教学育人，还作为一种社会公共活动从事舆论宣传，思想政治教育在不同的活动领域生产、阐释、传播和捍卫主流意识形态话语，主要通过理论创新、学术对话、思想阐释、思潮批判、教育引导和舆论引导等话语实践来影响人们的思想行为，并排除异质意识形态的干扰。相应的，思想政治教育话语权则由理论创新权、学术对话权、思想阐释权、思潮批判权、教育引导权、舆论引导权构成。

（一）理论创新权

理论创新是在理论自主的基础上进行的思想政治教育话语的创造更新。没有理论自主，就没有理论创新。理论自主权指思想政治教育研究者"在话语行动中的主体性、自主性、自决性和能动性等资格或能力"[3]，指

---

[1] 张国庆：《媒体话语权：美国媒体如何影响世界》，中国人民大学出版社 2012 年版，第 8 页。

[2] 侯惠勤：《意识形态话语权初探》，《马克思主义研究》2014 年第 12 期。

[3] 郑杭生：《学术话语权与中国社会学发展》，《中国社会科学》2011 年第 2 期。

思想政治教育研究者在理论的创新创造中能够充分发挥主观能动性，根据自身的理论旨趣自由自主地选择研究问题、鉴别和使用理论资源、展开理论反思和理论纠偏。理论创新权是指思想政治教育研究者把"思想政治教育本身"以及"思想政治教育过程中的问题和现象"课题化，从学理的角度，运用科学的方法深入思想政治教育话语实践所开启的特定内容，通过判断、推理等逻辑思维形式，从理论上提出思想政治教育的基本命题、凝练思想政治教育实践经验、把握"思想政治教育产生发展的规律、社会意识形态形成发展的规律、个体思想品德形成发展的规律、思想政治教育过程运行的规律、有效开展思想政治教育的规律"[1]，赋予特定事物、事件、活动以思想政治教育意义，创造并更新以概念、范畴、命题、象征符号等构成的有逻辑、有规范、有条理、有系统的思想政治教育话语体系。

理论创新是一种常常被赋予崇高荣誉但又不易达到的活动，一般具有两种形式：一种是在长期积淀的基础上，如建筑房屋一般，一点一点地堆高，属于积累性、渐进性、更新性创造，是理论创新的常态；一种是依赖个别学人的顿悟，取得的突破性进展，这在思想活跃、激扬文字的思想大发展时代容易出现。当前，中国的发展为思想政治教育的理论创新提供了良好的契机和广阔的发展空间，思想政治教育学人应以强烈的责任感和使命感投入到理论创新中，勇于突破理论沉疴，敢于发起理论挑战，处理好积累与创造的关系，提出新理念、凝练新话语，为思想政治教育的稳健发展注入活力。

（二）学术对话权

学术对话是一种自由平等地讨论问题、交换意见、凝聚共识的学术交

---

[1] 刘建军：《论思想政治教育规律研究的基本任务》，《马克思主义理论学科研究》2016年第4期。

往形式，既敞开自我又接纳他者，对保持学术宽容、尊重思想差异、严防理论独断具有重要意义。创新创造出来的思想政治教育话语，并不是停留在著作或者论文中的死文字，话语一旦被生产出来并获准进入思想市场，就会与其他观念产生碰撞、进行交流、产生对话。思想政治教育属于人文社会科学的一部分，它有自己独特的研究领域和研究对象，但从根本意义上都是指向"人"的研究，学术对话是学术场域中的常态，"拿两个彼此一无所知的他人表述来对比，只要它们稍微涉及同一个主题（思想），彼此便不可避免地要进入对话关系。它们在共同主题、同一思想的疆域内相互接触。"①

"有了学科，也就等于有了进行比较的共同平台和尺度"②，思想政治教育的学术对话权是指思想政治教育者在学术场域中展开对话的资质和能力，要求思想政治教育的学术研究在选题、论证、引用、写作等方面遵循学术界一般公认的、比较标准的学术规范，立足于学术研究质量，注重研究的创新性，制定一套公正合理的鉴定评判学术成果的标准，并在一定的学术传播平台展示，展开学术交往，引发学术共鸣。思想政治教育的学术对话权有三个层面的规定性：其一，思想政治教育学科内的学术对话，指思想政治教育学术共同体之间展开的学术对话，不论是长期耕耘的权威专家还是初来乍到的学术新人，都可以就思想政治教育共同的学术主题交换意见、展开讨论。其二，国内不同学科间的学术对话，指思想政治教育学术成果能够跨越学科障碍、打破学科壁垒，以平等的学科地位进入中国人文社会科学的学术话语平台，公开表达、自由讨论、展开合作、接受质询，使思想政治教育能够在学术场域中占据一席之地。其三，国际范围内的学术对话，主要是通过比较思想政治教育的研究来实现的，指思想政治

---

① ［俄］巴赫金：《巴赫金全集》第 4 卷，钱中文主编，白春仁等译，河北教育出版社 1998 年版，第 318 页。

② 刘建军：《以学术研究提升学科尊严》，《思想理论教育导刊》2014 年第 5 期。

教育学术成果能够超越国别、地区的地域局限，就人类社会中的思想政治教育现象提出问题、做出论断、赋予意义、进行比较，在更大范围内、更高层次上展开学术对话和精神交往。

（三）思想阐释权

阐释是一种面向文本、面向时代、面向大众的理解和应用，"当人们面对充满疏异性文本企图获得理解时，确当的阐释能够给予清晰且有说服力的解释和说明，文本意义得到正确判断和理解，阐释获取合法身份。"[1] 马克思主义（包括马克思主义基本原理和马克思主义中国化理论成果）既是思想政治教育话语实践展开的指导思想，又是思想政治教育话语实践的核心内容，对马克思主义的思想阐释权是思想政治教育话语权的重要组成部分。马克思主义并不是自明的，而是需要阐明的，在一个以马克思主义为指导思想的国度，马克思主义的社会曝光度高，与人们的思想接触面也很大，人们对马克思主义有耳濡目染的成分在里面，但这并不意味着人们就能够自动理解马克思主义的真意。邓小平曾指出"多年来，存在一个对马克思主义、社会主义的理解问题"[2]，这一论断到今天依然具有现实意义。对马克思主义的阐释构成思想政治教育的思想阐释权，具体包括两个方面的内容。

其一，对马克思主义基本原理的公共性阐释。这是对"什么是真正的马克思主义"的解释权的争夺，体现为通过认认真真、原原本本地研读马克思主义经典著作，正确地阐释文本，通过我们的理性思考努力去剔除偏见，祛除强加在他们身上的歪曲、误解和污蔑，以深刻领会作者的原意，阐幽发微其当下意义，把理论讲清、把道理说明，实现"认知的真理性与

---

① 张江：《公共阐释论纲》，《学术研究》2017 年第 6 期。
② 《邓小平文选》第三卷，人民出版社 1993 年版，第 291 页。

阐释的确定性"①。其二，对马克思主义中国化理论成果特别是最新理论成果的科学阐释。体现为以高度的理论敏感、坚定的政治立场、正确的思想方向，对毛泽东思想和中国特色社会主义理论体系进行准确、全面、有效的分析、阐明、陈述和解释，把握政治形势和时代脉搏，阐释好重大方向性问题，提出适当的理论概括和严谨的学理性论证，领会其精神实质和实践要求，知其然并知其所以然，为推进中国化马克思主义理论入耳入脑入心做好思想上的准备。

（四）思潮批判权

思想政治教育话语权既不是天生的，也不是永恒的，而是在持续的思想斗争中确立起来的。我国是社会主义国家，社会主义意识形态是社会的主流意识形态，但并不是唯一的社会意识形态，有主流就有支流。社会主义市场经济的建立使经济成分多样化、经济主体多元化、利益诉求复杂化，传统社会向现代社会的转型跃迁带来的改革阵痛使社会矛盾复杂化，对外开放的不断深化和全球化进程的深度融入使思想观念的交流碰撞剧烈化，加之网络技术的快速发展为各种思想传播提供了便利条件，代表不同群体、体现不同利益、关注不同问题的社会思潮如过江之鲫、竞相登场，使我国思想文化领域呈现出多元多样多变的复杂特点，形成了多种社会思潮。

在当代中国，既有积极的社会思潮，又有消极的社会思潮；既有指向文化层面的社会思潮，又有指向政治、经济、社会层面的社会思潮；既有本土滋生的社会思潮，又有外来进口的社会思潮；既有从历史发展中流变而来的旧思潮，又有新矛盾触发的新思潮。杂糅的社会思潮在公共开放的话语空间中集散、论辩、争斗，穿着不同的马甲，不断变换着形态，形成

---

① 张江：《公共阐释论纲》，《学术研究》2017年第6期。

强劲的思想势力，与主流意识形态争夺话语权，思想文化领域盘根错节、乱栓其中。但不遇盘根错节，何以别利器乎？"批判不是头脑的激情，它是激情的头脑。它不是解剖刀，它是武器。"① 思想政治教育的思潮批判权是检验思想政治教育话语实践战斗力的试金石，它要求思想政治教育话语主体不能掩耳盗铃、刻意忽视社会思潮的存在，不能投鼠忌器、隔靴搔痒，也不能视如仇敌、一竿子全部打死。而是要以理性的批判精神，深入剖析社会思潮的思想实质以明辨是非，动态把握社会思潮的来龙去脉以科学研判，全面把握社会思潮的话语策略以合理应对，对削弱、歪曲、否定党的领导和我国社会主义制度的社会思潮要敢于亮剑、坚决打击、无情鞭挞，对反映群众合理诉求的社会思潮予以及时回应，对体现群众思想疑虑的社会思潮予以积极疏导，对社会思潮中体现出来的合理成分予以有效吸收，把针砭时弊、反映客观存在的社会问题的社会思潮作为自我检视之镜。思潮批判权是应对错综复杂的话语局面，防止错误思想的话语侵蚀，避免可能引发的思想混乱，打造风正气清的话语空间，维持安定和谐的话语秩序的重要武器，是思想政治教育话语权的重要组成部分。

（五）教育引导权

思想政治教育作为一项具体的教育活动类别，主要依托小学、中学再到大学等学校教育系统展开，学校思想政治教育是通过制度化的设置建立起来的，我国大中小学思想政治理论课都是纳入教育制度的，有专门的条例、规定、办法来规范，有地位、课时、经费、师资、阵地来保障的社会建制。思想政治理论课是思想政治教育的主渠道，以立德树人为根本任务，以青少年学生为重要对象，旨在通过教育引导，为学生打牢思想基

---

① 《马克思恩格斯文集》第 1 卷，人民出版社 2009 年版，第 6 页。

础、站稳政治立场、坚定政治方向、砥砺品德情操、提升综合素质，增加学生获得感，满足学生成长成才的需求和期待，把学生培养成社会主义合格建设者和可靠接班人。

习近平强调"思想政治工作从根本上说是做人的工作，必须围绕学生、关照学生、服务学生，不断提高学生思想水平、政治觉悟、道德品质、文化素养，让学生成为德才兼备、全面发展的人才。"①思想政治教育的教育引导权主要体现为思想政治理论课的教学引领力和塑造力，通过选拔、配备、培训德才兼备的思想政治理论课教师，编写思想性、科学性、时代性、可读性强的思想政治理论课教材，遵循教书育人规律和学生成长成才规律，通过理论疏导、比较鉴别、典型示范、事例说明、精神激励、情绪感染等丰富的、有亲和力、有针对性的教育方法和教学形式，打造"有虚有实、有棱有角、有情有义、有滋有味"的思想政治理论课，教育引导学生从人类社会发展趋势的把握中，正确认识中国特色社会主义的历史方位和光明前景，认识到马克思主义为什么是对的，认识到人类社会至今仍然生活在马克思所阐明的发展规律之中，坚定理想信念和发展信心；教育引导学生从世界政治经济格局的深刻变动中，全面客观认识当代中国、看待外部世界，了解中国特色社会主义的发展优势；教育引导学生用马克思主义的立场观点方法分析理论问题和现实问题，理性面对各种思潮和复杂的社会现象，在多元化浪潮中站稳思想脚跟；教育引导学生以强烈的社会责任感和使命感、积极的创新精神和实践精神，自觉汇入中华民族伟大复兴中国梦的汪洋大海中，做时代的弄潮儿；教育引导学生仰望星空、脚踏实地，以学习积累实力、以实力撑起梦想、以梦想激扬青春。

---

① 《习近平谈治国理政》第二卷，外文出版社 2017 年版，第 377 页。

（六）舆论引导权

"舆论工作就是思想政治工作"①，"思想政治教育职能部门特别是党的宣传机构、主流媒体担负着舆论引导的重要使命"②。思想政治教育在尚未被赋予"思想政治教育"这一名称之前，有着不同的名称，"宣传工作""宣传鼓动"就是马克思恩格斯较早用来指称思想政治教育话语实践的，可见，"宣传"是思想政治教育的基本任务之一。思想政治教育不仅是主流意识形态话语的生产过程和阐释过程，还是主流意识形态话语的传播过程，生产和阐释出来的主流意识形态话语只有通过一系列的媒介传播开来、传递出去，才能使原本仅仅被少部分人所享有的意识形态话语被广大社会成员所共有共享，以主流意识形态话语作为众声喧哗的社会舆论场中的"定海神针"，以正确的舆论导向成风化人、凝心聚力，这是"主流意识形态"之"主流"名副其实的关键所在。舆论引导权有国内国际两个向度。

从国内来看，思想政治教育的舆论引导权是指思想政治教育话语主体要坚持正确导向、遵循传播规律、把握受众心理、适应传播形势、创新传播手段，通过报纸、期刊、杂志、电台、电视、网站、微博、微信、App等传统的和新兴的大众传播媒介，宣传马克思主义基本立场、观点和方法，宣介党和国家的重大会议、重大论断、重大决策和战略部署，报道先进典型和感人事迹，塑造党和国家的正面形象，唱响主旋律、传播正能量，同时廓清模糊认识、化解怨气怨言、纠正错误认识，管控和禁止搬弄是非、颠倒黑白、造谣生事、违法犯罪等现象，引领主导社会舆论的发生发展方向，构建舆论引导新格局，实现对广大社会成员的思想引领和精神塑造。从国际来讲，思想政治教育要有世界眼光，要服从国家战略发展需要，"从社会主义中国在世界的地位、前途和命运来考虑问题"③，自觉肩

---

① 《江泽民文选》第一卷，人民出版社 2006 年版，第 564 页。

② 杨威：《思想政治教育的社会学研究》，中国社会科学出版社 2014 年版，第 215 页。

③ 温小平、符成彦：《思想政治教育叙事转向与国际传播》，《思想教育研究》2018 年第 5 期。

负起"讲好中国故事，传播中国声音"的重要使命，加强国际舆论的引导，营造有利于我国发展的国际舆论环境。国际层面的舆论引导权"要精心做好对外宣传工作，创新对外宣传方式，着力打造融通中外的新概念新范畴新表述"①，引导世界人民全面客观地认识当代中国，塑造中国的大国形象，有力地回应"中国威胁论""中国崩溃论"等错误言论，形成有利于中国发展的国际舆论环境。

---

① 《习近平谈治国理政》，外文出版社 2014 年版，第 156 页。

第三章　思想政治教育话语权的动态把握

　　思想政治教育话语权是静态和动态的统一，一方面它有其内涵、特征、结构等相对静态的表现，对思想政治教育话语权的静态分析是对思想政治教育话语权究竟是什么的理论回答；另一方面，思想政治教育话语权不是一成不变的，它有其发生发展过程，把握思想政治教育话语权的生成逻辑和博弈过程，展示思想政治教育话语权的动态图景对深化思想政治教育话语权研究具有重要意义。

第一节　思想政治教育话语权的生成逻辑

　　既没有一个全知全能的神能够睥睨一切，直接赋予思想政治教育以话语权；也没有一个命定的循环结构，让思想政治教育始终占据优势话语地位。思想政治教育话语权不是天赋的、预设的、永恒的，而是有其生成逻辑。思想政治教育话语权的生成逻辑包括真理逻辑、价值逻辑、实践逻辑、权力逻辑和话语逻辑。

一、思想政治教育话语权生成的真理逻辑

澄清思想政治教育的认识根源，理解思想政治教育的认识功能，以认识为中介，可以为思想政治教育话语权生成的真理逻辑提供论证。思想政治教育的产生有其认识根源，"思想政治教育的一项重要任务就是要引导人们正确地解决主观和客观的矛盾，使主观正确地反映客观，形成正确的思想认识。"[①] 认识活动是人类基于自身需要展开的一项重要活动，"人""猿"之所以能够相揖别，人之所以能够把自己与自然界的其他动物区别开来，有了主体与客体的区分，首要的在于人的实践活动。认识的正确性与实践的自觉性和有效性呈正相关，正确的认识能够减少实践的自发性和盲目性。自人之为人始，为了使实践活动顺利展开，更好地满足生活和生产需要，人着手处理自身与赖以生存发展的客观世界的复杂关系，开始以观念的形式主动地反映、理解、把握和再现客观世界，协调主观和客观之间矛盾的认识活动渐次展开，并随着人的实践活动的不断发展而深化。

在人的认识活动中，既有正确的认识，又有错误的认识；既有对丰富现象的感性认识，又有对抽象规律的理性把握。认识是不均等的，性质不同、层次不同的认识对实践的反作用有着方向上和程度上的差异，其中，真理"是关于'普遍必然性'的认识，是能够对某种（某些）纷繁复杂的现象做出理论性解释的认识"[②]，是对事物的本质、共性、规律等方面的正确认识，具有强大的力量。真理是一种认知图式，使世界以观念的形态展现在人们面前，并为世界提供一种合理性的解释；真理还是一种节约机制，使人们从无关紧要、琐碎繁杂、眼花缭乱的现象世界中摆脱出来，是

---

① 骆郁廷、杨威：《论思想政治教育的认识根源》，《江汉论坛》2009 年第 10 期。
② 孙正聿：《哲学：思想的前提批判》，中国社会科学出版社 2016 年版，第 209 页。

实践得以有效展开的前提条件；真理还是一种精神动力，激励着无数仁人志士为人类文明进步前仆后继。对真理的探索、掌握和运用是人类特有的能力，人们总是希望获得真理，然而在认识能力、认识条件、实践范围等复杂因素的影响下，人不是天然处在真理中，对真理的探索和掌握也并不能唾手可得，而是需要上下求索、风雨兼程的。在人类文明发展进程中，对真理抱有真诚和热情的人、对真理的演进有所贡献的人、为了守护真理而有所牺牲的人都被赋予崇高地位、拥有荣耀光环，"吾爱吾师，吾更爱真理"正是对这种情怀和追求的有力诠释。真理作为认识和实践的结果是人们展开新的认识和新的实践的思想武器和精神动力，正是真理的这份难得和珍贵，使真理代表着知识和科学的最高理念，让真理令人心潮澎湃、心生向往，使真理占据着不可置疑的高地，拥有天然的话语权。

　　不同的话语体系对真理有不同的界定和阐释，但无论这种话语体系所主张的理论观点是什么，他们都不会声称自己的主张为"谬误"，而是以"真理"的名义自冠之，自诩为普遍适用、经久不衰的知识体系和科学理念，以使人们深信不疑，不断扩大自身的思想影响力。也就是说，不管你主张的真理的具体内容是什么，真理本身的权威性是毋庸置疑和不可抗拒的。同时，不同话语体系还会为维护自身所坚持的真理而展开激烈的话语争斗，把竞争对手的理论观点斥之为"谬误"，贬低对方思想观点，削弱对方的思想影响力。对一种思想的真理性的质疑，就是对该思想的生存权的质疑，不代表真理、不具备真理性的思想就丧失了存在的根基。话语体系的建构围绕着真理，话语权的争夺在很大程度上是对真理定义权的争夺。然而，无论是自我美化的"真理"还是贬抑他人的"谬误"都不是依靠如簧巧舌和完美伪装来完成的。真理就是真理，谬误就是谬误，混淆是非虽可逞一时之能，却不是长久之计，终会被人们所抛弃。真理是主观性和客观性的统一，真理具有主观选择性、创造性和局限性，但它不依靠主观好恶和个体想象来肆意决断；真理的内容是客观的，实践作为检验真理的标准也是客观的。①

思想政治教育话语权生成的真理逻辑，生发于人们基于认识需要和实践需要对代表客观规律的真理的尊重和遵从、仰仗于马克思主义对真理制高点的占据以及马克思主义对思想政治教育话语实践的思想指导和内容支撑，这是一种连贯反映和连续映射。

"真理是代表客体规律并作为条件制约和匡正主体行为的因素。因而成功的实践过程，也是真理掌握主体，主体执行贯彻真理的过程。"②真理让人向往和尊敬，使人接受和服从，令人坚持和执行。"思想政治教育要发挥真理的魅力"③，话语的强大源于真理的支撑，而话语的贫乏在于真理的缺席，只有发挥真理的魅力才能确立起思想政治教育话语权。思想政治教育是一项说理的工作，思想政治教育面对的社会大众不是愚昧的乌合之众，也不是简单的蜂营蚁队，他们不会自绝于真理之外，而是讲理、懂理、信理、遵理的"理性人"。"思想政治教育要实现引导、规范人们行为的作用，其用以实现自身目的的思想政治教育内容，就应该具有真理性。"④人的理性发展需要真理来填充，真理对人具有强大的吸引力，只有追求理论的彻底性、占据真理的制高点，才能使人信服、俘获人心，生成思想政治教育话语权，发挥思想政治教育的影响力。

马克思主义揭示了自然界、人类社会、人类思维发展的普遍规律，是被实践所证明了的颠扑不破的真理，以马克思主义为思想指导和基本内容的思想政治教育既是对社会大众的真理渴望、认识期盼以及主客观矛盾解决需要的一种回应和满足，又是广大思想政治教育者"让马克思主义变成

---

① 参见欧阳康：《马克思主义认识论研究》，北京师范大学出版社 2012 年版，第 197—199 页。
② 李德顺：《价值论》，中国人民大学出版社 2013 年版，第 55 页。
③ 刘建军：《思想政治教育要发挥真理的魅力》，《思想理论教育导刊》2011 年第 8 期。
④ 沈壮海：《思想政治教育有效性研究》，武汉大学出版社 2016 年版，第 82 页。

人们自觉追求"这一澎湃悸动的生动展现，理应具有话语权。虽然真理光芒无法被谬误所遮挡，但真理光芒并不会自然显现，真理本身并不会不证自明，真理传播也不是不胫而走的。真理可能因为阐释者、学习者、运用者、传播者的误解、无知、固守、教条而被黯然失色，也可能面临敌对势力处心积虑的攻击、污蔑、歪曲、抹黑而负屈含冤，也可能因为传播形式、手段、方法、技术等方面的限制而偏居一隅，思想政治教育话语权的生成有赖于马克思主义真理魅力的发挥，要坚定对马克思主义的信念，以马克思主义态度对待马克思主义。捍卫马克思主义是彰显真理魅力，使思想政治教育话语权得以生成的重要条件。同时，思想政治教育要以马克思主义为指导，追求理论的彻底性、逻辑的严密性、体系的严整性、知识的客观性、方法的科学性，要透过思想政治教育变化多端、纷繁复杂的现象，以科学的思维形式、思维范畴、思维规则、思维方法探索和把握思想政治教育规律，建构具有现实解释力和思想引领力的思想政治教育话语体系，为国家治理、社会进步、人民发展提供智力支撑和思想保障。在理性的对话中赋予人们以马克思主义这一强大的认识世界和改造世界的思想武器，在对真理魅力的去蔽和彰显中，在对真理的坚守和发展中确立思想政治教育话语权。

二、思想政治教育话语权生成的价值逻辑

思想政治教育话语实践的出发点和落脚点都是现实的人，马克思认为现实的人的实践活动有两种尺度即客体尺度和主体尺度，是合规律性和合目的性的统一。如果说思想政治教育话语权生成的真理逻辑是真理魅力的彰显带来的积极的话语权效应，是"理直气壮"的表现，是客体尺度的规约。那么，思想政治教育话语权生成的价值逻辑则是基于现实的人的主体需要、价值追求、利益诉求的主体尺度的驱动，"义正词严"才能使人"从

善如流"。"'价值'是对主客体相互关系的一种主体性描述，它代表着客体主体化过程的性质和程度，即客体的存在、属性和合乎规律的变化与主体尺度相一致、相符合或相接近的性质和程度。"①对真理的探索本身是一件值得追求的事情，然而认识世界、探索规律并不只是为了占有真理，而是为了在真理的指导下改造世界，满足自身的需要和利益，体现和维护一定的价值关系。"在社会历史领域内进行活动的，是具有意识的、经过思虑或凭激情行动的、追求某种目的的人；任何事情的发生都不是没有自觉的意图，没有预期的目的的。"②思想政治教育话语权在结果上体现为对人们思想和行为的影响力，而人们之所以愿意参与到思想政治教育话语实践中来、自觉接受和主动认可思想政治教育的话语影响，则缘于思想政治教育的价值正当性和价值吸引力。

首先，思想政治教育话语权的生成有赖于思想政治教育价值正当性的说明，有赖于思想政治教育价值倾向性的合理性确证。如果思想政治教育本身存在的价值正当性、合法性被瓦解或者被取消，思想政治教育话语权又能源于何方、居于何地？正所谓"名不正则言不顺，言不顺则事不成"，思想政治教育话语权的生成需要"正名"。长期以来，思想政治教育话语实践遭受来自不同方面的质疑，或因为对意识形态本身的污名化理解，或因"非意识形态化"的思想裹挟而迁怒于思想政治教育的意识形态性，质疑思想政治教育知识和方法的科学性，撕裂意识形态与科学的内在关联性，制造虚假对立，以学术话语权消解思想话语权，消融思想政治教育作为一个学科的知识论基础和方法论基础；或因为思想政治教育与党和国家发展紧密关联的政治性，以及思想政治教育对官方话语、政策话语、宣传话语的大量陈述而被看作是"御用文人""政治传声筒""思想管制者""说

---

① 李德顺：《价值论》，中国人民大学出版社 2013 年版，第 53 页。
② 《马克思恩格斯文集》第 4 卷，人民出版社 2009 年版，第 302 页。

教者",这些质疑的不断积累和持续爆发,对于思想政治教育话语主体而言,涉及职业自信的问题;而对于思想政治教育话语受众而言,则涉及思想政治教育话语的社会可接受性问题,都不利于思想政治教育话语权的生成。这些质疑除了要求思想政治教育话语方式的改进以消除错误的刻板印象之外,更关键的质疑是以"价值中立"这一看似更有吸引力的观点和立场来取消思想政治教育话语实践中所具有的价值正当性以及价值倾向的合理性,进而试图取消思想政治教育话语权。

对思想政治教育价值正当性及价值倾向性的合理性确证有多个维度:其一,从本体维度来看,思想政治教育根植于现实的人的生存和发展,是人在处理主观世界与客观世界的矛盾中衍生的实践活动,是对人的精神发展和自我实现等价值诉求的回应和关怀。这一价值是自足的,是因思想政治教育本身产生的,不依赖他物的赋予。其二,从历史维度来看,思想政治教育的诞生和发展都服从服务于党和人民的事业,在价值预设和价值图景上倾向于党和人民是它的天然属性,这一点虽不是不辩自明的,但却是不可回避的。其三,从现实维度来看,思想政治教育在长期的实践过程中发挥着"生命线"的作用,在提振国家精神、凝聚社会共识、塑造社会公众等方面有着不可替代的实践价值。这就使建立在实践基础之上的思想政治教育学科具有区别于一般学科的特殊性,思想政治教育价值正当"所合之法"不是一般学科所要求的一般知识性的"法",而是合乎国家意志、意识形态、社会需要、人民需要这个"法"[1]。当然,这并不是说思想政治教育学科没有知识和方法方面的科学性要求,科学性和意识形态性之间尺度拿捏和微妙平衡伴随思想政治教育发展始终,这也是思想政治教育复杂性的体现。其四,从"价值中立"对思想政治教育之不成立和不可应用性

---

[1]　参见贾未舟:《马克思主义理论与思想政治教育专业的合法性问题》,《江汉论坛》2008年第1期。

来看，"凡是有某种关系存在的地方，这种关系都是为我而存在的"①，"为我性"以主体的存在和活动为出发点和归宿，实质上是一种价值尺度，也是思想政治教育话语实践展开的重要尺度。在处理"自然事实"、对客观性要求甚为苛刻的自然科学领域尚且要接受科学伦理的规约，更何况思想政治教育处理的事实是由人组成和参与的"社会事实"，人总是自觉或不自觉地带有一定目的展开活动。而"价值中立"本身也暗含着一种价值倾向，它同样预设了一幅美好的价值图景，即对思想自治和价值自由的期待。这在理想状态上是对主体性的维护，在现实中则无法弥合由利益冲突引致的价值冲突和"诸神之战"，埋下了价值分裂和价值失范的种子，最终会滑向价值相对主义的泥沼。

其次，思想政治教育话语权的生成有赖于对最广大人民群众根本利益的维护和实现，有赖于马克思主义所倡导的价值理想的感召和彰显。"'思想'一旦离开'利益'，就一定会使自己出丑。"② 现实的人是有需要的人，需要是"人的生存发展对外部世界及自身活动依赖性的表现"③。利益是需要的具体内容，是满足人们生产和发展需要的物质条件和精神条件，正是在需要和利益的驱动下，人们形成了一定的价值目标和价值追求，以对自己的思想和行为进行定向。话语是承载思想价值观念的载体，话语权是对自身思想价值观念的表达权和维护权，话语权的分裂是思想价值观念冲突的重要体现，而思想价值观念的冲突则是由于现实的分工和交往所造成的利益冲突。

在我国，利益问题对思想政治教育话语权的生成有三方面的规约：其一，阶级矛盾虽然在一定范围内还存在并在特定时期还有被激化的危险，但阶级矛盾从社会主要矛盾上的退位使最广大人民群众在根本利益上具有

① 《马克思恩格斯文集》第 1 卷，人民出版社 2009 年版，第 533 页。
② 《马克思恩格斯文集》第 1 卷，人民出版社 2009 年版，第 286 页。
③ 李德顺：《价值论》，中国人民大学出版社 2013 年版，第 44 页。

一致性，党和国家的一切工作的出发点和落脚点都是最广大人民群众的根本利益，思想政治教育作为党和国家事业的重要组成部分，在维护最广大人民群众的根本利益这一点上责无旁贷，而对根本利益的契合又是思想政治教育话语权得以生成的重要条件。对人民群众而言，根本利益是实现人的自由全面发展，即"人以一种全面的方式，就是说，作为一个完整的人，占有自己的全面的本质"[①]；对党和国家而言，是站在人民立场，沿着马克思主义探求人类自由解放的道路，朝着马克思主义所指明的一个没有压迫、没有剥削、人人平等、人人自由的共产主义理想社会的方向不断前进。建立在科学基础之上的"人的自由全面发展"和"共产主义社会"这一价值理想，是马克思主义能够冲破欧洲社会一切旧势力的理论围剿，在发展过程中令无数仁人志士前仆后继、令普罗大众心生向往的奥秘所在。对这一价值理想的坚守和发扬是思想政治教育真正切合人民群众根本利益的表现，是思想政治教育的价值魅力所在，也是思想政治教育话语权得以生成的条件。其二，根本利益的一致性并不意味着利益差异性和具体性的取消，如果不尊重多样化利益，不关心人们最直接最迫切最现实的利益问题，一味地以根本利益的一致性来架空和绑架具体利益，让具体利益不断让步乃至退不可退，触碰人们利益忍耐的底线，基于利益冲突的话语权冲突将烽烟再起，思想政治教育话语权的生成也只能停留在理想状态。其三，人是既定性和超越性的统一，"既具有着与人的当下存在现实需要直接而密切的相关性，又表现为一种超越当下存在而想着未来的无限开放性"[②]，这是价值产生的奥秘所在。思想政治教育不能停留于利益诉求的差异性而陷入价值相对主义，进而放弃思想政治教育在协调价值冲突、实现价值理想引领方面的功能。在现实生活中，人们由于受到主客观条件的种

---

① 《马克思恩格斯文集》第 1 卷，人民出版社 2009 年版，第 189 页。
② 马俊峰：《马克思主义价值理论研究》，北京师范大学出版社 2012 年版，第 67 页。

种限制，甚至面临刻意的误导，往往不能意识到自己的真正利益和长远利益所在，沉迷于眼前的"苟且"而忘却了"诗和远方"。思想政治教育要通过思想引导，"就是要使群众认识自己的利益，并且团结起来，为自己的利益而奋斗。"①要让人们意识到自己的根本利益所在以及根本利益的一致性，意识到思想政治教育对人们根本利益的维护和发展，进而在情感上和理智上接受认可思想政治教育的话语影响。

最后，思想政治教育话语权的生成有赖于价值获得感的支撑。思想政治教育是一种精神价值的生产、创造和分配过程，人们真切地享受到思想政治教育所创造的价值，感受到思想政治教育带来的积极影响，是思想政治教育话语权得以生成的条件。事莫名于有效，"获得"是一种效益，一种对主体的存在和发展有着积极作用的实在东西。人有所"获得"是指人的需要和诉求不再处于匮乏状态，不再停留于应然状态，而是转化为实然状态，作为已经实现的、有着客观形式的东西回到了主体自身。思想政治教育对人的需要和利益诉求的满足和人们对思想政治教育的满意不同，满足是思想政治教育对个人需要和利益的维护和实现，是一种"获得"；满意是对满足的肯定意识，是一种"获得感"。客观上的满足要经过主观的积极性认定才能转化为话语权，而这种转化需要切切实实的价值获得感支撑。

思想政治教育价值获得感是指"教育对象在参与思想政治教育实践活动中因实实在在地收获体验而产生的持续的正向的主观感受。"②获得感具有时代性，不同时代的人们的思想状况和利益诉求在优先序列、满足形式、发展程度等方面会展现出不同的色彩，进而对思想政治教育提出不同的要求和任务，思想政治教育话语权的生成需要跟随时代步伐满足人们的

---

① 《毛泽东选集》第四卷，人民出版社 1991 年版，第 1318 页。

② 黄冬霞、吴满意：《思想政治教育获得感：内涵、构成和形成机理》，《思想教育研究》2017 年第 6 期。

价值期待；获得感具有个体性，感受是一种隐秘的私人体验，要满足不同人的差异性精神需求和价值诉求；获得感具有层次性，"在知识层面获得知识与认知能力；在情感层面获得丰富的情感体验；在思想价值层面获得理想信念"①；获得感具有实在性，是实实在在的收获而不是虚无的口号，是人认识世界和改造世界的能力和素质的不断提升，不会因为个人简单的情绪化拒斥而价值湮灭。思想政治教育价值获得感作为一种积极的主观感受，正面反馈和映射着思想政治教育效果的有效性，是思想政治教育话语权得以生成的有效支撑。

三、思想政治教育话语权生成的实践逻辑

实践的观点是马克思主义的基本观点，对思想政治教育话语权生成逻辑的考量离不开实践的视角。马克思指出，"全部社会生活在本质上是实践的。凡是把理论引向神秘主义的神秘东西，都能在人的实践中以及对这种实践的理解中得到合理的解决。"②思想政治教育话语权并不是一种用魔术唤起的神秘力量，也不是在想象中自由驰骋的虚拟力量，而是在实践中生发的，并在实践中发挥着具体的影响力。实践对于思想政治教育话语权的生成而言具有双重意义，一方面，思想政治教育话语权生成的真理逻辑、价值逻辑与实践有着密切关联；另一方面，实践是思想政治教育话语权得以生成的根基，它向思想政治教育提出话语权要求，为思想政治教育话语权生成提供条件，思想政治教育话语要素及其话语关系在具体的话语实践中得以确立和发展。

其一，实践是指主体与客体、客观性与能动性相统一的"感性的人的

---

① 程仕波、熊建生：《论思想政治教育获得感》，《思想教育研究》2017 年第 7 期。
② 《马克思恩格斯文集》第 1 卷，人民出版社 2009 年版，第 501 页。

活动”，在思想政治教育话语权生成过程中，真理逻辑和价值逻辑与实践逻辑有着密切的关联，主要体现为三个方面：思想政治教育的真理性需要实践检验；思想政治教育的价值性需要实践证明；真理与价值的矛盾只有在实践中才能得到调适和解决。

从思想政治教育的真理性来看，实践是检验真理的唯一标准。这在马克思主义者那里已然是一个常识，但常识不等于不重要、不需要说明。思想政治教育话语权的生成有赖于思想政治教育理论的真理性以及人们对思想政治教育理论真理性的认同，人们依据什么标准来认同思想政治教育的真理性？“真理是标志主观同客观相符合的范畴”[①]，仅仅从主观方面来判定认识的真理性，只会出现“公说公有理婆说婆有理”的混乱状况，自诩的、自我宣称的真理只能是自娱自乐，丝毫不具备可信度和影响力；与此同时，人不可能离开客观实际而孤立生存，但客观实际可以离开人而自为存在着，它有着自身的系统和循环，它没有义务也没有能力把自身与主观认识相对照。单一的主观方面和客观方面都无法为认识的真理性提供证明，这时，实践作为主观见之于客观的活动就出场了。马克思指出“人的思维是否具有客观的［gegenständliche］真理性，这不是一个理论的问题，而是一个实践的问题。人应该在实践中证明自己思维的真理性，即自己思维的现实性和力量，自己思维的此岸性。”[②] 实践作为人的实际生活过程，“本身既是直接的现实，又能使正确的理论变成直接的现实”[③]，而直接的现实是可观可感的，某种认识指导下的预期目的与实践结果的对比也是可观可感的。当人们接受思想政治教育所倡导和传播的真理的引导，以提升后的思想认识展开实践，减少实践的自发性和盲目性，实现自己的预期目的时，思想政治教育理论的真理性就会被体验和证明。

---

① 欧阳康：《马克思主义认识论研究》，北京师范大学出版社 2012 年版，第 203 页。

② 《马克思恩格斯文集》第 1 卷，人民出版社 2009 年版，第 500 页。

③ 欧阳康：《马克思主义认识论研究》，北京师范大学出版社 2012 年版，第 204 页。

　　从思想政治教育的价值性来看，"实践是一切价值的根本源泉"①。思想政治教育价值的发现是在实践中完成的，人不是动物般服从自然的安排，而是在生产实践中满足着物质需要、发展着精神需要，正是人对科学理论、文化素质、道德追求、理想人格、崇高价值、精神境界等方面的追求，正是联合起来的人组成的社会对调整利益冲突、减少社会内耗、稳定社会秩序、凝聚社会共识、培育精神风尚等方面的追求才使思想政治教育价值得以发现。思想政治教育价值创造和价值理想的实现是在实践中完成的。正所谓听其言、观其行，想与做虽然不能截然分开，但想与做却是不同的东西，纸上谈兵不能带来任何实质性改变。思想政治教育价值的创造不是在想象中完成的，如果没有切实的理论宣传、思想调查、课堂教学、学术研究等实践活动的展开，思想政治教育价值则无可凭依，价值理想则会停留在头脑中无法变成直接的现实，更谈不上在价值享有过程中的价值获得感。思想政治教育的历史连续性和现实存在性是人们在实践中的价值选择的结果。自有阶级和国家以来，思想政治教育实践就展开了（哪怕以不同的名义、依靠不同的人展开），历史不过是人的实践在时间上的展开，思想政治教育之所以能够在历史长河中乘风破浪、顺流而下，至今依然发挥着不可替代的作用，就在于它在实践中满足了个人和社会发展需要，人们认可了思想政治教育的价值才让它经久不衰。

　　思想政治教育话语权生成过程中的真理与价值矛盾的调适和解决须在实践中进行。真理与价值并不是天然统一的，在更多的情形下，它们是相互冲突的。"无条件地、全面地遵循现实（包括主体和客体）的客观规律，与有条件、有目的地发挥主体能动性，以使现实及其规律为主体的发展服务，是真理原则和价值原则的不同要求。"②真理原则和价值原则的矛盾在

①　马俊峰：《马克思主义价值理论研究》，北京师范大学出版社2012年版，第53页。
②　李德顺：《价值论》，中国人民大学出版社2013年版，第217页。

思想政治教育实践中具体化为科学性与意识形态性的矛盾，这也是思想政治教育话语权生成过程中始终纠缠不清的问题，如果不能妥善地处理该问题，将会动摇思想政治教育话语权根基。比较幸运的是，当代中国的思想政治教育以马克思主义为指导思想和基本内容，马克思主义真理性和价值性的统一为思想政治教育科学性和意识形态性矛盾的解决，进而为思想政治教育话语权的生成提供了理论支撑。然而，光有理论支撑还远远不够，"价值与真理的统一，是在现实的历史活动中达到和表现出来的"①。矛盾的解决非朝夕之功，而是一个具体的历史过程，只有在具体的实践过程中不断调适，掌握好主体尺度和客体尺度之间的平衡，思想政治教育话语权才能可靠稳固。

其二，实践是思想政治教育话语权得以生成的根基，实践向思想政治教育提出话语权要求，为思想政治教育话语权生成提供条件，思想政治教育话语要素及其话语关系在具体的话语实践中得以确立和发展。

实践向思想政治教育提出话语权要求，是思想政治教育话语权生成的动力。思想政治教育发展过程中有着五彩斑斓的现象，有着诸多值得探究的问题，但由于主客观条件的限制，并不是所有现象都能作为问题提出来并被课题化，这些限制包括人的思维、能力、眼光、兴趣、情感等方面，但最根本的限制来自实践的需要。反过来说，思想政治教育话语权是被实践推向理论前台和行动前沿的，实践是思想政治教育话语权生成的动力。在计划经济时代，社会结构、社会阶层、社会利益、社会思想并没有较大的分化，思想政治教育话语权是相对隐匿的。改革开放以后，特别是当下，全球化的深度展开、市场化的深入推进、信息化的全面席卷，国内外社会经济条件的变化使思想政治教育面临着前所未有的话语权危机，为应对实践变化带来的思想政治教育的复杂变化，巩固思

---

① 李德顺：《价值论》，中国人民大学出版社2013年版，第226页。

想政治教育主导权，增强思想政治教育有效性，思想政治教育话语权才作为问题提出来。实践的需要彰显了思想政治教育话语权的重要性和价值性。

实践为思想政治教育话语权生成提供条件。马克思指出，"人类始终只提出自己能够解决的任务，因为只要仔细考察就可以发现，任务本身，只有在解决它的物质条件已经存在或者至少是在生成过程中的时候，才会产生。"①实践不仅向思想政治教育提出话语权要求，还为思想政治教育话语权的生成提供了物质条件和思想条件。就物质条件来说，科技的进步、传播媒介的更新、手段的丰富、工具的改进、平台的开拓都是实践提供的并随着实践的发展而不断发展；就思想条件来说，人们思想的独立性和自主性、思维的开放性和理智性、知识的广博性和丰富性，思想政治教育话语权建设经验教训的汲取、理论资源的积累，整个社会的心态、风尚、交流、舆论、氛围等方面的改进都是在实践中展开的。思想政治教育不是对人进行思想禁锢和意识麻痹的邪恶力量，而是启发人的思想觉悟、丰富人的精神世界的积极力量，它不害怕人的思维和理性的发展，不畏惧社会思想空间的拓展和对自由的热切追寻，相反，思想条件的改善是思想政治教育话语权得以生成的重要支撑。离开实践，思想政治教育话语权只是空中楼阁。

思想政治教育话语要素及其话语权关系在实践中得以确立和发展。思想政治教育话语要素是在实践中生成的。话语主体的认知、素质、能力、信念等方面的锻造是在实践中完成的；话语客体"内化于心，外化于行"的思想和行为转变是在实践中完成的；特定时期的话语内容的来源、选择、组织、创造是由实践发展的需要确定的；话语方式的选择和运用受到实践条件的限制；话语效果的检验和评估离不开实践；话语语境随着实践

---

① 《马克思恩格斯文集》第 2 卷，人民出版社 2009 年版，第 592 页。

条件的改变而改变。正是在思想政治教育具体的话语实践中，话语主体与话语客体通过一系列中介，以特定的话语内容和话语方式发生关联，实现信息流通和交往对话，并最终确立话语主体对话语客体的相对优势地位，实现对话语客体的思想启迪和价值引领。并且，实践的发展会把一系列新现象、新问题推到思想政治教育面前，需要思想政治教育话语主体去回应和解答，在适应和引领实践的过程中不断葆有话语权，实践是思想政治教育话语权生成过程中的最大变量。

四、思想政治教育话语权生成的权力逻辑

道不可空谈，世不可回避。思想政治教育话语权具有不可回避的政治性，思想政治教育话语权生成的权力逻辑中的"权力"是指政治权力。"'话语权'既然作为一种权力，就一定离不开政治统治权力。因为一定的阶级如果掌握了政权，一定会利用它所掌握的物质力量（包括物质化的精神力量），来为自己的统治秩序的合法性和合理性辩护。"① 思想政治教育话语权与权力是相互建构、相互赋权的关系，存在着某种循环解释。为了增强权力的效果，降低权力运行的成本，一个社会的权力掌控者会组织和动用一定的资源来进行思想的生产和分配，为自身的合法性和合理性进行辩护。一方面，"思想政治教育"作为思想的生产和分配的一种重要方式，它的产生和发展是权力运作的结果，而"思想政治教育话语权"是权力成功运作的结果，是权力关系在思想政治教育话语实践中的有效转化和成功释放，反过来为权力的畅通运行提供思想担保、价值支撑和精神保证。另一方面，作为积极结果而存在的思想政治教育话语权，它是一种话语权力

---

① 陈锡喜：《马克思主义：意识形态和话语体系》，华东师范大学出版社 2011 年版，第274 页。

并不是政治权力本身，而是一种通过话语实现的影响力和控制力，是权力在思想政治教育话语实践中的转译，是建立在权力基础之上的一种让人自愿服从的一种弥散性力量，思想政治教育话语权力更接近权威，权力是思想政治教育话语权得以生成的重要力量。

权力并不必然是恶，不应把权力看作是唯恐避之不及的瘟疫。在日常生活中，人们时常对权力保持一种警惕态度，把权力与权术、操作、生杀予夺、暴力等不好的想象联系起来，加之历史上曾出现的过度政治化给整个社会带来的灾难性的影响，使权力以一种危险形象呈现。受此影响，人们乐于在政治权力与文化、思想、学术、教育等之间进行划界，虽然事实上并不能截然分开，但似乎离开政治权力就会在真理和道义上占据高地。思想史中关于权力德性的探讨有不同的观点，一种是以柏拉图、亚里士多德等为代表的权力理想主义，主张权力之善，认为权力是对公共幸福和公共利益的保护；一种是以霍布斯、洛克等为代表的权力契约主义，认为权力是必要的恶，是为了克服人性弱点，以可接受的恶制止更大的恶而达成的公共契约关系；一种以施蒂纳、蒲鲁东为代表的无政府主义者，认为权力是绝对的恶，是剥削人、镇压人的专横暴力，是对自由的扼杀；一种是以伊斯顿、普兰查斯为代表的行为主义"纯科学"价值中立说。[1]

马克思主义认为，权力是阶级冲突和协调的产物，权力的产生是"这些经济利益互相冲突的阶级，不致在无谓的斗争中把自己和社会消灭，就需要有一种表面上凌驾于社会之上的力量，这种力量应当缓和冲突，把冲突保持在'秩序'的范围以内；这种从社会中产生但又自居于社会之上并且日益同社会相异化的力量，就是国家。"[2]这里的国家就是国家权力，是

---

[1]　参见唐士红：《权力的善恶之辩——西方权力德性思想之镜像演进》，《太平洋学报》2010年第12期。

[2]　《马克思恩格斯文集》第4卷，人民出版社2009年版，第189页。

权力的集中体现方式。权力是维持统治阶级利益的国家强制力量，权力的善恶并不是建立在抽象人性的基础之上，而是建立在实践的基础之上。问题的关键并不是给权力下一个先天的善恶判断，而是看权力由谁掌握以及权力的运行方式和结果。如果权力必然是恶，无产阶级浴血奋斗去争取权力又为哪般呢？无产阶级通过暴力革命推翻资产阶级的统治，并利用自己已经取得的政治统治来创造一个更美好的未来。权力成为变革社会旧的生产关系和旧的思想关系的力量，是最终走向共产主义社会的垫脚石。在我国，中国共产党领导中国人民经过艰苦卓绝的革命，建立了社会主义制度，并在实践中不断坚持和完善社会主义制度，坚持"权为民所赋""权为民所用""权为民所察"的人民主体立场，规范权力的运行，使权力成为还社会以公正、秩序、安全的积极力量。为把人民从腐朽的思想关系中解放出来，为社会主义革命、建设和改革提供思想保障，思想政治教育应运而生、因时而进。

在某种程度上讲，思想政治教育话语权是政治权力主体制造的副产品，思想政治教育话语权的生成离不开权力支撑。其一，思想政治教育话语权是权力在思想领域的延伸，是权力为了减少它的僵硬性和强硬性而采取的一种变通方式和潜隐方式。思想政治教育话语实践是在一定权力的支配下运行的，现实的权力关系规定着思想政治教育话语权的实质，思想政治教育话语权的建构要符合权力旨趣。我国是工人阶级领导的、以工农联盟为基础的人民民主专政的社会主义国家，党和国家的路线方针政策是思想政治教育话语内容的重要来源和基本构成，社会主义意识形态是我国的主流意识形态，这就决定了我国的思想政治教育话语权体现的是社会主义意识形态话语主导权，违背四项基本原则这一我国政治底线的思想和行为将被禁止和排除。其二，权力为思想政治教育话语权的生成提供制度、政策方面的保障。思想政治教育学科的建立本身就是正式的制度性授权，"思想政治教育学科准入最主要的机制是合政治性。正是在国家权力的作用下，思想政治教育获得了学科的'入场券'。"[1] 同样，在思想政治理论课方面，无论是课程设置的调整、课程方案的制定，还是学科博士点的设立，无论是以中央工程（马工程）的形式支持教材建设，还是以政策文件的形式推动改善思想政治理论课教师的条件，中央的直接介入显示了强大的政治力量 [2]。也就是说，权力不仅为思想政治教育话语实践的发展提供顶层设计，规定着思想政治话语权的方向和目的，权力还组织和分配着社会资源，在教育制度、学科建制、机构设置、教材建设、人员配置等方面，为思想政治教育话语权的生成提供物质条件和精神条件。

五、思想政治教育话语权生成的话语逻辑

话语是一定社会文化环境中行动着的语言，是言说方式和言说成品的统一。思想政治教育话语权是对意识形态话语主导权的捍卫，话语是承载了一定意识形态的话语，意识形态是通过一定话语来表现的意识形态，"不论人的头脑中会产生什么样的思想，以及这些思想什么时候产生，它们只有在语言材料的基础上、在语言的词和句的基础上才能产生和存在。没有语言材料、没有语言的'自然物质'的赤裸裸的思想，是不存在的"[3]，话语和意识形态是互为表里的。话语的力量来自其身后意识形态所具有的思想力量（包括真理力量和价值力量），思想对话语而言具有优先性，然而这并不意味着话语不重要，如果说真理是求真、价值是至善，那么话语的运用则是臻美，是一种锦上添花。话语的力量不需要被神化和崇拜，但

---

① 周国平：《学科准入与分等视野下学科的合法性危机探讨——以思想政治教育学科为例》，《教育发展研究》2012 年第 2 期。

② 参见刘建军：《全面把握思想政治理论课建设的基本规律》，《思想教育研究》2017 年第 4 期。

③ 《斯大林选集》（下），人民出版社 1979 年版，第 527 页。

需要正视和理解，思想政治教育话语权离开话语的运作是不可能成立的。

从言说成品来看，话语作为一套语言符号系统，使思想政治教育的意义得以有形呈现。社会存在决定社会意识，社会意识反映社会存在，但社会意识并不是对社会存在的直接现实呈现，人们固然可以通过眼耳口鼻手等感觉器官对社会存在做出直接的零散认识，但社会意义的整体呈现和深刻表达要依赖一定的语言符号系统。"观念不能离开语言而存在。"[①]"主体的思想、观念，是通过符号的意义而与一定客体的信息内容发生关系的。一定的客体信息是作为一定符号的意义而成为一定主体的思想内容的。"[②]同样的，在思想政治教育中，一定的阶级、政党、社会群体创造和倡导的思想观念、政治观点、道德规范，是用不同概念、范畴、判断、理论框架等思维工具，以一定的规则和方式有序地形成具有一定结构和层次的话语链条，来概括地反映社会存在中一般的、普遍的东西，以实现对社会存在的观念呈现和意义把握，使社会存在能够顺利地进入主体的意义世界，被主体所接纳和理解，并在人与人的精神交往中沟通有无、在历史发展中延续流转。思想政治教育者要从马克思主义经典作家的著作、党和国家政策文本、相关学术理论、日常生活中的公众话题以及社会实践的经验积累和理论提升中，凝练和创造一系列能够把握时代、足以打动人心的专有名词、概念范畴、核心话语，形成相对完善的话语体系。而每一个特定的名词和概念搭配着对它进行解释的形容词和定语，加以长期性的、反复性的、多角度的、多层次的传播、评述、强化，可以使社会存在的意义呈现以一定的形式和特定的形象在人们的头脑中沉淀下来，引发人们的合理想象，以实现对人们的思想引导和价值引领，使特定的阶级、政党、社会群体拥有广泛深厚的社会基础。这并不是对社会意义延展性的切断和人的超

---

① 《马克思恩格斯文集》第8卷，人民出版社2009年版，第57页。

② 欧阳康：《马克思主义认识论研究》，北京师范大学出版社2012年版，第149页。

越性思维的剥夺，相反，它只是提供了一种示范性、启发性、召唤性、共识性的思想观念，它具有弹性和包容性，允许异见的存在，并在对异见的批判和吸纳过程中不断发展。

从言说方式来看，同样的话语内容，采取不同的言说方式，就可能产生不同的话语效果。思想政治教育话语权体现为一种说服力，不同的话语效果直接意味着思想政治教育话语权的有无，而说服力有赖于强大而有效的话语表达力。这就涉及话语运用的艺术化和技巧化，修辞是其集中体现。"修辞就是人们根据具体的言语环境，有意识有目的地组织建构话语和理解话语，以取得理想的交际效果的一种言语交际行为。"[1]修辞并不是巧言令色、浮夸卖弄、文过饰非的投机和欺骗行为，而是"在每一事例上发现可行的说服方式的能力"[2]；修辞也不局限于诗歌、散文、小说等文学作品中修辞格和修辞手法的运用，凡是需要话语运用以达到理想的交际效果的地方如演讲、辩论、课堂教学、新闻传播、学术写作等，修辞都会积极地参与进去并彰显价值，"熟练的修辞者可以使真理彰显，使正义得到伸张，可以使人把事情表达得通俗易懂，可以使人验证对立的事情，驳倒对方，提供有效的辩护。"[3]当前，国内外话语形势的变化使思想政治教育话语权的生成变得愈发艰难，人们经受着五彩斑斓的思想洗礼，注意力鲜有在一件事或者一个理论中长久驻留，别说鹦鹉学舌般地采用一些陈词滥调来滥竽充数，就是抓耳挠腮、挖空心思、花样翻新都并不保证一定会吸引到人们的注意力，使思想政治教育有效地发挥话语影响力。"如果说，我们在过去通过引证经典著作就可以取得共识的话，那么在今天，别说政治说教行不通，就连稍稍缺乏独创性论证的意识形态作品也难以产生影

---

① 陈汝东：《新兴修辞传播学理论》，北京大学出版社 2011 年版，第 2—3 页。
② 苗力田主编：《亚里士多德全集》第 9 卷，中国人民大学出版社 1994 年版，第 338 页。
③ 陈汝东：《新兴修辞传播学理论》，北京大学出版社 2011 年版，第 132 页。

响"①，因此任何可能的策略和措施都应该纳入考虑的范围。"酒香也怕巷子深"，修辞并不是舞文弄墨、故弄玄虚、拐弯抹角来冒充民间风格、摆出渊博模样、掩盖无知浅薄，而是在遵守修辞道德的基础上，根据修辞者的立场、目的，结合听者或读者的思想实际和生活实际，在具体的修辞情境中采用恰当的修辞策略，使话语表达更准确、更有力、更生动，增强话语内容的说服力。毋庸置疑，理论的真理性、价值的正当性、实践的根基性、权力的支撑性对于思想政治教育话语权的生成而言有着更为根本的意义，具有先在性和优先性，但积极有效的话语运用能够扫除沟通过程中的一些障碍，使真理和价值更为顺利地到达听者或读者，在实践中生成思想政治教育话语权。

第二节　思想政治教育话语权的动态博弈
——以历史虚无主义为例进行分析

"花繁柳密处拨得开，才是手段；风急雨狂时立得定，方见脚根。"②思想政治教育话语权不是自娱自乐、自我宣称的，而是要在开放的话语场域中接受风雨洗礼、展开思想博弈的。思想政治教育话语权的建构不仅要考虑自己如何做，有什么选择，还要考虑别人怎么做，别人的行动是思想政治教育话语权建构行动的重要参照。"博弈论研究的对象是理性的行动者或参与人面对他人，如何选择策略或如何作出行动的决定的。"③博弈是

---

① 侯惠勤：《马克思的意识形态批判与当代中国》，中国社会科学出版社 2012 年版，第 425 页。

② （明）陈继儒：《小窗幽记》，李竹君等注，华夏出版社 2006 年版，第 2 页。

③ 潘天群：《博弈生存》，凤凰出版社 2010 年版，第 1 页。

一个多方力量相互作用的过程，人们的行动只要涉及互动决策过程就可以看作博弈过程，这里讲的话语权博弈并不是严格意义上讲的、完全遵循某一理论模型的博弈，而是更多地取"博弈"的互动竞争之义，试图展现思想政治教育话语权生成和发展过程中同其他思想或理论展开话语竞争，最终确立起自己的话语优势，掌握话语权的动态图景。在一个自由开放的国度，思想文化领域不是如死水一般平静的，而是或潜或隐地涌动着各种力量，各种力量的对比和博弈决定着话语权的最终归属。思想政治教育话语权是主流意识形态的话语表达和语力彰显，思想政治教育话语权的确立需要与形形色色的非主流意识形态进行思想博弈，你来我往的话语权博弈是思想政治教育话语权的常态。

在我国当下的话语场，思想政治教育要建构、维护和发展的主流意识形态是社会主义意识形态，而思想文化领域却现实地活动着历史虚无主义、新自由主义、民主社会主义、文化保守主义等与主流意识形态相左的、繁杂的社会思潮，各种社会思潮的一个显著特征就是积极参与话语权博弈，使自己在话语格局中占据一席之地，以便"占领社会意识的制高点，从而更广泛和更有效地对社会思潮进行传播并更大范围地影响民众和介入现实。"①这部分以思想政治教育与历史虚无主义之间的话语权博弈进行案例分析，展示思想政治教育话语权的动态博弈过程。历史虚无主义有泛指和特指两种，一般意义上是指"集主观主义、相对主义、解构主义和反历史性等特点于一身"②的虚无历史的思潮，特定意义上是指"歪曲否定中国近现代史、党的历史、新中国历史的历史虚无主义，其歪曲否定的重点对象是中国共产党历史。"③本研究是在特定意义上使用历史虚无主义概念

---

① 朱汉国等：《当代中国社会思潮研究》，北京师范大学出版社2012年版，第52页。

② 杨金华：《历史虚无主义的生成机理及其克服》，中国社会科学出版社2015年版，第5页。

③ 齐彪：《深入理解和全面把握反对历史虚无主义的重大课题》，《中共党史研究》2016年第4期。

的。面对纷繁的社会思潮，本研究选择历史虚无主义作为分析的对象，主要基于以下几点考虑：

首先，历史虚无主义是近年来影响颇大，流毒甚深的一种社会思潮，需深入剖析，以历史虚无主义进行典型性分析，可以避免广撒网导致的不深入问题。其次，历史虚无主义通过肆意歪曲历史、抹杀历史真相来颠倒黑白、混淆视听，试图搞乱人们的思想，侵蚀社会主义意识形态，为消解和应对历史虚无主义的错误影响，思想政治教育者与历史虚无主义者之间展开了长时间的话语权博弈，这一互动过程有迹可循。最后，思想政治教育话语权作为理论创新权、学术对话权、思想阐释权、思潮批判权、教育引导权和舆论引导权的复合性整体，有着多种表现。历史虚无主义作为一种社会思潮，思想政治教育与之展开话语权博弈，直接体现为思潮批判权，不仅如此，历史虚无主义还渗透到学术研究领域、思想阐释领域、教育领域、社会舆论领域等各个领域，与思想政治教育展开话语权斗争，以历史虚无主义为案例进行分析，可以相对全面地展示思想政治教育话语权的运行概况。

为争夺话语权而展开的"论与驳""述与评""诘与辩"等话语博弈，是就某同一公共议题，有意见分歧的两个或两个以上的参与者，公开进行的话语辩护和反驳。历史虚无主义在我国是一度甚嚣尘上的错误思想，思想政治教育者对历史虚无主义持鲜明的否定态度，一经发现有历史虚无主义倾向或苗头的思想都会保持足够的警惕并作出及时的反应。思想政治教育与历史虚无主义的话语权博弈大体上是"挑战—回应"模式，即历史虚无主义对主流意识形态发起挑战，思想政治教育者积极回应挑战以捍卫主流意识形态。本研究对思想政治教育与历史虚无主义的话语权博弈的具体分析，以思想政治教育对历史虚无主义的回应性批驳为主视角，兼论历史虚无主义，并从主体参与及媒介占用（谁在说？通过什么媒介说？）、议题设置（说什么？）、框架建构（怎么说？）、效果评估（说得怎么样？）等思想政治教育话语权得以生成的基本环节展开。

一、主体参与及媒介占用

主体参与和媒介占用解决的是"谁在说"和"通过什么媒介说"的问题。历史虚无主义主要在学术领域、教育领域、舆论领域、文艺领域泛滥，作为一种社会思潮，历史虚无主义"通常是从知识分子群体发端，推向或大或小的社会层面进而影响到生活世界与民众心理的思想运动。"①即知识分子倡导和推行，社会大众跟随认可。历史虚无主义的媒介占用主要有传统的大众传播媒介包括报纸、电视（影视作品）、书籍（学术著作、文学作品）、期刊、杂志等，新兴的大众传播媒介包括微博、微信公众号、App等，人际传播媒介包括课堂、演讲、论坛等。

公共传播媒介使用具有工具性和开放性，历史虚无主义可以用，思想政治教育也可以用，但在媒介使用上各有优势。历史虚无主义只需在意识形态领域撕个小口、挖个蚁穴、凿个小孔就能快速流窜，既能以相对严整的形式进行传播，又能采取碎片化、简单化的形式如政治段子、网络笑话、小道消息、谣言等形式传播，可以语焉不详、模棱两可、真假混杂。它并不需要构建一套无懈可击的说法，只需埋下怀疑的种子就达成目的。而思想政治教育以政治权力为依靠，在资源、物质、平台等方面占据优势，可以通过党媒党报党刊、政府网站、政务微博、央视等主流渠道，权威发布、滚动播出各类公告、政策、新闻报道、专题评论等，这些传播媒介是历史虚无主义无法染指的。但思想政治教育的任务更为艰巨，它要构建意识形态安全之堤，而在意识形态领域，无序比有序总是更容易达成，建设比破坏更为艰难。建构者需要做的比破坏者需要做的更多，建构者需

---

① 高瑞泉主编：《中国近代社会思潮》，华东师范大学出版社1996年版，第12页。

要追求完整性、一致性，以致近乎完美的执着，哪怕丝毫的疏忽都可能沦为把柄。历史虚无主义者随手扔下的一个"思想炸弹"，思想政治教育就需要组织大量的人力、物力去"拆弹"，消除不利影响，真可谓"破坏一张嘴，修复跑断腿"。思想政治教育多以"官方话语"的形式出现，而历史虚无主义则更多以"民间话语"自居，高举弱者的武器来进行对抗。社会成员对于官方话语和民间话语的心理容忍度是有差异的，官方代表权威，民众对它的心理期待高，一旦出错，哪怕是轻微的瑕疵，也会掀起较大的争议，而民间话语面对社会大众营造了"这是我们共同的声音"的身份认同假象，即使最终被证明是错误的或者是不恰当的，也会更容易取得谅解。正因为各有优势，才有了对局和博弈的可能性，如果一方完全占据压倒性地位，博弈过程就会终结。虽然各有优势，但我们相信邪不压正，经过持续不断的思想斗争和话语权博弈，历史虚无主义终将失去话语空间。

在我国，思想政治教育话语主体是中国共产党各级党组织及其成员，他们分布在宣传、教育、科研、新闻、文艺、出版等不同领域。针对历史虚无主义在思想文化领域的泛滥以及可能带来的思想政治危害，参与话语权博弈的力量主要有权力主体和文化精英，他们适应媒介融合态势，运用一切可以利用的传播媒介对历史虚无主义进行揭露、批判和抵制。

反对历史虚无主义的权力主体包括党和国家领导人以及国家机构。历史虚无主义有着明显的政治诉求，即"以'重新评价'历史为名，侧重于从美化帝国主义与封建主义，歪曲革命的历史，否定社会主义的历史和中共的历史入手来达到丑化中国共产党的领导和社会主义制度的目的。"①权力主体在整个社会中占据政治高点，掌握着充分的政治资源，拥有着与其他主体不可比拟的话语分量、话语公信力和话语影响力。其中，党和国家

① 朱汉国等：《当代中国社会思潮研究》，北京师范大学出版社 2012 年版，第 256 页。

领导人主要通过重要会议、重大活动发表讲话，表达党和国家的集体最高意志，表明政治态度和政治立场，奠定反对历史虚无主义的政治基调，发挥着顶层设计和宏观控制的战略作用。如邓小平针对"非毛化"这一历史虚无主义的表现形态，指出"如果真搞'非毛化'，那就要犯历史性的错误"①，提醒我们要正确对待毛泽东同志和毛泽东思想。江泽民指出"任何割断历史，采取虚无主义的态度，借口'改革'而否定党的优良传统的做法，都是错误的。"②党的十八大以来，习近平在多个场合发表讲话，揭露历史虚无主义的错误和危害，旗帜鲜明地反对历史虚无主义，如在新进中央委员会的委员、候补委员学习贯彻党的十八大精神研讨班上的讲话中对改革开放前后两个历史时期的正确认识、对苏联解体中历史虚无主义影响的警醒、对毛泽东同志和毛泽东思想的正确评价，等等。

国家机构也是反对历史虚无主义的重要力量。2015 年底至 2016 年中，北京市两级人民法院先后就涉及历史虚无主义的四起民事侵权案件做出了四份民事判决书。2018 年 4 月 27 日，十三届全国人大常委会第二次会议，全票表决通过了《中华人民共和国英雄烈士保护法》，以法律的形式保护英雄烈士的姓名、肖像、名誉、荣誉，禁止歪曲、丑化、亵渎、否定英雄烈士的事迹和精神，禁止宣扬、美化侵略战争和侵略行为。有关部门运用审查和监督的权力，控制历史虚无主义进行大众传播的途径，减少其传播受众，防止其进一步扩散，如对抗日"雷剧""神剧"等影视作品的限制，对试图颠覆社会主义制度、宣扬历史虚无主义错误观念的书籍、期刊、杂志、电子书进行封禁、下架，对污蔑英烈的短视频、视频、图片、表情包等进行整顿和取缔。

---

① 中共中央文献研究室编：《邓小平年谱（1975—1997)》（下），中央文献出版社 2004 年版，第 725 页。

② 中共中央文献研究室编：《江泽民思想年编（1989—2008)》，中央文献出版社 2010 年版，第 8 页。

在与历史虚无主义进行话语权博弈过程中，国家机构以行政和法律的手段捍卫主流意识形态，对明显触及法律法规的行为给予直接打击，具有强制性，效果显著，但略显僵硬，易引起反弹。历史虚无主义更多的是思想认识问题，并不会全部上升到法律和行政管理的层面，习近平指出"对一般性争论和模糊认识，不能靠行政、法律手段解决，而是要靠马克思主义真理的力量，靠深入细致的思想政治工作，用真理揭露谎言，让科学战胜谬误。"①因此，与历史虚无主义展开话语权博弈的更多的是以知识分子为主体的文化精英，由思想政治教育者通过理论研究、宣传教育和舆论引导等多样渠道、多种载体来实现。

历史研究是一个专业性非常强的领域，不占有相当的历史资料、不经过系统专业的学术训练是很难得到学术共同体的认同并取得就相关历史问题发表意见的资格和能力的，也就是说，在历史问题上的话语权有赖于一个人的知识来源、学科背景。同样，优秀文艺作品的创造也需要一定的文化能力和文化资质。文化精英掌握着文化资源，他们借助于专业领域的权威，通过出版著作等学术探讨方式，通过演讲、报告、课堂教学等人际传播方式，通过传统的电视、广播、报刊、纸媒以及新兴的网站、自媒体等大众传播方式对历史虚无主义进行揭露和批判，通过文艺作品创造等艺术化处理方式进行正面宣介。

从出版的著作来看，包括杨金华《历史虚无主义的生成机理及其克服》（中国社会科学出版社 2015 年版）、朱汉国等《当代中国社会思潮研究》（北京师范大学出版社 2012 年版）、梁柱等主编《警惕历史虚无主义》（中央编译出版社 2007 年版）、程馨颖《历史虚无主义对当代大学生的影响研究》（中国社会科学出版社 2016 年版）等等。从大众传播来看，主要通过光明

---

① 中共中央文献研究室编：《习近平关于社会主义文化建设论述摘编》，中央文献出版社 2017 年版，第 28 页。

网、人民网、中国社会科学网等网站的专题讨论，如梁柱与杨天石在中国社会科学网的思想交锋；《人民日报》《光明日报》等党媒党刊发表思想和价值引领性文章；微信公众号、微博客户端等新兴媒体的文章推介来引导社会舆论。从人际传播来看，主要通过《中国近现代史纲要》等课堂教学方式，以及学术会议报告、演讲为形式展开。从艺术作品的创造来看，以文艺创作的形式对党和国家的历史进行正面宣介，打造文艺精品项目，如以"为国家留史，为民族留记，为人物立传"为宗旨的大型纪录片《国家记忆》等。

需要说明的是，在话语权博弈过程中，还有一股重要的力量即社会大众。社会大众具有双重角色，他们既是历史虚无主义试图影响和争夺的对象，是"被裹挟者"和"被告知者"；又是反对历史虚无主义的主动参与者。社会大众站在哪一边，话语权就属于哪一边。由于历史虚无主义以"重新评价""反思历史""解密档案""艺术创新"等名义进行自我粉饰，为博取眼球而语不惊人死不休，具有很强的思想迷惑性和言论煽动性，加之主流意识形态在历史教育、宣传和研究中存在的一些简单化、片面化、标签化甚至教条化、庸俗化的缺陷，一些社会成员尤其是对现实不满、对社会主义制度不满的社会成员，在求异、猎奇的好奇心驱使下，在反抗权力、反抗主流的逆反欲望的驱动下，容易对历史虚无主义进行呼应，形成思想共鸣，这也是历史虚无主义能够悍然成潮的重要原因。而当思想政治教育者进行正确的宣传、教育、疏解、引导时，社会大众又会从思想迷雾中走出来，反过来成为抵制历史虚无主义的强大力量。

二、议题设置

议题设置是对传播学概念的借用。在传播学中，议题设置理论（又称议程设置理论）经历了三个发展阶段：第一阶段是传统的议题设置理论，该理论强调媒体对于受众关注度的强大影响力。媒体可以通过凸显某一议题（或压抑其他议题）的重要性，调整不同议题的曝光度以及与受众的接触面，引导人们对特定议题的关注。媒体集中报道、优先报道、大肆渲染什么，受众就关注什么。第二阶段是属性议题设置理论，该理论认为媒体不仅可以通过特定议题的设置引导受众的关注度，还通过特定的立场、态度、判断等影响受众对特定议题的价值倾向。也就是说，媒体不仅能够在认知上影响受众"想什么"，还能够在价值上影响受众"怎么想"。第三阶段是网络议题设置理论，该理论认为影响公众的不是单个的议题或者属性，而是一系列议题所组成的认知网络。对系列议题的网络化建构使受众将不同的信息碎片联系起来，从而构建出对社会现实的认知和判断。① 社会生活纷繁复杂，但人们的社会交往、知识、眼界、时间、注意力、资源等都有一定的局限性，不可能事事亲力亲为、亲眼所见，而是通过一定的媒介勾勒出来的图像进行认知，社会成员在公共领域关注什么、不关注什么、优先关注什么、次要关注什么都受到媒介呈现内容的影响。传播学中的议题设置理论正是基于人的这一认知实际，通过选择、建构、凸显、渲染特定议题，使特定的议题以不同的方式呈现在社会公众面前，进而对社会公众的注意力进行锚定、牵引和分配，引导社会公众的认知。

一定程度上讲，思想政治教育是一种思想传播行为。议题设置的实质在于告诉我们什么才是最重要的，哪些才是需要我们给予注意、参与讨论的。一个问题无法成为议题，就意味着它对社会成员来说是沉默的、无声的。思想政治教育话语权竞争的一个重要方面就是议题竞争，通过设置特定的思想政治教育议题，集中有序地呈现思想政治教育领域中杂乱的事件、现象、问题，形成由中心话语和一系列次级话语构成的话语群落，彰

---

① 参见史安斌、王沛楠：《议程设置理论与研究 50 年：溯源·演进·前景》，《新闻与传播研究》2017 年第 10 期。

显特定议题的重要性和优先级，并根据不同议题的性质采用差异性呈现方式，赋予特定议题以思想政治教育意义，并由值得信赖、具有权威性的人来倡导和推行，进而聚焦社会成员的注意力，引导社会成员做出正确的价值判断和行为选择。思想政治教育议题的有效设置主要遵循三个原则，一是围绕马克思主义中国化时代化进行设置，二要围绕党和国家大政方针进行设置，三要围绕社会成员的思想动态和密切关注的热点问题进行设置。历史虚无主义就是以热点问题的形式出现在公众面前的。"解构和创造必须是不分先后的同一个过程，假如没有比较充分的创造性眼光，批判的眼光就是靠不住的"①，为确立历史真实，在与历史虚无主义进行话语权博弈的过程中，思想政治教育的议题设置包括两个方面的内容：正确的主导性议题的设置和伪命题的揭穿②。

为了混淆视听、模糊正误、歪曲历史，消解中国共产党执政的历史合法性，历史虚无主义在传播过程中重点围绕中国近现代发展过程中的一些历史事件和历史人物生造一系列伪命题，散布错误言论，颠倒主次，悬搁真正重要的问题，企图把人们的注意力从既有的历史结论中拔出来，颠覆人们的历史认知，充当破坏主流意识形态的马前卒。历史虚无主义的核心议题是"否定中国共产党领导的社会主义革命史，否定中国走社会主义道路的历史必然性"，围绕着这一核心议题，历史虚无主义者为侵略者涂脂抹粉，否定中国人民救亡图存的伟大抗争，竭力抹杀百年耻辱和深重灾难，制造"侵略有功"的伪命题；为了颂扬改良，丑化中国共产党领导的革命斗争，否定革命的历史必然性，制造了"告别革命""救亡压倒了启蒙""要用'现代史观'取代'革命史观'"等伪命题；为了消解中国共产党在抗日战争中的中流砥柱作用，制造了"国民党抗战贡献大于共

---

① 赵汀阳等：《学问中国》，江西教育出版社1998年版，第2—3页。

② 参见侯惠勤：《意识形态话语权建设方法论研究》，《中共贵州省委党校学报》2016年第2期。

产党""中国共产党游而不战"等伪命题；为了否定土地改革运动，制造了"要还地主及其后代以公道"等伪命题；为了贬损社会主义改造，制造了"社会主义改造超越历史发展阶段，犯了'左'倾错误""要回归新民主主义社会"等伪命题；为了攻击毛泽东同志和毛泽东思想，以"反'左'纠错""重新评价"为借口，把毛泽东思想当作中国前进的障碍，制造了"割裂改革开放前后两个历史时期""全盘否定毛泽东"等伪命题。① 还有其他的伪命题，这里就不再一一列举了。历史虚无主义在历史空间中粉墨登场，真可谓无孔不入，竭尽攻击、丑化、污蔑之能事，通过一系列伪命题的建构对历史进行否定和虚无化，伪命题的大肆渲染一时甚嚣尘上，引起人们的广泛关注并以社会热点问题的形式出现，试图搞乱人们的思想，动摇人们的信念，进而达成丑化中国共产党的领导和抹黑社会主义制度的目的。

为消除误导、正本清源、以正视听，思想政治教育破立结合，与历史虚无主义进行思想交锋和话语权竞争，一方面揭穿历史虚无主义制造出来的伪命题，在一些争议性问题上对历史虚无主义设置的议题进行再设置，避免以讹传讹；另一方面设置正确的主导性议题，以使颠倒的历史重新颠倒过来，引导人们把注意力集中到有利于社会发展和思想进步的正确方向上来。在揭穿伪命题方面，思想政治教育者通过现实研判和理论跟踪，展开了旗帜鲜明和有理有据的批判，以唯物史观为思想武器，把握历史虚无主义者的最新思想动态和发展趋向，对虚假命题的思想基础、基本概念、历史依据、思想方法、论证逻辑、相关结论进行逐一驳斥，澄清谬误、明辨是非、释疑解惑，让历史虚无主义无所遁形。

正确的主导性议题是在马克思主义理论的指导下，在科学总结历史经

---

① 参见罗平汉：《关于历史虚无主义问题的几点浅见》，《晋阳学刊》2016 年第 1 期；朱汉国等：《当代中国社会思潮研究》，北京师范大学出版社 2012 年版；梁柱：《历史虚无主义思潮的泛起、特点及其主要表现》，《马克思主义研究》2013 年第 10 期。

验、深入破解现实矛盾、回应重大现实问题、洞察未来发展趋向的基础上，在把握社会成员的心理动态、思想关切、敏感神经的基础上精心构筑的。主导性议题的设置实质上是专题性、主题性教育的触发机制，具有重要意义：以积极的姿态呈现，有利于在思想传播过程中抢占先机，占据优势地位，在争议性问题和模糊性问题上保留更多的话语空间，抵御可能的思想挑战；以问题和矛盾的形式呈现，有利于聚焦社会成员的注意力，吸引社会成员参与到重大议题的讨论中来，在思想互动和精神交往中提高思想觉悟；以"把关人"的面貌呈现，有利于编织思想文化领域的安全网，过滤掉有害信息，传播有利于社会发展和个人发展的正确信息。

面对中国近现代历史发展过程中的历史事件和历史人物的认识评价问题，积极与历史虚无主义展开话语权博弈，思想政治教育设置的核心议题是"历史和人民为什么选择马克思主义、选择中国共产党、选择社会主义道路"，并围绕着这一核心议题向公众阐释和讲述中国近代以来抵御外来侵略、争取民族独立、推翻反动统治、实现人民解放的历史，以史为镜、鉴往知来。其中，"实现中华民族伟大复兴中国梦""正确评价改革开放前后两个历史时期""中国共产党在抗日战争中的中流砥柱作用""革命是近代中国社会矛盾运动的必然结果""坚定文化自信""培育和践行社会主义核心价值观"等议题的提出就是对历史虚无主义的有力回应，也是对社会成员历史认识的正确引导。

三、框架建构

框架是对事物的结构化处理，面对同一个议题，什么东西可以得到呈现，什么东西可能被忽视，都取决于话语主体对这个议题进行框架建构的方式。框架是话语主体在话语实践中生产意义和阐释意义的机制，同样的议题在不同的框架中会呈现出截然不同的意义图景。"历史已经成为过往的陈迹语音，当下的我们只能循迹辨音，追索渐渐被流光掩盖的遗踪，从历史废墟的蛛丝马迹里探求过去的人类活动。从这个意义上说，历史文化总是处在丧失意义的威胁之中。"①为避免历史意义的坍缩，只能通过对历史持续书写和不断诠释来赋予历史以意义，而对于书写者和诠释者而言，历史是"不在场"的，这就留下了大量的话语操作空间。面对同一历史过程中的历史事件、历史人物，不同框架支配下的历史书写和历史诠释会呈现出不同的样态。

围绕着鸦片战争以来中国历史进程中的重大历史事件和重要历史人物的认识和评价形成了不同的议题，不同的话语主体都尝试建构一定的框架，对这些议题给出自己的诠释体系，"源于框架所铺设的意义逻辑，话语的合法性才得以确立，进而成为一种'自然而然的'意义网络"②，框架竞争是话语权竞争的又一个重要内容。中国共产党人在马克思主义理论的指导下，以"历史唯物主义"为基本框架，坚持"全面地、客观地把握历史材料，从历史的实际出发，具体问题具体分析，在特定的历史条件下，正确评价历史实践和历史人物"③，对"中国究竟该去往何处"这一根本性问题的回答是"中国特色社会主义"。而历史虚无主义者分析中国近现代历史的框架则是"对立认同"框架，"对凡是能够支撑中国走社会主义道路、支撑中国共产党执政的史实都进行质疑、否定，对凡是在马克思主义史学中受到否定的人和事件统统要重新评说，可以说是'见社会主义就怀疑、见中国共产党就批判'，要彻底翻转马克思主义史学的结论"④，企图把中国引入西方资本主义发展之路。历史虚无主义把马克思主义史学的结

---

① 杨金华：《历史虚无主义的生成机理及其克服》，中国社会科学出版社 2015 年版，第11 页。

② 刘涛：《元框架：话语实践中的修辞发明与争议宣认》，《新闻大学》2017 年第 2 期。

③ 梁柱：《怎样才能做到真正的历史清醒》，《红旗文稿》2015 年第 7 期。

④ 杨军、梅荣政：《历史虚无主义批判：理论和方法》，《思想理论教育导刊》2015 年第 1 期。

论当作攻击的靶场和对立性的参照物，为质疑而质疑、为反对而反对、为解构而解构，为支持自己的观点而罔顾历史事实甚至捏造历史事实，这是一种典型的历史唯心主义观。

面对历史虚无主义歪曲历史、抹杀历史、否定历史的恶劣行径，为争夺对历史尤其是对中国近现代历史进行阐释和教育的话语权，中国共产党人（思想政治教育话语主体）对历史虚无主义进行了框架化剖析，以帮助社会成员更好地分辨、认知、觉察到历史虚无主义的思想实质和危害，提高他们反对和抵制历史虚无主义的自觉性。在与历史虚无主义进行话语权博弈的过程中，"侧重由专家学者深入分析研究，搞清源头本质，找出破绽软肋，找出其历史局限性"[①]，进而寻求可靠的应对方法。思想政治教育构建了四种框架：认知框架、价值框架、归因框架、对策框架，分别指涉历史虚无主义是什么、有何危害、何以形成、如何克服这四个问题，以占领话语高地，展开话语权争夺。这也是思想政治教育面对错误思想干扰时的主要应对"套路"。

认知框架是对历史虚无主义的理论渊源和现实表现进行的剖析，以帮助人们形成对历史虚无主义的基本认知。"正确认识历史、科学评价历史"是从事历史研究、阐释和教育的人们的价值追求，而不管他们实际上能否做到。哪怕事实上进行着歪曲历史、否定历史的人，都会打着"正确认识历史、科学评价历史"的旗号进行活动，以给自己的言论贴上合法性的标签。历史虚无主义者从来不会自诩为历史虚无主义者，有的甚至会自称为历史虚无主义的反对者，反诬马克思、中国共产党人为历史虚无主义者，他们可能会对一些被批判的思想观点进行认领，但很少主动把自己放在历史虚无主义的位置上，因此历史虚无主义具有很大的伪装性和迷惑性。在

---

① 伍义林：《主动升级、客观分级、有效出击——关于掌握意识形态领域议题设置主动权的思考》，《中国记者》2016 年第 1 期。

这里所指称的"历史虚无主义"是一种论断，是中国共产党人根据一些社会成员在历史问题上形成的错误观念和错误方法做出的界定和判断，这种定义权本身就是话语权的一种表现，旨在抽掉历史虚无主义的合法性根基。当然，这种界定和判断并不是无的放矢、随心所欲的，而是在科学分析和深入研究的基础上做出的。

就历史虚无主义的理论源流而言，有学者追溯到20世纪的全盘西化论①，有学者寻根到尼采的虚无主义哲学思潮、西方后现代主义史学②。就历史虚无主义的现实表现而言，有学者从历史本体论、认识论、方法论、价值论上对历史虚无主义进行了相对全面的概述，认为历史虚无主义"在历史本体论上，不承认历史文化的继承性与连续性，表现出'否定过去''割裂传统'的反历史主义倾向。在历史认识论上，借口历史认识中无法消解的主体性因素，否认历史认识的客观性，强调'历史是任人打扮的小姑娘'。在历史方法论上，混淆历史的支流与主流、现象与本质，非此即彼、二元对立，具有明显的形而上学性。在历史价值论上，高举后现代主义大旗，消解历史的神圣性和敬畏感，恶搞历史，亵渎历史。"③有学者就历史虚无主义在不同领域的具体表现形态进行了分析，在学术领域表现为解构马克思主义史学；在文艺领域则以感性形态具体呈现发端于学术领域的观点，在红色经典改编、文学作品创造、影视作品创作中塑造颠覆认知的人物形象，捏造背离史实的故事情节，以艺术之名、自由之义，行虚无之实、影射之义；在教育领域则表现为，革命精神和理想情怀被视如敝屣，历史严肃感和敬畏感被视为古板、老学究，抽象人性论泛滥；在舆论领域则恶搞、调侃英雄形象，利用多种传

---

① 朱汉国等：《当代中国社会思潮研究》，北京师范大学出版社2012年版，第256页。

② 于沛、郑师渠、杨军：《揭去历史虚无主义的面纱——关于历史虚无主义的对话》，《人民日报》2017年2月20日。

③ 杨金华：《历史虚无主义的生成机理及其克服》，中国社会科学出版社2015年版，第5页。

播媒介推送鱼龙混杂、泥沙俱下的信息，对抗主流意识形态，在已有定论的地方制造争议、在尚有疑虑的地方妄下论断，炒作历史虚无主义观点。①

　　价值框架是对历史虚无主义做出的价值评判和价值定性，帮助人们在历史虚无主义和历史唯物主义之间做出价值选择。中国共产党人对历史虚无主义做出的是否定的、消极的价值评判，是需要旗帜鲜明地反对和抵制的错误思潮。这一点可以从公开发表的文献的措辞中明显地感受到，针对历史虚无主义，常见的措辞有"危害""荼毒""泛起""侵袭""掩人耳目""理论谬误""蹩脚表现""逻辑缺陷""理论陷阱""沉疴痼疾""绊脚石""错误""伎俩""嬗变""警惕""驳斥""透视""揭穿""症结""透诊""危害至深""消极影响""识别和排除干扰""对症下药""不容忽视""廓清迷雾""撕开画皮""戳穿谎言""认清真实面目""旗帜鲜明反对""抵制""遏制""批判""克服"，等等。从这些严厉的消极措辞中我们可以看到历史虚无主义与毒药、疾病、谎言、敌人、谬误、陷阱、伪装等让人产生不好联想、唯恐避之不及的邪恶事物象征性地关联起来，通过隐喻这一意义置换系统，给人造成视觉上和思想上的冲击。学者不仅在措辞上表明态度，还在内容上多维度地分析历史虚无主义的重大危害，包括政治层面对中国共产党的领导、社会主义制度、社会主义道路的动摇，经济层面对社会主义公有制的否定和妖魔化，文化层面对中国优秀传统文化的不公正对待和文化认同的削弱，价值观层面对社会主义核心价值体系和社会主义核心价值观的冲击，意识形态层面充当敌对势力西化分化图谋的棋子，消解主流意识形态，引起

---

① 参见朱汉国等：《当代中国社会思潮研究》，北京师范大学出版社 2012 年版，第 256—262 页；于沛、郑师渠、杨军：《揭去历史虚无主义的面纱——关于历史虚无主义的对话》，《人民日报》2017 年 2 月 20 日。

思想混乱等等。①

归因框架是对历史虚无主义形成和泛滥的原因进行剖析，只有清晰地把握历史虚无主义赖以生存和发展的条件，才能采取针对性的措施加以克服，把历史虚无主义的危害降到最低。有学者从历史存在及历史研究中可能留给虚无主义进行话语操作的空间出发，对历史虚无主义的生成机理进行了阐释，包括历史认知中的主体性意蕴带来的虚无主义风险、遮蔽历史事实的虚无主义理路、历史解释的相对主义泥沼、历史虚无主义的叙事学幌子、后现代史学对历史价值的消解等等②，这是对历史虚无主义得以产生的西方社会科学理论基础的全方位剖析。有学者从国际国内环境的变化出发对历史虚无主义的泛起进行分析，认为历史虚无主义是世界社会主义运动遭遇挫折、处于低谷，敌对势力西化分化图谋不灭，国际话语格局依然西强我弱的产物；也是别有用心的人利用国内改革开放给整个社会带来深刻变化之际，伺机进行资产阶级自由化思想渗透的产物。③ 还有学者从国际形势变化、国内社会关系的变化、网络时代的舆论环境改变、社会成员思想多元多变多样、"正史不正、信史不信"等方面进行分析，这些因素的综合影响给历史虚无主义提供了可乘之机。④ 概括来看，历史虚无主义的生成和发展，既有看似科学的一套甚至多套理论为其辩护，又有赖以

---

① 参见王翼：《党的十八大以来学界对历史虚无主义及其危害的分析批判》，《毛泽东邓小平理论研究》2018 年第 5 期；梁柱：《历史虚无主义思潮的泛起、特点及其主要表现》，《马克思主义研究》2013 年第 10 期；潘莉、梅荣政：《历史虚无主义思潮的表现、特点及其危害》，《新疆师范大学学报（哲学社会科学版）》2015 年第 5 期。

② 参见杨金华：《历史虚无主义的生成机理及其克服》，中国社会科学出版社 2015 年版。

③ 参见梁柱：《历史虚无主义思潮的泛起、特点及其主要表现》，《马克思主义研究》2013 年第 10 期；姜迎春：《论历史虚无主义思潮的成因、表现及其危害》，《南京政治学院学报》2014 年第 5 期。

④ 罗平汉：《关于历史虚无主义问题的几点浅见》，《晋阳学刊》2016 年第 1 期；朱汉国等：《当代中国社会思潮研究》，北京师范大学出版社 2012 年版，第 262—267 页。

发展壮大的现实根基，它从不缺乏支持的人群和多样化传播媒介，人们或是为博取眼球，或是图谋利润，或是沽名钓誉，或是情绪宣泄，或是搞笑娱乐，或是误入歧途，或是蓄意中伤，个中缘由、不一而足。历史虚无主义一直被主流意识形态所批判，但它总是攀附现实、伺机而动，花样翻新、不绝如缕，既有国内外形势变化带来的契机，又有主流意识形态建设不足提供的缝隙，是外部挑战和内部困顿共同制造出来的杂音。

对策框架是对抵制历史虚无主义的策略和方法的探讨，最大限度地减少历史虚无主义带来的不利影响。专家学者从多个角度提出了遏制历史虚无主义的策略，既"拔掉杂草"又"种上庄稼"，概括来看主要包括以下几个方面：汲取苏联解体、苏共垮台的惨痛教训，对历史虚无主义保持足够警惕；保持政治敏锐、做好舆情研判，掌握历史虚无主义的最新动向；科学抽丝剥茧、弄清来龙去脉，把握历史虚无主义的活动规律；控制传播途径、挤压话语空间，限制历史虚无主义的影响范围；坚定"四个自信"、增强理论底气，增强抵御历史虚无主义的能力；发展和完善唯物史观、推进党史国史研究，扩大马克思主义史学的现实说服力和学术影响力；加强正面宣传教育、实现价值引领，释疑解惑、澄清误解、调适心理；及时发现社会问题、解决社会矛盾，满足人民群众的利益需求，增强人民群众的获得感。①

四、效果评估

效果评估涉及说了算不算的问题，谁能够真正影响到社会成员的思想和行为，说服社会成员接受自己的观点，进而获得社会成员思想和行为上

---

① 参见胡中月：《历史虚无主义的四重逻辑陷阱及其克服》，《思想教育研究》2018 年第 1 期；杨建义：《历史虚无主义的网络传播与应对》，《思想理论教育导刊》2016 年第 1 期；曹应旺：《坚定中国自信　反对历史虚无主义》，《毛泽东邓小平理论研究》2018 年第 1 期；罗平汉：《关于历史虚无主义问题的几点浅见》，《晋阳学刊》2016 年第 1 期。

的支持，谁就拥有话语权。一种思想不会满足于在自己构建的理论王国中自由驰骋，它总是在寻求通往现实的道路，看似高深莫测、不食人间烟火的哲学也不例外。历史虚无主义不仅是一种错误的思想，而且是一种希望影响现实、有着明确政治诉求的思想，如果历史虚无主义仅仅是个别人的自娱自乐，它就不会成潮，也不会掀起大张旗鼓的反对浪潮，更不会参与话语权博弈。习近平指出"国内外敌对势力往往就是拿中国革命史、新中国历史来做文章，竭尽攻击、丑化、污蔑之能事，根本目的就是要搞乱人心，煽动推翻中国共产党的领导和我国社会主义制度。"[①]历史虚无主义是非不分、黑白颠倒、忠佞不辨，总是想越过理论的界限介入现实，企图占据社会意识的制高点，煽动蛊惑社会成员接受自己的观点，搞乱人心，动摇我国的立国之基、强国之本。

思想政治教育与历史虚无主义展开话语权博弈的目的是打败对方，尽力寻找可以反驳对方的理由以及捍卫己方的理由，以己方的观点来终结争议、消除意见不一致，并把这些理由通过公开的形式表达出来，使社会成员可以接触和理解这些理由，说服和引导社会成员做出有利于己方的选择，最大限度地减少历史虚无主义带来的社会危害，捍卫主流意识形态。评估思想政治教育在与历史虚无主义进行话语权博弈中是否占据优势地位，一方面要评估思想政治教育对历史虚无主义的话语控制力，排除历史虚无主义对社会成员的错误干扰；另一方面要评估思想政治教育对社会成员的话语影响力，发挥思想政治教育对社会成员的正面引导。这两个方面并不是截然分开的，而是相互关联的。

就思想政治教育对历史虚无主义的话语控制力来看，可以从三个方面进行考察。一是思想政治教育能否消除和纠正历史虚无主义已经带来的消极影响，二是思想政治教育能否阻止历史虚无主义正在发生的消极影响，

---

① 《十八大以来重要文献选编》（上），中央文献出版社 2014 年版，第 113 页。

三是思想政治教育能否防止历史虚无主义尚未发生但可能发生的消极影响。在思想政治教育的视野中，历史虚无主义是以"问题"和"挑战"的形式出现的，是需要解决的矛盾和攻克的难题。对此，思想政治教育能否以正确的思想占领思想文化阵地，控制历史虚无主义的传播途径，减少其话语机会，压缩其话语空间；能否揭示错误、解释疏导、裁决争议，加强正面引导，减少历史虚无主义对社会成员的思想影响的力度、广度和深度；能否及时跟踪历史虚无主义的最新动态，不含糊、不躲闪、不遮掩，做出有效识别和科学判断；能否把握历史虚无主义的活动规律，做出思想预警和舆情研判，防患于未然，打好主动仗，是衡量思想政治教育对历史虚无主义的话语控制力的度量指标。

就思想政治教育对社会成员的话语影响力来看，主要从社会成员的知情意行的转化中体现出来。面对历史虚无主义散布的错误言论，有的人疑窦丛生，但不知疑从何来，又该如何纾解；有的人半信半疑，虽然依然有存疑的地方，但已经发生思想动摇；有的人全盘接受，对历史虚无主义加诸自身的溢美之词如"重新评价""艺术创新""历史真实""学界良知""范式转换"等欣然接受，并以此为对比性参照，大放厥词，把充满恶意的话语附着在主流意识形态之上；有的人甚至接受蛊惑，在行动上加入并壮大历史虚无主义这股思想逆流。这些都是历史虚无主义带来的话语影响，对历史虚无主义而言是话语权确立的表现，而对思想政治教育而言则是话语权的失落。

思想政治教育话语权的确立要根据社会成员知情意行的转变情况来评估。从认知层面来看，主要体现为社会成员能够对历史虚无主义的种种表现有着丰富的经验性感知，学会质疑和反思历史虚无主义的主张和观点，戳破历史虚无主义的假面和伪装，并在理智上清醒地认识到历史虚无主义的错误性和危害性，积累丰富的历史知识，提高历史观念的甄别能力和历史脉络的把握能力，理解唯物史观的思想基础和方法原则，形成正确的历史认知图式。从情感层面来看，主要体现为社会成员对思想政治教育话语产生的情感共鸣，通过设置能够引起社会成员"听起来感动、想起来激动"的议题，提供科学又不乏趣味的历史内容，满足社会成员对历史知识的渴望，吸引社会成员积极主动地参与到关于中国近现代历史中的重大事件和重要人物的讨论中来，激发他们对中国共产党、社会主义制度和社会主义道路的情感认同。从意志层面来看，主要体现为在思想政治教育的影响下，社会成员能够减少认知混乱、思想动摇和价值摇摆状况，坚定对唯物史观的信念，减少意志薄弱状况，面对抵制历史虚无主义的正确选择时，不能"知其当行却未行"，对历史虚无主义放之任之，漠然处之；面对自己可能产生的错误言行时，不能"知其当止而未止"，不能任凭自己被历史虚无主义所裹挟，使自己的头脑成为历史虚无主义的跑马场，要经受住思想冲击，面对历史虚无主义者的无端污蔑而初心不改，根据自己的理性判断坚定地做出选择。从行为层面来看，主要体现为社会成员能够自觉参与到抵制历史虚无主义的行动中来，在日常学习、生活和工作中自觉与历史虚无主义划清界限。

"主体参与及媒介占用——议题设置——框架建构——效果评估"是思想政治教育话语权得以生成的基本环节，从这些环节入手，以历史虚无主义为例进行具体分析，可以对思想政治教育话语权的动态运行状况有着相对清晰的认识。主体是否有话语资质和能力，媒介的使用是否充分，议题的设置是否科学，框架的建构是否可靠都直接影响着结果的有效性，思想政治教育只有环环相扣、步步为营、稳扎稳打，才能在话语权博弈中占据优势地位。

"尽管承载正确思想观点、思维方式和价值取向的话语终将为实践所验证，却无法在激烈竞争中被自然推拥至话语高地；而缺乏实践根基的错误话语，尽管荣枯一瞬，却极易在乱花迷眼中蹉跎人心。"[1]思想政治教育

---

① 史姗姗：《高校意识形态话语权的生成逻辑》，《文化软实力研究》2017 年第 6 期。

从来不是一份简单的工作，思想政治教育话语权的动态博弈具有长期性、复杂性和艰巨性，思想政治教育话语权的确立有赖于"一"与"多"矛盾的解决。道阻且长，"一元主导"和"多样发展"的话语秩序并不容易达成，但也不是一个不可能完成的任务，在马克思主义的理论指导下、在中国共产党的有力领导下、在中国特色社会主义伟大旗帜的方向指引下，思想政治教育的话语优势和理想的话语生态定将在上下求索中绽放华彩。

第四章　思想政治教育话语权的现实图景

　　思想政治教育话语权并不是脱离现实的纯理论问题，而是与现实紧密缠绕在一起的实践问题。"任性"的现实几乎不理会思想政治教育者的心情，好像是首先要警醒我们，把理想与现实之间的鸿沟直白地展露在我们面前，使思想政治教育话语权在它的面前暴露出自己的缺陷和不足，明白自己受到的制约和限制，保持足够的清醒和谦逊；但又在"山重水复疑无路"的彷徨之际，拨云见日，使问题成为一种积极的酝酿，把我们从迷失和困顿中找回，给予"柳暗花明又一村"的安定之感。本章试图从思想政治教育话语权的现实问题、制约因素和坚实基础出发，描述思想政治教育话语权的现实图景。

第一节　思想政治教育话语权的现实问题

　　找准症结才能对症下药，分析思想政治教育话语权面临的现实问题是解决问题的关键。对思想政治教育话语权现实问题的分析要通过抽丝剥茧，使滞留于晦暗中的现实显现出来。思想政治教育话语权是思想政治教育的话语影响力，包括理论创新权、学术对话权、思想阐释权、思潮批判权、教育引导权、舆论引导权，对思想政治教育话语权现实问题的分析也从这几个方面展开。

一、思想政治教育的理论创新权存在的问题

思想政治教育学科成立仅短短四十年，在理论创新方面却取得了不菲的成就，形成了"相对稳定的研究领域、相对确定的研究范式、相对集中的研究成果"①。当前，就思想政治教育而言，理论创新的韧性强劲，在发展困境中不改落拓旷达的胸怀；理论创新的资源丰富，能够为思想政治教育的理论创新提供坚实基础；思想政治教育理论创新的现实情怀浓郁，能够主动跟踪和回应现实问题；理论创新的开放意识常在，能够在学科交叉和学科借鉴的学术潮流中冲锋陷阵；理论创新的反思意识强烈，在前进的途中不时回头看走过的路。然而，思想政治教育在理论创新方面依然存在着浮躁、焦虑、惰性、空转等问题，影响着思想政治教育理论创新力的提升和理论创新权的运用。

（一）思想政治教育理论创新的浮躁现象

思想政治教育作为一个新兴学科在理论创新上既有优势又有短板，一方面，"新兴"意味着理论创新的空间开阔，相比于一些老牌学科而言，只要以科学合理的方法去勇于探索，很容易涉及前人脚步所未及之地，进行开疆拓土的创造性研究；另一方面，"新兴"也意味着根基浅薄，理论创新的深度、力度和厚度都有所欠缺，一不小心就容易陷入急功近利的浮躁状态。当前思想政治教育的理论创新就在一定程度上呈现出浮躁的状

---

① 沈壮海：《改革开放以来思想政治教育研究的学术版图》，《思想理论教育导刊》2008年第 11 期。

态，表现为：理论门槛较低，专门的排斥性的高级知识较少，学人大批涌入搭乘学科发展便车，但素质良莠不齐，鲜有能"立时代之潮头、通古今之变化、发思想之先声"①的学术大师；学术圈地现象偶发，在理论尚未成型、还不成熟时就急于发表，通过短平快的学术突击，试图占据学术山头，引领一时风骚，理论创新如体育竞技一般，让人唯恐落后；敲锣打鼓、大轰大炸的理论冒进有所收敛，但稳扎稳打、根基稳固的学术步伐依然缓慢；理论成果数量与质量结构失衡，乏善可陈的理论成果在数量上年复一年地累积，一时蔚为大观，虽然其中不乏令人惊艳的思想火花，但历经淬炼、经受住检验、能够冠以"创造性"的学术精品依然较少；理论反思不断推进，但学术泡沫吹破之后，理论创新路径充满着不确定性，如何沉淀、如何积累、如何创新、如何超越依然充满疑惑；虽然以量化指标来考核理论成果这一点经常遭受非议，"重赏之下必有勇夫"等急功近利的口号也一直遭受批判，但尚未找到一个更好的可替代方案。

（二）思想政治教育理论创新的焦虑心态

浮躁的表象背后是思想政治教育学人的焦虑心态，这种焦虑状态一方面表现为思想政治教育学人把自己摆在落后的"追赶者"的位置，不仅要以"后来者"的身份追赶国内其他的老牌学科，还要以"后进者"的身份追求国际范围内的学术交流对话，这本无可厚非，但却在无形中为浮躁冒进情绪的滋生提供了沃土。另一方面表现为布鲁姆所称的"影响的焦虑"②，

---

① 习近平：《在哲学社会科学座谈会上的讲话》，人民出版社 2016 年版，第 8 页。

② "影响的焦虑"是布鲁姆的文艺批评理论，他认为诗人的创作受到前辈诗人的影响，为了摆脱前人的影响、走出前辈的阴影，使自己的作品呈现出原创性，跻身"强者诗人"之列而感到的焦虑被称为"影响的焦虑"，即"取前人之所有为己用会引起由于受人恩惠而产生的负债之焦虑。"参见 [美] 哈罗德·布鲁姆：《影响的焦虑》，徐文博译，生活·读书·新知三联书店 1989 年版，第 3 页。

仿佛受到前人思想的影响就犹如欠债一般带有理论"原罪"，就没法做出原创性声称，为了走出前人投下的理论阴影，在强烈的"求新求变"意愿的支配下，有的选择在学科边缘和学科交叉处着力，但却因学术边界意识模糊而出现理论偏差，理论创新溢出学科边界；有的选择无视、排斥阅读前人的理论成果，使学术积累流于形式，甚至构造一些生僻的话语来粉饰和模糊理论创新，使理论创新成为一种无根基的、自以为是的创造；有的选择绕过已有学者论述过的论题，哪怕这一论题有进一步讨论的空间和必要，但因不是探讨该论题的第一人或者前几人而舍弃之，不是开山之作就缺乏吸引力，因欲避嫌"照着讲"而舍弃"接着讲"，理论脉络的延展受阻；有的选择紧跟时事热点，无法与现实保持一定的合理"间距"，乐于打理论游击战，沉厚丰实的理论创新成为奢侈品。

（三）思想政治教育理论创新的惰性表现

理论创新是一种自由自觉的主动活动，似乎与惰性不沾边，但仔细分析思想政治教育当前的理论创新情况，则可以发现理论创新的惰性。理论创新惰性实质上是理论自主性的丧失，思想政治教育理论创新的惰性具体表现为以下两个方面：其一，对思想政治教育丰富的理论资源的开发和利用尚待优化，源远流长的文化资源滋养着思想政治教育，鲜活生动的实践资源丰富着思想政治教育，充沛丰裕的社会资源支撑着思想政治教育，但这些资源优势并没有有效转化为理论创新优势，更没有切实转化为话语优势。其二，一些学者乐于对现有理论成果的随意取用，理论创新的内生动力不足。或简单嫁接其他学科的理论，使合理的学科借鉴和学科交叉以学科依附的形式呈现；或任意拼凑，凑足三段论，敲够几千上万字就诸事大吉；或直接转介翻译国外一些学者的理论，把"一中一外"的语言吞吐当作理论创新；或简单套用政策文本，随风起舞、亦步亦趋。

（四）思想政治教育理论创新的"空转"现象

这里的"空转"指的是思想政治教育理论创新像在空中旋转一般，与现实在一定程度上产生了脱节，这涉及思想政治教育理论创新的现实情怀问题。毫无疑问，任何从事思想政治教育理论创新的研究者都不会否认理论创新过程中现实情怀的重要性，这既受到思想政治教育是从实践中不断生发的历史过程的影响，也与中国传统文化中"经世致用"思想以及马克思批判德国古典哲学的抽象研究、提出"改造世界"的理论主张有密切关联。从这个意义上，对思想政治教育者而言，理论脱离实际至少在主观意愿上是力求避免的。无论是退守书斋，在冥思苦想中理顺思想脉络；还是进到理论前哨，在摸爬滚打中探索理论出路，都是现实情怀的表现。然而，即使认识到现实情怀的重要性，在实际的操作中，依然存在着从概念到概念、从理论到理论的现象。脱离地心引力的理论创新似乎能更加畅快地飞翔，具体的历史情境对于概念明晰、逻辑自洽等理论抽象的自我建构而言俨然是一个包袱，随时提醒着理论的历史局限性，让人不胜其烦。思想政治教育理论创新成果无法有效发挥对思想政治教育实务工作的影响力，创造的思想政治教育理论话语在描述、解释、指导思想政治教育实务工作方面依然乏力，无法与思想政治教育实务工作展开积极的互动。

二、思想政治教育的学术对话权存在的问题

身处开放的话语空间，拒绝学术对话无异于螳臂当车，必将被历史的车轮无情碾过。学术观念不必定于一尊，不同的学者面对同样的议题，有不同的理论视角、研究方法、论证方式和概念体系，会形成不同的学术观点和意见，这是学术发展和学术繁荣的积极表现，也是学术对话得以展开的重要前提。不可否认，思想政治教育者没有自绝于学术话语场之外，没有一味地自说自话、自我封闭，而是一直在寻求学术对话，希望通过学术

对话来消除误解、辨明真理、凝聚共识，并从学术对话中不断汲取力量，"思想政治教育协同创新"理念的提出和高校协同创新中心的设立就是典型表现。无数学人的不懈努力让思想政治教育拥有了一定的学术对话权，但依然存在着一些亟待解决的问题。

（一）思想政治教育学科内学术对话的话语隔阂

思想政治教育学科内的学术对话存在着一定的话语隔阂，不同的学术群体各说各话，小圈子内"黑话"流行，思想政治教育学术共同体难以达成学术共识。有学者曾指出中国学术界存在着"黑话"流行的现象，"随便翻开当代学者的学术著作，触目所见的，就是各种各样充满怪语异词的'黑话'"[①]，遗憾的是，思想政治教育也未能免俗。话语是表征思想的工具，思想通过话语表达出来，不同的话语方式在一定程度上反映出思想的差异性和特殊性，学术的更新会从话语更新中体现出来。但在学术观念没有实质性创新的情况下，通过人为构造新话语，或者为了刻意彰显自己学术的独创性、深刻性、神秘性而制造出"学术黑话"，乍看之下颇为惊喜，细究之下收获甚微。而且，随意生造出来的"学术黑话"还会产生话语隔阂，只有"学术黑话"的生产者自己才能理解，实质上形成了一种话语排斥机制，不仅排斥了普通读者，还排斥了其他的思想政治教育研究者。他人难以进入这个特定的话语世界，进而导致交流困难和对话受阻。

（二）思想政治教育学科内学术对话的话语序差

话语序差即论资排辈问题。理想中的学术对话是在平等的基础上展开的，但现实中的学术对话却是不平等的，这里的不平等并不是人格尊严上的不平等，而是权威专家和普通学人在话语机会和话语资源占有的不平

---

① 吴冠军：《被"黑"了的学术写作》，《南风窗》2009年第8期。

等。我们可以发现，无论是学术期刊的论文采用（尤其是核心期刊的论文采用），还是学术论文的下载率、引用率、二次转载率，还是学术论坛的主题报告，权威专家的活跃程度远甚于普通学人，也就是说公开的话语平台和话语资源是向权威专家倾斜的。同样的学术观点，通过权威专家表达出来很容易引起大范围内的学术讨论，更容易由个体话语上升为公共话语，而被普通学人提出则可能很快沉寂，甚至被放逐出主流思想政治教育话语体系。而且，这种话语优势会不断积累，长此以往，甚至会引起学术领域的"马太效应"，形成相对固化的学术等级。诚然，思想政治教育的学术研究注重积累沉淀，权威专家之所以能够成为权威专家，就在于他们经过几年、十年甚至几十年呕心沥血的辛苦耕耘，在学术的力度、深度、厚度方面不是普通学人能够相提并论的，对权威专家学术观点的尊重和重视无可厚非，这也是学术发展规律的体现。如果不承认这种差别，反而会造成另一种形式的不平等。但如果在话语机会和话语资源的分配上一味地唯专家论、唯职称论、唯职务论，在事实上剥夺普通学人的话语机会和话语资源，那么学术对话则会流于形式甚至变成一种独白。

（三）思想政治教育国内学科间学术对话的失衡

无论是在纪念思想政治教育学科成立三十周年的系列活动中对学术成就的梳理，还是对改革开放四十年来思想政治教育学术成就的总结，这些学术成就以实质性的证据表明，指称"思想政治教育实现了跨越式发展"并非虚言。然而，同样需要承认的是，"指望通过二三十年的努力就要赶超那些有几百年发展历史的老学科，是一厢情愿的臆想而已"[①]。思想政治教育是在借鉴和依托多学科的基础上建立和发展起来的，从主观意愿来

[①] 邱柏生、刘巍：《试论思想政治教育学科建设的协同创新》，《东南大学学报（哲学社会科学版）》2014年第6期。

讲，思想政治教育者不会主动设置学科壁垒，而是积极地寻求学科依托和学科间的对话，但却在发展过程中被动遭遇"傲慢与偏见"加持的学科高墙。"对话当然是好的，但是需要的不仅是对话，而且必须有能力'对局'，否则很可能只不过是人家的话题、人家的思路、人家的判断"①。当前，思想政治教育在与其他人文社会学科进行学术对局的能力方面还有所欠缺：思想政治教育理论的学术性在一定程度上依然遭受质疑，思想政治教育的学术形象在政治形象、意识形态形象的遮盖下若隐若现，在学术对话中处于比较尴尬的地位；在学科间的学术对话中，思想政治教育更多的是借鉴其他学科特别是基础学科的分析方法、研究理路和学术观念，思想政治教育却没有相应的学术输出能力，思想政治教育的学术观念对其他学科而言吸引力不够，这与思想政治教育应用性学科定位有关，也与思想政治教育还没有完全摆脱未出师的"学徒状态"、缺少有价值、有分量的研究成果有关，跨学科合作的理论设想成分居多。

（四）思想政治教育国际学术对话的缺乏

思想政治教育是我国的特色学科，这一"特色"对国际学术对话而言是一把双刃剑，因其"特色"而搭上世界范围内"中国研究热"的东风，成为国外学者观察和分析的对象，国外不同学科背景的学者的研究为我们提供了理解和反思思想政治教育的"他者视域"②；也因其"特色"而难以找到学术对话的共同讨论起点，在术语上也更多地使用"道德教育""公民教育""政治社会化"而不是"思想政治教育"，特殊性和普遍性的张力常在，颇有"成也萧何败也萧何"之感。当前，思想政治教育的国际学术对话主要通过比较思想政治教育来实现，在具体的学术对话中，既存在着

---

① 赵汀阳等：《学问中国》，江西教育出版社1998年版，第17页。
② 高地：《西方学者中国思想政治教育研究述评》，《马克思主义研究》2016年第10期。

语言沟通不畅、资料获取难、学术平台缺乏等技术性问题，也存在着学术对话的单向度思想倾向。这种单向度思想倾向是整体性思维和批判性思维缺乏的表现，一方面体现为简单地用我国的理论框架去套路国外，导致理解的误区；另一方面体现为用国外理论框架来硬套我国，"使比较思想政治教育研究沦为西方政治教育、道德教育或公民教育理论观点和解释框架在中国的'传声筒'和'扩音器'"①，导致价值的迷失。

三、思想政治教育的思想阐释权存在的问题

通过思想阐释，寻找马克思主义相对确定的本真意义，以可信的方式展示马克思主义的真理魅力和价值魅力，以可懂的语言使马克思主义能够被人们所理解、接受和认同，是思想政治教育不可推卸的责任，也是思想政治教育话语权建构的题中应有之义。然而，当前思想政治教育在思想阐释权方面存在着一些问题，不利于我国主流意识形态话语影响力的发挥，需认真对待。

（一）存在着对马克思主义文本进行强制阐释的现象

"强制阐释"是张江教授针对西方文论的根本缺陷而提出来的核心概念，指"背离文本话语，消解文学指征，以前在立场和模式，对文本和文学作符合论者主观意图和结论的阐释。"②虽然强制阐释是对西方文论的批判，但这一概念具有跨越学科边界的理论张力，对当前思想政治教育者对马克思主义文本的阐释具有一定的理论适切性，笔者借用这一概念来论述当前的思想阐释乱象。一种表现为"借壳上市"的虚无化倾向，把马克思

---

① 张泽强：《"中国立场"与比较思想政治教育研究》，《思想教育研究》2017 年第 12 期。
② 张江：《强制阐释论》，《文学评论》2014 年第 6 期。

主义文本当作自己借题发挥的工具，离开马克思主义文本本身的客观意义去建构符合自己主观意图的意义世界；一种表现为"为我所用"的功利化取向，为了论证自己的观点，对马克思主义文本进行任意剪切、拼贴，能用的取之、不能用的舍之，把马克思主义文本当作私人定制的理论资源；一种表现为"随意膨胀"的扩张化倾向，给马克思主义文本硬性镶嵌不属于它的东西，使马克思主义成为无所不包、无所不能的理论杂货铺，消解其本真意蕴，等等。对马克思主义文本的强制阐释，实质上是一种失去客观性的主观任意性阐释，缺乏对文本本身的尊重和敬畏，使马克思主义成为一个缺乏确定意义的玄妙之物，扩散了"千面马克思"的理论迷雾，走上了非诬即愚的理论迷途。强制阐释的泛滥会导致思想政治教育者丧失对马克思主义的阐释权。

（二）存在着"以西解马"的阐释现象

当前，随着"马工程"的不断推进，对马克思主义的研究和阐释不断深化，对马克思主义的阐释已经从教条主义式的阐释方式中逐步摆脱出来，不再拘泥于苏联教科书那一套，但又陷入了另外一种理论困境，即做西方理论的二手搬运者。这一现象并不多见，并随着主流意识形态对这一理论阐释立场的批判而有所收敛，但依然在一定范围内存在。习近平曾指出，"西方研究马克思主义的书，其结论未必正确，但在研究和考据马克思主义文本上，功课做得还是可以的。"[1]一些学者基于对国内马克思主义研究的不信任，认为国内的马克思主义研究缺乏解释力和说服力，因此把视野转向西方。问题不在于这种视野转向，问题在于脱离中国立场，非批判性地对待西方马克思主义理论，"似乎离开了西方学说的介入，马克思主义就无法展开，就失去了意义；似乎离开了西方理论的担保和裁判，马

克思主义自身的合理性和正当性都是值得怀疑的"①。鲜明的中国立场是思想政治教育不可推卸的责任，把西方理论当作理论中介、判断标准、理论标准和学术前沿，好像令人眼花缭乱的西式阐释可以为马克思主义的生命力提供佐证，可以回击形形色色的马克思主义"过时论""无用论"等理论叫嚣，这是"舍中国之本逐西方之末"，主动放弃话语权的理论行径。

(三) 在对马克思主义中国化最新理论成果的阐释上存在一些错误倾向

思想政治教育的思想阐释对象既有相对稳定、经常讲、反复讲的内容，如马克思主义基本原理；也有伴随着马克思主义中国化理论的不断创造发展而需要进行新的阐释的一部分。对于经常讲、反复讲的部分，虽然也会随着实践的发展和理解的深入而常论常新，但基本精神是相对稳定的，因此是作为常规性的阐释任务存在。而对于马克思主义中国化最新理论成果的部分，因其新，思想阐释的空间大，思想政治教育者阐释动力足；也因其新，"进教材、进课堂、进头脑"的任务重，客观上向思想政治教育者提出思想阐释的要求。在主客观条件的影响下，马克思主义中国化最新理论成果成为思想政治教育者在特定阶段的重点阐释性内容。

当前，对马克思主义中国化最新理论成果在总体上能够及时地进行理论跟踪并做出恰当的思想阐释，为树立马克思主义理论权威、统一认识、凝聚共识奠定了良好的基础，但依然存在着一些错误倾向，具体表现为：其一，操之过急，对于一些刚刚提出的新论断和新观点，还未等待其在实践中丰富发展，并接受实践的考验，就急于做出评判，没有留出一定的

---

① 石云霞、陈曙光：《关于马克思主义中国化时代化大众化的若干思考》，《马克思主义研究》2010 年第 9 期。

沉淀时间，脱离新论断所指向的现实问题而自顾自地进行体系化建构；其二，流于表面，乐于玩数字游戏，生拼硬凑出"几大方面""几个层次"，好像不数出个一二三四五来就没办法把问题说清楚，以相对固定的套路对新成果进行阐释，缺乏对最新理论成果深层意蕴的挖掘；其三，随心所欲，"耍花腔、唱高调"，在措辞上不加考证地使用"第一次""首次""伟大飞跃"等概念，有意无意地割裂历史和逻辑的统一，容易引起思想上的混乱，造成理解上的困难。①

四、思想政治教育的思潮批判权存在的问题

"先进的思想文化一旦被群众掌握，就会转化为强大的物质力量；反之，落后的、错误的观念如果不破除，就会成为社会发展进步的桎梏。"②"树欲静而风不止"，只有展开积极的思想斗争，排除错误思想的干扰，思想政治教育话语权才能真正地确立，其中，最重要、最典型最经常的思想斗争，就是与种种社会思潮之间的话语权斗争。当前，在我国的思想文化领域，活跃着历史虚无主义、新自由主义、民主社会主义、宪政民主主义、民粹主义、文化保守主义等诸多社会思潮，思想政治教育者围绕着这些社会思潮展开了积极的批判，没有虚与委蛇，强作和顺虚套，姑息性地逢迎助长，取得了积极的话语权效果。但依然存在着一些现实问题，需要进一步反思和解决。

（一）思潮批判面临的客观形势依然复杂

我国社会思潮来源庞杂、形态多样、领域广泛，既有国外敌对势力的

---

① 参见刘伟、陈锡喜：《建构面向"中国问题"的马克思主义话语体系》，《教学与研究》2016 年第 9 期。

② 习近平：《在纪念马克思诞辰 200 周年大会上的讲话》，人民出版社 2018 年版，第 19 页。

推波助澜，又有国内部分成员的跟随唱和；既有一度销声匿迹而今沉渣泛起的思潮，又有随着社会矛盾、社会问题的出现而初露端倪的思潮，十分善于"借势、借时、借事"；既有土生土长的思潮，又有移植转化的外来思潮，渐有本土和外来交融、各种社会思潮抱团取暖之势；既有对社会成员猎奇心理、禁果心理、反抗心理的利用，也在一定情境中反映了社会成员的真实的利益需求，掌握了现实的某些真实联系，反映一定的社会问题；既可能提供一些能够吸收借鉴的有益观点，又可能设置一些需我们保持足够警惕的理论陷阱，不可能简单取缔，又不能漠然处之；既可能搞乱人心、瓦解共识、动摇信念，也可能激活思想、交流对话、凝聚智慧，打造良好的话语生态；既能在一些重大活动、重大节日、重大事件中刷存在感，也可能在日常生活中涓滴细流、潜移默化；既有一定的理论诉求，又积极介入现实；既能在网络虚拟环境中悄然传播，又能在线下活动中产生影响，媒介整合能力强大；既以学术观点的形式呈现，展开学术争鸣，又可能溢出学术边界，以社会舆论的形式呈现，引发社会舆论震荡；有的高举精英的旗帜，以思想前沿、学术引领的姿态出现，有的又高举弱者的武器，制造"民心所向"的假象，把特殊利益作为社会利益来兜售，试图以众势消解权势；有的并不明目张胆地与主流意识形态对抗，却又通过"小打小闹""谈笑之间"的局部脱离、零星反叛、"打擦边球"来消解主流意识形态的影响力。复杂的形势向思潮批判提出了更高的要求，一些社会思潮的话语策略比思想政治教育的话语策略做得更好，甚至可以成为借鉴的对象。

（二）批判的社会基础面临着被剥夺的风险

当前，受后现代文化的影响，我国思想文化领域流行着"非意识形态化"和抽象的人文精神，谈论意识形态似乎不合时宜，但"当我们弘扬革命传统、努力认同实践中的我国社会主义制度时，无疑是对现在流行的一些时尚的勇敢批判"①。当前，阶级矛盾已经不是我国的主要矛盾，谈论斗争性、阶级性、批判性似乎是冒天下之大不韪，为马克思主义辩护，与所谓的思想流行和文化时尚做斗争，经常会面临着口诛笔伐。一些社会思潮的支持者和维护者，面对思想政治教育者的批判，对批判者大扣"上纲上线""'文革'余孽""保皇党""五毛党"等帽子，把正当的批判和辩护与"文革"记忆、思想钳制、"泛意识形态化"等联系起来，利用人们对"文革"的心理余悸，把批判架在道德的火炉上烤，以历史记忆的悲痛性来刺激人们的敏感神经，试图剥夺批判的合法性基础，使批判者不敢亮剑，不敢说实话，患上了"批判恐惧症"。而一些简单粗暴、用力过猛的批判方式似乎又在提供佐证、贻人口实。

当前，对主流意识形态不假思索的反对、武断的质疑、简单的否定俨然成为一种时髦，成为独立思考、思想自由、不拘一格的象征，而相信和认同则被曲解为对现实的蓄意迎合和盲目屈从，主流意识形态甚至在我国思想文化"鄙视链"中处于底端，仿佛谁都可以洋洋得意地踩一脚、啐一口。意识形态在人文精神面前处于屈从地位、同一性在差异性面前处于屈从地位、赞同在反对面前处于屈从地位。思潮批判不是重新"以阶级斗争为纲"，不是对人文精神的打压，也不是对差异性的抹杀，也不是对反对的敌视，而是区分良莠、辨别真伪、捍卫真理的过程。可以说，在今天，展开思潮批判，捍卫主流意识形态更需要勇气和智慧。

五、思想政治教育的教育引导权存在的问题

"兴衰资于人，得失在于教"（隋·王通）。作为一项具体的教育活

---

① 侯惠勤：《马克思的意识形态批判与当代中国》，中国社会科学出版社 2012 年版，第426 页。

动类别，思想政治理论课是思想政治教育的主渠道，思想政治教育通过具体的教学活动来培养人、引导人，教育引导权是思想政治教育话语权的重要组成部分。当前，经过广大思想政治教育者的不懈努力，思想政治教育话语结构不断优化、内容不断完善、表达方式日趋丰富、话语实效不断提升，思想政治教育话语的教育引导力不断增强。但在具体的教育实践活动中，依然存在着一些亟待克服的问题，集中体现为教育者话语主导权的矫枉过正、部分受教育者对话语权弃之不用两个方面。

（一）教育者话语主导权的矫枉过正

已有的研究成果在讨论教育者话语权问题时，大多从批判传统思想政治教育的"满堂灌""填鸭式""独白式"教学方式入手，要求教育者纠正自己的教育理念，改变教育者的主宰者、控制者、专断者的传统定位，下放并让渡教育者话语权，尊重受教育者的主体性和表达权，实现话语权共享。这一批判立场是多种因素共同影响的产物，包括传统模式下思想政治教育实效性不高、试图改变传统文化中对教师的绝对权威定位、希望消解受教育者的逆反心理和对抗心理、尝试运用西方主体间性哲学特别是哈贝马斯的交往理论于思想政治教育之中等等。这一批判立场掀起了思想政治教育学界关于主客体、双主体、主体间性等问题的学术争鸣，不仅推进了思想政治教育理论的进步，也为提高思想政治教育的有效性提供了理论指引。然而，在实际的教育活动中，却存在着矫枉过正的倾向，具体来看：

其一，非此即彼、二元对立的思维方式，割裂教育者话语权和受教育者话语权的有机联系，从"重教育者主导、轻受教育者主体"这一个极端走向"重受教育者主体、轻教育者主导"的另一个极端，思想政治教育活动的展开"不能因为尊重'受教者'作为教育目的指向的'主体'地位，而推脱'教育者'的主导地位和引领责任。"① 一些"翻转课堂"成为教师偷懒、学生叫苦的课程。

其二，教育者的权责不统一，话语环境日趋复杂和教育任务的日趋繁重，使人们对思想政治教育者的要求越发严格，但又有形无形地削弱思想政治教育者的话语权，特别是行政权力话语的过分介入，使思想政治教育者被边缘化，无法有效地履行自己的职责，"又要马儿跑又不给马儿吃草"怎么可能行得通，因此"一味地批评指责教育者'居高临下'，是脱离实际的"②，甚至可以说，教育者有时是相对弱势的一方。

其三，"猴子掰玉米"般的趋新舍旧，最为典型的是，作为重要教育方法的讲授法，被片面理解为一言堂、话语霸权、话语权滥用，被认为是扼杀学生积极性、主动性的空洞说教而遭到无端指责，以至于多年来奋斗在一线的教育者总结出来的宝贵经验无用武之地，陷入"经验失灵"的深深无力感。③思想政治教育应以政治为向、以思想见长、以教育为本，思想政治教育的真理魅力需要传统的讲授法来实现，传统的不一定就不合时宜，时新的不一定就恰如其分，嘻嘻哈哈的热闹氛围不一定能比严肃认真的课堂讲授带来更多的收获。改变和创新要有，但关键是要看怎么变、怎么新，如果顾此失彼，反而得不偿失。

（二）部分受教育者对话语表达权弃之不用

在理论设想中，受教育者应该是充满活力、张扬个性、积极探索的人，只要赋予受教育者话语权，不仅能够活跃教育氛围，还能促进受教育

---

① 刘占虎：《思想政治教育教学相长的边界自觉与协同思维——超越'主客体'与'双主体'之争》，《湖北社会科学》2016 年第 9 期。

② 刘建军：《思想政治教育主客体难题的哲学求解》，《教学与研究》2016 年第 2 期。

③ 参见谢益民：《新课改中教育话语权的审视与回归——兼对教育争鸣的进一步思考》，《中国教育学刊》2013 年第 5 期。

者的自我成长，增强思想政治教育的实效。不可否认，受教育者在教育过程中是能动的存在，他们具有积极性和主动性，然而，在实际的教育过程中却存在一定的偏差，我们似乎期望过高。当前，教育者话语权下放了，赋予了受教育者话语表达的机会，但一些受教育者却没有因此表现出积极的欢迎态度，而是一如既往的淡漠，不愿意花费时间和精力参与到思想政治教育活动中来，把思想政治教育当作一种外在的强制力量，自己只是被强行拉入思想政治教育现场、强行进入思想政治教育关系，难免身心异处、形神分离。一些受教育者不愿意使用话语表达权，把表达自己意愿、参与教育活动当作一种额外的负担，他们认为无论是准备资料还是参与讨论，都需要脑力体力的调动，反不如坐在位置上听讲来得轻松自在，一心只想着赶紧结束课程、通过考试、拿到学分就好，甚至把教育者精心准备的多样化教学活动当作"给自己找事""整幺蛾子"，受教育者话语表达的动力不足。当然，受教育者是否拥有话语权与是否运用话语权是两码事，我们不能因为部分受教育者对话语权的弃之不用就将之收回，也不能以之为借口就缺乏对受教育者应有的尊重，但应该进一步反思问题的真正所在。

这种尴尬的状况与受教育者思想偷懒以及功利性学习心态有关。但更多的还在于思想政治教育本身的吸引力感召力不足，具体来看：其一，思想政治教育话语内容的稀缺性不够，可替代性强，道德问题可以求助伦理学课程、社会热点问题可以求助社会学课程、政治理解问题可以求助政治学课程、心理疏导问题可以求助心理学，等等。与其他学科课程的知识优势和专业优势相比，思想政治教育更像一个机械的混合物，在内容为王的时代，思想政治教育究竟对受教育者而言意味着什么，优势在哪，需要我们进一步思考和定位。其二，话语内容生动性不足，表现为"对文件话语的生动性阐释乏力、对学术话语的实践性表述不足、对大众话语的提炼借鉴不够"①，

---

① 何理：《思想政治理论课话语体系生成和发展研究》，人民出版社2015年版，第141页。

也就是说在话语内容的建构过程中缺乏话语转换机制，对文件话语的生硬照搬使话语内容显得单调乏味，对学术话语吸纳不足使话语内容缺乏学理论证和新颖表达，对大众话语提炼不足使话语内容显得陈旧古板。

六、思想政治教育的舆论引导权存在的问题

思想政治教育不能关起门来在自己的"小千世界"中踽踽独行，而要在开放灵动的"大千世界"中主导浮沉，要把整个社会意识形态的变化发展纳入自己的视野当中。舆论作为社会意识结构的表层，"在反映客观世界时表现得极为敏感，总是把视角伸向各个领域的最新动态，支配这些领域中的最新思考，是人们对社会现象最早、最快的共同思索和结论"[②]。舆论是社会意识形态变化的反应机制和触发机制，它跃动着、变化着、弥漫着，社会矛盾在这里得到反映、社会情绪在这里得到宣泄、文化价值在这里得到彰显、人心向背在这里直观呈现。舆论是各种话语的集结地，是一股状似无形但又无处不在的强大力量，引来各方势力角逐。正确的舆论利国利民，错误的言论误国误民，舆论能够被引导、需要被引导，面对众声喧哗、鱼龙混杂的多元舆论场，"对舆论用引导的方式进行处理，将舆论引导到正确的方向"[③]是思想政治教育的应有之义。当前，思想政治教育在国内国际两个层面的舆论引导方面均存在着一些问题，不利于良好舆论环境的营造和舆论阵地的坚守。

（一）国内层面舆论引导权存在的问题

首先，舆论格局发生深刻变化，主流舆论的存在感降低，受众规模减

---

② 赵强：《中国国家舆论安全研究》，《政治学研究》2009 年第 2 期。
③ 丁柏铨：《"舆论引导"论：理论体系及创新发展》，《中州学刊》2016 年第 4 期。

小，影响力被稀释。在传统媒介时代，主流舆论是主要的信息来源，人们主要通过官方途径了解外部世界，信息是一种稀缺的资源。而在新媒体时代，人们都是信息的生产者和传播者，信息爆炸式增长，五花八门的信息都试图争夺人们的注意力。主流媒体舆论从唯一舆论变成多元舆论中的一种，由于对媒介融合态势的适应性不足，在议题设置上相对被动，在话语使用上显得单一、陈旧、呆板，缺乏吸引力，一些社会成员甚至通过屏蔽、不关注等方式来拒绝倾听主流媒体的声音。其次，主流舆论引导的公信力不足，陷入"塔西佗陷阱"，社会成员通过质疑、调侃、戏谑、消遣等方式对主流舆论进行负面的标签化解读。"政府表态，不信；专家解释，不信；媒体报道，还是不信。曾经的'权威声音'，许多人如今是将信将疑"，老百姓成了"老不信"。①"希望自己生活在新闻联播里"这一流行语就是对主流媒体"报喜不报忧"、不真实反映民意的公开调侃。再次，对重大舆情危机应对能力不足，在传统管控思维的影响下，对违法信息、不实信息、敏感信息进行删帖、屏蔽、关停的简单化处理方式正遭遇危机，在伦理上被认为是对公民知情权、表达权、监督权的侵犯而遭到道德批判，而且技术难度不断提升、成本不断攀高，但效果却不明显，甚至会加剧舆论的分化和对峙。②最后，对积极的意见领袖的吸纳和培养机制不健全。当前，人们缺乏的不是信息而是态度和观点，因此能够表明态度、生产观点的意见领袖具有强大的舆论影响力和号召力。在舆论场中确实存在着推波助澜、浑水摸鱼、乱带节奏、点舆情炸药、消费公众焦虑感的意见领袖，但也有传播正能量、客观评价、理性思考、正面引导的意见领袖，但由于长期对意见领袖采取警惕的态度，缺乏对积极的意见领袖的吸纳机制和培养机制，主流舆论力量壮大受阻。

---

① 《公信力缘何被削弱?》，《人民日报》2011 年 9 月 8 日。

② 参见高红玲、金鸿浩：《网络舆论引导的"范式危机"与方法创新——兼论舆论引导的简单化、科学化与系统化》，《新闻记者》2017 年第 10 期。

（二）国际层面舆论引导权存在的问题

向世界"讲好中国故事，传播中国声音"，积极参与国际舆论场的话语博弈，是思想政治教育的重要使命。在西强中弱的国际舆论格局下，国际舆论对中国并不那么友好，思想政治教育的国际舆论引导任重道远。

首先，我国在议题设置上相对被动，"有关中国的国际议程常被西方设置"[①]，西方国家利用强大的媒体传播能力，占据话语高地，常常围绕"民主""人权"等问题设置舆论陷阱，遮蔽中国声音，试图陷中国于不利的舆论处境中。其次，我国的国际传播"缺乏引领性概念和原发性观点"[②]，国际舆论场中流行的核心话语、关键范畴大多由西方制定，如"历史终结论""文明冲突论""意识形态终结论"等，我们目前还拿不出一套足以与西方权势话语相抗衡的中国话语体系。再次，我国国家形象被抹黑。西方国家既以"国强必霸"的思维方式恶意揣度中国发展意图，把中国定位为"汇率操纵国家""黑客攻击国家""军事不透明国家"，等等，构造形形色色的"中国威胁论"，把中国引致"修昔底德陷阱"的舆论旋涡；又以对"负责任大国形象"的误读，要求中国承担与发展水平不相符合的国际责任，把中国引致"金德尔伯格陷阱"的舆论旋涡，想要中国为国际社会分摊更多的"公共成本"。最后，我国传播媒体实力不够强大，"据统计，全球最大的300家传媒企业中，144家是美国企业，80家是欧洲企业，49家是日本企业，美国及其他西方发达国家控制了全球90%的媒体。"[③]我国适应新媒体的传播趋势，积极在Twitter和Facebook等国外主流社交

---

①　陈正良：《软实力发展战略视阈下的中国国际话语权研究》，人民出版社2016年版，第212页。

②　王眉：《智库国际传播与对外话语体系构建》，《新疆师范大学学报（哲学社会科学版）》2015年第11期。

③　刘鹏飞、曲晓程、何睿敏：《构建新时代国际传播能力体系的实践路径——试论我国互联网国际舆论场趋势与对策》，《中国出版》2018年第14期。

媒体上注册账号，如 @People's Daily，China、@CCTVNEWS、@CGTN Official 等，但账号运营能力、吸粉能力尚待提高，话语影响力不够，传播效果在深度、广度和受众参与度上都相对欠佳。有学者对中国环球电视网（CGTN）官方 Twitter 账户 @CGTN Official 于 2017 年 5 月在北京召开的"一带一路"高峰论坛期间发布的 67 条推文的转推量和点赞量进行统计发现，半数以上推文的转推量集中在 100 次以下，点赞量集中在 150 次以下①，影响力比较薄弱。

第二节　思想政治教育话语权的制约因素

思想政治教育话语权需要在开放的话语空间中展开搏击，虽谈不上风雨飘摇，但也可谓风雨兼程。在现实中，思想政治教育话语权面对着西方话语霸权的挤压、我国社会转型的冲击以及信息网络化的挑战。

一、西方话语霸权对思想政治教育话语权的挤压

话语霸权是"指一国依靠自身优势，将蕴含自身价值取向的话语强加于别国，使其逐渐丧失自我意识而接受霸权国的话语体系。"②世界正在朝着更好的方向发展，但国家之间的不平等依然触目惊心。话语权作为一种软实力是建立在硬实力基础之上的，西方国家以冷战胜利者的傲然姿态主导着国际话语秩序，凭借其强大的经济实力、科技实力、军事实力等硬实

---

① 曹雪盟：《主流媒体社交平台的国际传播力》，《青年记者》2018 年第 12 期。
② 邱斌、胡凤飞：《透视全球化背景下的美国话语霸权》，《学术交流》2006 年第 4 期。

力占据着话语高地，自上而下地推行着话语霸权，希望在以资本主义为主导的全球化发展进程中，"按照自己的面貌为自己创造出一个世界。"① 冷战结束之后，冷战思维并没有结束，近年来，伴随着西方国家国内右翼势力的不断崛起，针对新兴大国特别是社会主义中国的冷战思维不断抬头，在或隐或显的意识形态话语流动中，西方国家试图以强势话语蚕食鲸吞弱势话语，宰制社会主义中国的野心昭然若揭。当前，西方强势推行的话语霸权挤压着思想政治教育话语权的生存空间。

（一）西方国家以东方主义话语对中国形象进行诋毁，制造西方优于中国的意识形态话语幻象

东方主义话语并不专门针对中国，但中国却是东方主义话语的受害者。萨义德把东方主义看成是学科、思维方式和权力话语方式的综合体② ：作为一门学科，西方学者在这里想象着东方、书写着东方、创造着东方，从事着关于东方的知识生产和话语建构，标榜着客观中立、追求真理的学术研究在这里为西方国家殖民东方（无论是赤裸裸的军事殖民，还是相对隐蔽的文化殖民）摇旗呐喊、鸣锣开道，并提供知识论证和学理支撑。作为一种思维方式，它把世界割裂为东方和西方两个部分，并将两者对立起来，在这种二元对立的思维框架下，"西方是文明的，东方是野蛮的"③，西方国家对中国图像的描绘充满着负面色彩，我们倡导的爱国主义被构陷为"狭隘的民族主义"。作为一种权力话语方式，它认为"'欠发达'世界的非殖民化释放了新的、具有潜在危险性的力量，而这些力量需要加

① 《马克思恩格斯文集》第 2 卷，人民出版社 2009 年版，第 36 页。
② 参见施爱国：《"东方主义"与后冷战时期美国的"中国威胁论"》，《南开学报（哲学社会科学版）》2002 年第 6 期。
③ 周宁：《文明之野蛮：东方主义信条中的中国形象》，《人文杂志》2005 年第 6 期。

以疏导和控制"①，中国被视为偏离文明进程的"离经叛道者"，不承认中国的市场经济地位，为西方国家以"文明使者""正义代言者"的姿态介入中国、评判中国进行舆论造势。从早期的"黄祸论"，到后来的"赤祸论"，再到现在五花八门的"中国威胁论"，无不能在东方主义话语那里找到影子。可以说，"在预先设置好的文明与野蛮、民主与专制、先进与落后的二元对立的话语体系中，中国就被置于一个相当不利的位置。"②

（二）以形形色色的西方话语对"中国模式"进行歪曲，争夺对中国特色社会主义道路的阐释权

"中国模式，即中国特色社会主义道路"③，中国特色社会主义道路是中国共产党在马克思主义指导下，带领中国人民披荆斩棘走出来的一条实现我国社会主义现代化的必由之路、一条创造人民美好生活的必由之路。它扎根于中国历史文化传统，立足于当代中国发展实际，凝结着中国人民的智慧，承载着中国人民的价值追求。"'中国特色社会主义'不是在既定的'社会主义'框架中增加中国特色，而是用中国的实践经验来探索并定义究竟什么才是'社会主义'"④，中国是中国特色社会主义的创造者、发展者、亲历者和见证者，按理来说，最有资格向中国人民和国际社会言说和阐释中国特色社会主义道路内涵、特征和优势的应该是中国自己。

随着中国发展带来的世界震惊，西方的一些学者对中国问题表现出浓厚兴趣，他们聚焦于中国模式研究，成立了专门的研究机构、设立了相关

---

① ［美］雷迅马：《作为意识形态的现代化——社会科学与美国对第三世界政策》，牛可译，中央编译出版社 2003 年版，第 34 页。

② 任成金、潘娜娜：《西方文化输出及其对我国文化自信的影响》，《马克思主义研究》2018 年第 2 期。

③ 陈曙光：《中国话语：说什么？怎么说？》，湖北人民出版社 2017 年版，第 25 页。

④ 强世功：《哲学与历史——从党的十九大报告解读"习近平时代"》，《开放时代》2018 年第 1 期。

课题、出版了大量著作、举办了各色论坛，纷纷就中国模式发表自己的看法，并有大批的拥护者。这本无可厚非，也为我们提供了来自域外的话语镜鉴，然而我们发现，"中国模式"在一些西方学者那里变了味道，一些西方学者把"中国模式"曲解为"新自由主义模式""儒家资本主义模式""国家资本主义模式""第三条道路模式""威权社会主义模式""市场社会主义模式""儒家社会主义模式"等等。[1] 他们有的否定中国道路的社会主义性质，认为中国实质上走的是资本主义道路，把中国发展成就归因于对资本主义精神的贯彻和他们认为的人类文明（资本主义道路）的回归；有的试图儒化中国，把中国发展成就看作是儒家文化和资本主义或社会主义的联姻；有的否定中国的民主集中制，把它视作是政治压制。

总之，一些西方学者缺乏对中国实际的了解，以偏概全，分不清主流和支流，以固有的意识形态成见来看待中国，以形形色色的话语来消解中国模式的特定内涵，试图把中国发展与中国特色社会主义道路相剥离，把成就归结于资本主义，把问题归结于不彻底贯彻资本主义，与他们高调宣称的"共产主义失败论""马克思主义过时论"遥相呼应。种种歪曲的"中国模式"话语在国际社会中大肆泛滥，加深了国际社会对中国的误读和偏见，而且这些话语还伴随着全球化进程的深度展开而大量涌入中国，混淆视听、扰乱人心，不利于思想政治教育话语权的确立。

（三）西方意识形态话语对我国进行强势输出，冲击着思想政治教育话语权

从内容上看，我国当前流行的诸多社会思潮，其源头是西方国家，包括新自由主义、民主社会主义、意识形态终结论、普世价值论、虚无主义等等，这些意识形态话语被包装成学术话语、理论话语在我国大肆兜售，

---

① 陈曙光：《中国话语：说什么？怎么说？》，湖北人民出版社 2017 年版，第 25 页。

制造学术话语与意识形态话语相互交织、难分难舍的复杂局面，与思想政治教育话语争夺对我国社会的解释权。

从具体的策略来看，为继续推行"西化分化"图谋，西方意识形态话语输出可谓花样百出，无所不用其极：其一，煽动所谓的"颜色革命"，西方一些非政府组织和智库在非法"占中"行动背后推波助澜、出谋划策。其二，利用网络技术优势和立体化传播媒介，利用英语这一强大的语言优势，在全球范围内发布信息、筛选信息、控制信息，以"政体思维"炒作我国社会问题，绑架民意，激化舆情危机。一方面，高调炫耀自身在经济、科技、军事等方面的发展优势，鼓吹西方"三权分立"政体、"西式民主"的制度优越性；另一方面，以西方意识形态显微镜来放大我国部分社会敏感问题，"把一些偶然的社会事件上升到政治体制的问题，引导大众落入'中国政治制度不完善''中国缺乏法治'等话语陷阱，最终将矛头指向中国共产党的领导和社会主义制度"[1]，形成了"定体问"的网络评论通用脚本。其三，通过电视剧、电影、动漫、广告、书籍等文化消费方式，宣扬个人英雄主义、消费主义、享乐主义；通过资助出版、开设论坛、开展合作、设立项目等文化交流方式，培植西方意识形态代言人，潜移默化地渗透西方意识形态话语，传播西方价值理念和文化生活方式，消解社会主义核心价值观的影响力。

二、中国社会转型对思想政治教育话语权的冲击

当代中国是思想政治教育最强劲的语境，思想政治教育在这里发挥功能、彰显价值，也在这里受到规约、明确界限，离开当代中国社会现实，思想政治教育话语权就无法得到理解。现代社会处于深刻的变动中，改革

---

① 李江静：《西方国家推行话语霸权的隐蔽性策略及其应对》，《红旗文稿》2017 年第 3 期。

开放以来，我国经历了深刻复杂的社会转型，这种转型既是制度和器物上的工具性变迁，又是文化和思想上的价值性变动；这种转型既是五千多年古老文明的现代化跃迁，又是九百多万土地上十几亿人口的全局性发展；这种转型既是党领导人民进行的对社会主义现代化道路的上下求索，又是汇入进整个世界文明发展进程的磅礴力量。我国的社会转型不是某一个领域、某一个方面的单打独斗，而是涉及政治、经济、文化、社会、生态等方方面面的整体性转型。我们在短短几十年的时间里摸爬滚打地走过西方发达国家用了几百年才走过的道路，时间的紧迫性、空间的绵延性、任务的艰巨性交织成一幅复杂的画卷，当前我国正进入改革关键期、攻坚期和深水区，其中不乏在转型中出现的新变化新情况，甚至爆发出来的新矛盾新问题，使思想政治教育的话语优势不彰。当然，并不是所有问题都会折射到思想政治教育话语权这里，其中，对思想政治教育话语权冲击最为明显的是政治信任危机对思想政治教育话语权的波及、市场经济发展过程中引发的思想文化领域的深刻变化对思想政治教育话语权的制约。

（一）政治发展中的一些问题引发的政治信任风险对思想政治教育话语权的波及

"人是最名副其实的政治动物，不仅是一种合群的动物，而且是只有在社会中才能独立的动物。"[1] 人心是最大的政治，思想政治教育具有政治性，是联结人与政治的中介，人通过思想政治教育实现政治社会化，政治通过思想政治教育直达人心。政治权力是思想政治教育的坚强后盾，思想政治教育话语权的生成需要政治权力的支撑，人们对政治权力的信任会转移到思想政治教育话语权当中，同样，人们对政治权力的怀疑也会传导到思想政治教育话语权当中。当前，社会上存在着一定的政治信任危机，从

---

① 《马克思恩格斯文集》第 8 卷，人民出版社 2009 年版，第 6 页。

话语表现来看就是"官—民"的对立指称，社会中流行着"他们当官的，我们小老百姓""你是为中国共产党说话还是为人民群众说话"的话语对立。"官—民"话语对立的背后凸显着我国政治转型的一些问题，具体来看：

其一，政治改革进程与民众期待之间的差距，改革开放以来，我国的政治改革稳步推进，民主法治建设迈出重大步伐。我国政治改革的力度不可谓不大，但依然存在着一些问题需要在后续的改革中解决，但一些民众对政治改革进行选择性注意（不排除别有用心的人的刻意误导），在一定程度上忽视改革成就，却以尚待解决的问题来质疑政治改革的力度和诚意。加之"尖锐的官民矛盾导致'维稳'刚性需求的增长，一方面限制了官方政改的空间，另一方面反过来刺激了民间（互联网）政改讨论的过度活跃"[1]，在这一缓一急之间，民众的政治不满持续积累。

其二，腐败现象的频繁发生使人们对党和政府各级干部的信赖大打折扣。在《共产党宣言》中，"他们没有任何同整个无产阶级的利益不同的利益"[2]是马克思恩格斯对马克思主义政党性质、作用、信念的公开的理论宣称，但现实中一些党员干部把权力当作谋取私利的工具，中饱私囊、贪污腐化，理论承诺与社会现实之间的差距使人们质疑党"全心全意为人民服务"这一宗旨的真实性和可靠性，党的形象被少数蛀虫所损害。习近平指出，"当公权力失去公信力时，无论发表什么言论、无论做什么事，社会都会给以负面评价。这就是'塔西佗陷阱'。我们当然没有走到这一步，但存在的问题也不谓不严重，必须下大气力加以解决。"[3]当前，政府面临着失去公信力的风险，人们对出台的政策会下意识地进行负面解

---

[1]　陈明明：《中国的政治改革为何难以形成稳定的共识——对当下政治改革讨论状况的一个观察》，《江苏社会科学》2013 年第 2 期。

[2]　《马克思恩格斯文集》第 2 卷，人民出版社 2009 年版，第 44 页。

[3]　习近平：《做焦裕禄式的县委书记》，中央文献出版社 2015 年版，第 35 页。

读，阻碍政策的推行。政治转型过程中引发的政治信任危机会波及思想政治教育，引发人们对思想政治教育的话语质疑，不利于思想政治教育话语权的确立。

（二）市场经济发展过程中引发的思想文化领域的深刻变化对思想政治教育话语权的制约

邓小平以"社会主义和市场经济之间不存在根本矛盾"①"计划和市场都是经济手段"②等系列重要论断对社会主义和市场经济的关系进行了厘清，揭掉了附着在市场经济之上的意识形态面纱，破除了在我国发展市场经济的思想障碍。"从改革初期的自觉运用价值规律，到十二大报告的'计划经济为主，市场调节为辅'到十四大的'市场在社会主义国家宏观调控下对资源配置起基础性作用'，再到十八届三中全会的'市场在资源配置中起决定性作用和更好发挥政府作用'"③，党和国家对社会主义市场经济的思想认识不断深化，实践证明，社会主义市场经济在解放和发展社会生产力，提高人民生活水平方面发挥着重要作用。在市场经济发展进程中人们的独立意识、竞争意识、法治意识、效率意识、创新意识、开拓意识等思想意识不断孕育发展。然而，市场经济发展过程中也存在着一些负面效应，深刻地影响到精神文化领域，制约着思想政治教育话语权。

其一，社会利益分化衍生了异质话语立场，既为多种社会思潮预留了话语空间，又为西方意识形态的渗透行了方便，不利于思想政治教育凝聚共识。随着经济运行模式、经济成分、所有制形式、生产方式和分配方式等方面的改变，我国社会利益结构发生了明显的分化，表现为社会利益主体多元化、社会利益关系复杂化、利益实现方式多样化、利益诉求多样

---

① 《邓小平文选》第三卷，人民出版社 1993 年版，第 148 页。
② 《邓小平文选》第三卷，人民出版社 1993 年版，第 373 页。
③ 胡家勇：《试论社会主义市场经济理论的创新和发展》，《经济研究》2016 年第 7 期。

化①。"'思想'一旦离开'利益',就一定会使自己出丑"②,话语是思想的表征,人们在社会中竞相发声,争取话语权的目的是表达和维护自己的利益。但由于社会利益的分化,人们的话语诉求也呈现出明显的差异性,对同一事件、同一活动、同一政策会根据它与自身利益的损益增减而形成不同的话语立场,为了自身利益相互攻讦、相互埋怨。正是这种殊异的话语立场,加上人们思想观念的开放性、活跃性,引发了社会上绵延不绝的话语争论和话语歧见,截然不同的观点都不乏支持者和拥护者,这就为多种社会思潮的产生和流行预留了话语空间,也为西方文化的蜂拥而入松绑了思想防线,不利于思想政治教育话语引导力的发挥和社会共识的凝聚。

其二,"而发展着自己的物质生产和物质交往的人们,在改变自己的这个现实的同时也改变着自己的思维和思维的产物。"③与市场经济相伴随的一些消极意识,消解着思想政治教育的话语影响力。传统与现代在这里交织、东方与西方在这里碰撞、集体与个人在这里纠缠,一些人痴迷拜金主义、物质主义,不谈价值、拒斥崇高、戒掉理想;一些人奉行消费主义、享乐主义,以及时行乐、物质享受为荣,以勤俭节约、艰苦奋斗为耻;一些人主张个人主义、利己主义,贬低集体主义、爱国主义、社会主义。在资本逻辑的支配下,道德失范现象、思想冲突现象、行为越轨现象此起彼伏,精神世界不断失落、思想困顿不断衍生、价值想象力不断贫乏。

笔者曾经阅读过一篇文章,该文前面的大量篇幅都是对充满烟火气息的市井生活的描写,结尾有一点思想拔高,拔高完之后来了一句"完蛋了,结尾又升华了",不管是作者调侃也好还是他真的觉得升华不好,

---

① 陈锡喜:《马克思主义:意识形态和话语体系》,华东师范大学出版社 2011 年版,第 248—249 页。

② 《马克思恩格斯文集》第 1 卷,人民出版社 2009 年版,第 286 页。

③ 《马克思恩格斯文集》第 1 卷,人民出版社 2009 年版,第 525 页。

但也折射出一种失衡的社会心态，为什么升华了就完蛋了呢？难道市井生活真的和思想升华有深仇大恨吗？仿佛一旦升华就会变成说教、变成高姿态，理想主义的溃败可见一斑。而为了缓解反叛"唯利是图"的身心焦虑和精神迷失，一些人又试图从宗教那里寻找慰藉，一些青年人自我调侃在"上班与上学之间选择了上香"，本来尖锐对立的世俗化与神圣化竟奇妙地交织在一起，活脱脱地呈现在人们面前。这些消极的思想观念与思想政治教育的话语诉求背道而驰，但持有这些消极观念的社会成员并不认为自己有什么不对，反而指责思想政治教育话语的"过时""落后""不注重主体性""剥夺思想自由"，对思想政治教育话语产生抵触情绪和排斥心理，思想政治教育话语权面临着失效的风险。如何在大众话语和思想政治教育话语之间找到连接点，实现思想政治教育话语对大众话语的超越性引领成为摆在思想政治教育者面前的一大难题。

三、信息网络化对思想政治教育话语权的挑战

1987 年 9 月 20 日，中国第一封电子邮件从北京车道沟十号院中的一座小楼发出，这封名为"Across the Great Wall we can reach every corner in the world"（"越过长城，走向世界"）的邮件拉开了中国人使用互联网的历史序幕，让世界第一次通过网络知道中国。[①] 三十多年过去了，我国已经成为了互联网大国，截至 2023 年 6 月，我国网民规模达 10.79 亿人，互联网普及率达 76.4%。[②]"以信息技术为中心的技术革命，正在加速重

---

① 《科技之光普惠共享：穿越三十年 看中国互联网发展历程》，2017 年 12 月 3 日，见 http://news.sina.com.cn/c/nd/2017-12-03/doc-ifypikwt5312872.shtml。

② 《第 52 次〈中国互联网络发展状况统计报告〉》，2023 年 8 月 28 日，见 https://www.cnnic.net.cn/n4/2023/0828/c88-10829.html。

造社会的物质基础。"①信息网络化作为技术背景深深嵌入社会发展的方方面面，电商物流、移动支付、网约专车、网上外卖、网络课程、大数据、云计算、人工智能、物联网……，互联网成为人们生活、学习、工作的公共空间，它是虚拟的却又无比真实。群众在哪，思想政治教育就要覆盖到哪，信息网络化的发展拓展了思想政治教育的话语空间，为思想政治教育话语影响力的提升给予了技术支持，大大提高了思想政治教育话语的传播效率和覆盖范围。但同样无可否认的是，信息网络化及其引发的传播革命挑战着思想政治教育话语权。

（一）私人订制的"个人日报"模式下的"信息茧房"效应② 对思想政治教育话语权的影响

"在后信息时代中，大众传播的受众往往只是单独一人。所有商品都可订购，信息变得极端个人化。"③随着网络信息技术的发展特别是人工智能在传播领域的应用，快速的信息生产、海量的信息库、数据挖掘、智能分析、精准分发使人们可以根据自己的信息偏好，以最少的时间、金钱和精力选择性地接触信息，拥有私人订制的"个人日报"。在日常的网络使用中，我们可以发现，无论是今日头条、网易新闻等资讯 App，还是微博、微信等社交 App，抑或是哔哩哔哩、优酷等影音视频 App，都可以通过关注或者取消关注来选择自己感兴趣或者不感兴趣的内容，各种 App 会根据用户的选择和使用习惯对各种信息进行精准分发和智能推送。

"个人日报"是个性化信息服务的产物，是对受众信息权的尊重，使

---

① ［美］曼纽尔·卡斯特：《网络社会的崛起》，夏铸九等译，社会科学文献出版社 2006 年版，第 1 页。

② 王刚：《"个人日报"模式下的"信息茧房"效应反思》，《青年记者》2017 年第 29 期。

③ ［美］尼古拉·尼葛洛庞帝：《数字化生存》，胡泳等译，电子工业出版社 2017 年版，第 159 页。

受众以自身体验为依据，筛选信息、过滤信息，但也存在着一定的负面效应，其中"核心问题涉及信息茧房（information cocoons）：我们只听我们选择的东西和愉悦我们的东西的通讯领域"①。"信息茧房"打造了一个封闭的信息空间，在这一空间里，只有用户感兴趣的、片面的、相对固定的甚至不断重复的信息，其他的信息被排除在外。"信息茧房"使人们长期接受同质单一信息的刺激，屏蔽了不同的观点和立场，容易使人们的思维方式固化、知识视野窄化、思想观念偏激化、反思精神弱化、判断力丧失，颇有"作茧自缚"的意味。

对于思想政治教育话语权而言，"信息茧房"的存在，一方面作为一种信息排斥机制，用户可以通过"不感兴趣""不关注"等阻隔方式，把思想政治教育话语排除在可接收的信息范围之外，拒绝接收思想政治教育话语的影响。趣味性与重要性并不等价，思想政治教育话语毕竟以思想见长，存在有趣的思想，但思想真正的魅力在于严肃认真的思考，在带来愉悦感方面总是不及其他的大众娱乐信息，人们在网络上主动接受思想政治教育话语的动机不够强烈。另一方面作为一种信息选择机制，用户可以通过"感兴趣""关注"等开放方式，使与主流意识形态不一致甚至完全相反的信息重复性、经常性地涌入头脑，加上一些运营商为吸引流量，在内容把关上的主动或被动失职，以"技术中立"当作"不作为"的借口，任由虚假、低俗、庸俗、谣言等有害内容被推送，产生"有益信息被排斥、有害信息被叠加"的"内容下降的螺旋"②，长此以往，不利于思想政治教育话语权的确立。

---

① 〔美〕凯斯·桑斯坦：《信息乌托邦——众人如何生产知识》，毕竞悦译，法律出版社2008年版，第8页。

② 宋建武：《智能推送为何易陷入"内容下降的螺旋"——智能推送技术的认识误区》，《人民论坛》2018年第17期。

（二）全媒体时代带来的社会舆情新变化对思想政治教育话语权的影响

当前，"不同媒介之间为实现优势互补，加强了在信息传播内容、信息传播形式、信息传播渠道等全方位的合作，我们迎来了以互联网为载体、新旧媒体深度融合的全媒体时代"①，全媒体时代打破了"信息统一生产和分配"的传播格局，使多种力量参与到舆论场话语博弈中来，"人人都有麦克风""人人都是信息源"成为常态。"失去控制和无组织的信息在信息社会里并不构成资源，相反，它成为信息工作者的敌人"②，全媒体时代我国社会舆情呈现出更为复杂的形式，使思想政治教育的舆论引导变得更为艰难，具体来看：

首先，参与主体多元分化，不同主体拥有不同的话语权，传统主流媒体依靠"权威信息发布""官方表态""权威评价"占有一份话语权，意见领袖依靠对特定事件的"知识""观点""见解""视野"占有一份话语权，普通民众依靠"众势""民情""诉诸问题""诉诸情感"占有一份话语权，网络舆论场话语割据明显，且不同主体的话语权重是不一样的，思想政治教育面临着激烈的话语权竞争。其次，舆情爆点低，爆发频繁、传播突然，一个帖子、一篇网文、一张图片、一个表情包、一个短视频甚至一句话都可能引发"病毒式传播"，在一夜之间刷遍全网，主流媒体在议题设置上陷入被动、信息首发率低，舆情预警机制面临失效的危险。最后，情感优于理智、个人信念先于事实真相的"后真相"传播盛行。探求真相是媒体从业人员的行为准则，但随着记者、编辑把关人效应的削弱，一些自媒体和营销号"看热闹不嫌事大"，为迎合受众情感偏好而罔顾事实甚至捏造事实，真假参半、滥用修辞、乱带节奏、乱贴标签、诱导情绪、消费

---

① 肖文涛、黄学坚：《全媒体时代网络舆论场力量对比失衡问题探析》，《中国行政管理》2015年第8期。

② [美] 约翰·奈比特：《大趋势——改变我们生活的十个新方向》，梅艳译，中国社会科学出版社1984年版，第23页。

焦虑，特别是针对民众比较敏感的公共话题制造"新闻反转"和"话语对立"，戏谑真相、解构真相，使真相变得无关紧要，使理性讨论被淹没在情绪狂欢中，让人们对真相失去兴趣、丧失信任，舆论生态被破坏。

第三节　思想政治教育话语权建设的坚实基础

现实总能让人一言难尽，消极因素与积极因素这一对矛盾体总是奇妙地结合在一起，非辩证的眼光不能把握。实事求是地分析思想政治教育话语权的现实图景不仅要正视问题、明确制约，也要看到思想政治教育话语权的坚实基础，坚定思想政治教育话语权建设的信心和底气。思想政治教育话语权建设这一任务的提出也意味着解决问题的条件也已经具备或正在不断生成当中，思想政治教育话语权既不是空中楼阁和无根浮萍，也不是一个从零开始、白手起家的工程，国家硬实力提升、人民获得感提高、文化自信明显增强、全面从严治党、思想政治教育学科发展都为思想政治教育话语权建设奠定了坚实的基础。

一、国家硬实力提升是思想政治教育话语权建设的物质基础

思想政治教育话语权是一种话语说服力和影响力，是一种软实力，它建立在硬实力的基础之上。根基不牢、地动山摇，没有硬实力的支撑，思想政治教育话语权就犹如在沙滩上修建堡垒，经不起一点风吹浪打，稍有风吹草动就如临大敌，缺乏安定从容；亦如在苍茫大海中投入一粒小石子，掀不起一点涟漪，无法发挥其应有之功效，变得可有可无。发展是硬道理，邓小平曾指出，"最终说服不相信社会主义的人要靠我们的发展。

如果我们本世纪内达到了小康水平，那就可以使他们清醒一点；到下世纪中叶我们建成中等发达水平的社会主义国家时，就会大进一步地说服他们"①。改革开放以来，中国共产党团结带领全国各族人民筚路蓝缕、艰苦创业、不懈奋斗，使我国经济实力、科技实力、军事实力等方面得到了极大提升，彻底改变了旧中国积贫积弱、任人揉捏、百般屈辱、万般无奈的悲惨命运。当前，中国特色社会主义进入了新时代，这"意味着近代以来久经磨难的中华民族迎来了从站起来、富起来到强起来的伟大飞跃，迎来了实现中华民族伟大复兴的光明前景"②。

我国硬实力的提升是方方面面的，在这里仅以经济实力和科技实力的提升为例进行说明。从经济实力的提升来看，改革开放初期，我国位居世界第十一，以此为起点，开始了追赶、并跑乃至超越之路。2005年超越法国，居世界第五；2006年超越英国，居世界第四；2007年超越德国，居世界第三；2009年超越日本，居世界第二。当前，"我国经济总量占世界经济的比重达18.5%……稳居世界第二位"。③随着发展理念的更新、供给侧结构性改革的推进、"互联网＋"的发展，我国经济正调档升级，朝着结构更优、质量更好、效率更高的方向发展，不仅以强劲的势头在一些领域奋力追赶，还在一些领域引领世界经济发展潮流，使世界的目光聚焦在中国身上。从科技实力来看，我国"基础研究和原始创新不断加强，一些关键核心技术实现突破，战略性新兴产业发展壮大，载人航天、探月探火、深海深地探测、超级计算机、卫星导航、量子信息、核电技术、新能源技术、大飞机制造、生物医药等取得重大成果，进入创新型国家行列。"④科技的发展为我国经济社会发展提供了新动能。当然，我们还有很

---

① 《邓小平文选》第三卷，人民出版社1993年版，第204页。
② 《中国共产党第十九次全国代表大会文件汇编》，人民出版社2017年版，第8页。
③ 《中国共产党第二十次全国代表大会文件汇编》，人民出版社2022年版，第7页。
④ 《中国共产党第二十次全国代表大会文件汇编》，人民出版社2022年版，第7页。

长的路要走，还有种种问题等着我们去克服，还有无数高山大海等着我们去跨越，但已经取得的成就不容忽视也无法忽视。

正所谓空口无凭，事实胜于雄辩，讲话要有理有据。世界上不乏一套又一套的美好说辞，空想社会主义勾勒的社会发展的美好图景不比科学社会主义的差，但空想之所以是空想就在于它没办法付诸实践，无法在实践中自我证成。实践是检验真理的唯一标准，中国特色社会主义伟大实践的成功，以无可辩驳的证据证明了中国共产党的领导是正确的，中国共产党正以自己的行动兑现着庄严的政治承诺和历史承诺，赢得了中国人民的尊重和认可，吸引了世界人民的眼光和关注；证明了中国特色社会主义道路是我国实现社会主义现代化的必由之路，证明了中国特色社会主义制度具有巨大的发展优势，证明了中国特色社会主义理论的科学性和真理性，证明了马克思主义时至今日乃至未来都充满生机活力、都能在创新中不断发展。面对铁证如山的发展成就，唱衰中国的"中国崩溃论"不攻自破，我们甚至不需要援引客观数据，而仅仅从身边日新月异的变化出发，都能够证明"中国崩溃论"的谎言性和荒谬性。2017 年 11 月，美国《时代》周刊封面第一次用中文和英文两种语言写着"中国赢了"（China Won）（美国本土版除外）[1]，以如此醒目的方式认可中国发展的成就。我国硬实力的提升为思想政治教育话语权建设提供了坚实的物质基础，"历史从哪里开始，思想进程也应当从哪里开始"[2]，中国特色社会主义实践是一项前无古人、今无旁支的开拓性事业，中国特色社会主义实践为思想政治教育的理论研究提供经验支持、激活思想活力、搭好创新舞台；我国硬实力的提升看得见、摸得着，它为思想政治教育话语实践的展开提供了丰富的素材和资源，使思想政治教育话语实践言之有物、意有所指、生动活泼，使思想

---

① 《美国〈时代〉周刊："中国赢了"》，2017 年 11 月 8 日，见 http://yuqing.cyol.com/content/2017-11/08/content_16668586.htm。

② 《马克思恩格斯文集》第 2 卷，人民出版社 2009 年版，第 603 页。

政治教育更具有说服力、更能打动人心；我国硬实力的提升铸造了一个强大的社会主义"社会存在"，它使思想政治教育者能够昂头挺胸、底气十足、从容不迫地面对种种质疑、否定、污蔑，并做出铿锵有力的回击，坚定地捍卫社会主义意识形态。

二、人民获得感提高是思想政治教育话语权建设的社会基础

思想政治教育的主要实施对象是人民群众，人民群众听不听从、满不满意、认不认可、跟不跟随直接关乎思想政治教育话语权，而人民是否有切切实实的获得感又直接关乎人心向背。思想文化领域的问题并不是凭空产生的，正如没有无缘无故的恨，也没有无缘无故的爱一样，人们思想上的疑窦丛生、忐忑不安、纠结摇摆、愤懑怨恨乃至"离经叛道"都是社会现实问题在意识形态领域的投射，倾听人民心声、纾解人民情绪、解答人民疑惑、引领人民发展是思想政治教育应有之功效，把思想问题的解决和实际问题的解决结合起来，站在人民立场、尊重人民价值、回应人民期待、维护人民利益、满足人民需求是思想政治教育话语权得以确立和维系的重要基础。

国家富强和人民获得感有着密切联系，但并不完全等同。如果国家富强了，但人民没有得到实惠，只是冷眼旁观着各种数字跳动、各种高调宣传，人民的生存、发展、享受等多重需要没有得到切实满足，就会得出国家发展与我何干的结论，嘴上调侃着"好想生活在新闻联播里""被脱贫""被平均""又拖祖国后腿"，实质上是个人获得感不强、对社会发展状况不满。这时，发展的绩效性就无法转化为思想的认同性，丰富的中国经验就无法转化为积极的中国体验，国家的发展优势也很难转化为话语优势，人们会以淡漠、嘲讽甚至敌视的心情来看待思想政治教育，想方设法地逃避思想政治教育，思想政治教育话语权自然无法确立。

高瞻远瞩固然可贵，脚踏实地亦显本色，宏微并重才能行稳致远。社会发展中的种种问题不是一句"必要的阵痛""社会发展代价"就能一笔带过，也不是一句"知足常乐""理解万岁"就能蒙混过关。发现问题、解决问题才是敢于担当、勇于作为的中国共产党的真正本色。党的十八大以来，习近平多次强调要"让人民群众有更多获得感"，在对中国梦的阐释中，人民幸福与国家富强、民族振兴三位一体、并驾齐驱；在中央全面深化改革领导小组会议上，人民获得感与经济社会发展共同成为衡量改革成效的评价标准；在对党的初心和使命的阐释中，始终念念不忘"为人民谋幸福"。党的十八大以来，国家推行了一大批安民惠民的重大措施，切实增强人民的获得感：通过精准扶贫，打赢脱贫攻坚战，不让一个人掉队；通过棚户区改造、农村危房改造，改善人民的居住环境；大力推行养老保险和医疗保险，编织紧密的社会保障网，使人民无后顾之忧地去拼去闯去奋斗，让人民生活更有安定感和确定感；贯彻绿色发展理念，制定实施大气、水、土壤污染防治三个"十条"，改善生态环境，使人民生活更加舒适；实施健康中国战略，提高医疗卫生水平，为人民健康保驾护航；推进教育公平，增加社会就业，提高居民收入，减轻企业负担，开展扫黑除恶斗争……，还有很多补齐短板、惠及民生的重大举措，这里就不一一枚举了。

"让人民群众有更多获得感"是马克思主义群众观的时代体现，是对社会主义本质的坚持，是中国共产党成立以来一直不忘的初心和使命，是对"人民日益增长的美好生活需要和不平衡不充分的发展之间的矛盾"这一新时代主要矛盾的积极正视和有力回应。"话语权竞争"争的是什么？争的不是谁把话说得漂亮好看、不是谁的口号最响亮、不是谁的嗓门大，争的是人心，是人们发自内心的支持和认同。思想政治教育不是精英式地指点江山，而是与民众生活世界、生命历程、生存际遇紧密相关的话语实践活动。实打实的获得感才最有吸引力、说服力和感召力，人民获得感的提高对思想政治教育话语权而言有着重要意义。人民获得感的提高可以使人们的社会心态更加理性平和、开放包容，使人们面对社会问题时更乐于采取平静温和的、在秩序范围内的方式，而不是以暴力冲突、群体性事件等极端方式来解决，留下思想政治教育进行话语说服的空间，维护社会安定团结；使人们发自内心地支持、认同和信赖中国特色社会主义，不会轻易受到国内外敌对势力的挑唆和离间，不会轻易被社会错误舆论和错误思潮所裹挟，自觉站在党和国家这一边，自觉接受思想政治教育的话语影响。

三、文化自信明显增强是思想政治教育话语权建设的文化基础

文化作为一种渗透性因素，不管人们是否能够敏锐地感知到它的存在，它都持久而深刻地影响着社会生活的方方面面，思想政治教育也概莫能外，思想政治教育的展开需要依托一定的文化资源、遵循文化发展逻辑，思想政治教育的施受者都要接受一定文化的熏陶。思想政治教育话语权建设是在一定的文化氛围中展开的，而文化氛围的良莠直接影响到话语权建设成效，是否能够正确地对待自身文化又关乎整个社会的文化氛围以及整个社会的精气神。"文化自信是一个国家、一个民族、一个政党对自身文化价值的充分肯定，对自身文化生命力的坚定信念。"[1]文化自信是一种对待文化的积极态度，展示出一种向上的精神面貌。文化自信不是孤立存在的，它伴随着国家和民族的兴衰成败而浮浮沉沉。在历史发展进程中，"我们经历过高度的文化自信、短期低谷和文化自信在当代中国重建的螺旋式的发展过程。"[2]当前，伴随着波澜壮阔、气吞山河的中国特色社

---

[1] 云杉：《文化自觉 文化自信 文化自强——对繁荣发展中国特色社会主义文化的思考（中）》，《红旗文稿》2010年第16期。

[2] 陈先达：《文化自信中的传统与当代》，北京师范大学出版社2017年版，前言第1页。

会主义实践，我们正在重建文化自信，并已经取得显著成效。

习近平在党的二十大报告中指出，"全党全国各族人民文化自信明显增强、精神面貌更加奋发昂扬"①，"文化自信明显增强"这一论断不是凭空提出的，而是有着丰富可靠的现实依据，具体来看：

第一，"文化自信明显增强"体现为对中华传统文化的创造性转化和创新性发展，改变了近代中国因遭遇亡国灭种危机而对民族文化丧失信心、视如敝屣的消极态度。"天行健，君子以自强不息"作为文化基因传承到"自力更生、艰苦奋斗"这里，保家卫国的家国情怀在爱国主义精神中得到新的诠释，"天人一体""协和万邦"的传统情怀在"人类命运共同体"这一时代理念中焕发生机，"家风家教""乡俗文化"成为涵养社会主义核心价值观的思想资源，《关于实施中华优秀传统文化传承发展工程的意见》等弘扬传统文化的政策颁布实施，《中国汉字听写大会》《中国诗词大会》等弘扬传统文化的节目让一度掩藏在故纸堆中的文字、诗词走进当下，传统文化在当代中国被赋予鲜活魅力。

第二，"文化自信明显增强"体现为对党领导人民在革命、建设和改革中创立的革命文化、社会主义先进文化的弘扬。井冈山精神、长征精神、雷锋精神、"两弹一星"精神、载人航天精神、抗震救灾精神等宝贵的文化精神被反复提及、精心守护并大力弘扬，中国梦得到科学阐释和广泛传播，社会主义核心价值观逐步融入国民教育中、落实到经济发展实践和社会治理中、融入法治建设中、涵养在群众性精神文明创建活动中，马克思主义在意识形态领域的指导地位得到坚定捍卫。

第三，"文化自信明显增强"体现为以海纳百川、博采众长的胸怀在世界范围内展开文化对话交流，在世界范围内思想文化激荡中站稳脚跟。一方面，辩证地看待外来文化，既不抱残守缺、闭目塞听、拒绝兼收并

---

① 《中国共产党第二十次全国代表大会文件汇编》，人民出版社 2022 年版，第 9 页。

蓄，也不"唯洋是举""食洋不化"。另一方面，致力于提升中华文化影响力，积极搭建跨文化交流平台，设立孔子学院，举办中外文化论坛、丝绸之路国际艺术节等文化交流活动，举办中华文化讲堂、"发现中国"讲座等教育交流活动，动漫《西游记之大圣归来》、纪录片《舌尖上的中国》等影视作品也积极走向海外，讲述着中国故事。

文化自信明显增强是思想政治教育话语权建设的文化基础，它提振着思想政治教育话语权建设的信心，使我们能够更加从容、更加坚定、更有活力地推进思想政治教育话语权建设。文化自信彰显有利于思想政治教育从传统文化、革命文化和社会主义先进文化中汲取理论创新和实践创新的力量，有力抵御"文化虚无主义""历史虚无主义""普世价值论"等错误思潮的侵袭，有利于我们摒弃西方中心主义的思维方式、从西方国家的东方主义话语中解绑出来，有利于中国树立良好的国际形象，积极引导国际舆论。

四、全面从严治党是思想政治教育话语权建设的政治基础

中国共产党人是社会主义意识形态的阐释者、传播者、践行者，如果他们思想混乱、立场不清、三观不正、言行不一，不认真学习马克思主义文本，不清楚马克思主义的内涵实质，不以马克思主义立场、观点、方法来分析问题、解决问题，对马克思主义信仰不真诚、不彻底，丧失理想信念、精神萎靡不振，"不信马列信鬼神"，"当面一套、背面一套"、做阳奉阴违的两面人，缺乏对错误思想进行辨别和批驳的能力，那么马克思主义的传播效力就会大打折扣，社会主义意识形态的光芒就会黯然失色。如果他们作风不正、纪律败坏、贪污腐败、拉帮结派，违背党的性质和宗旨，脱离人民群众、褪去共产党人本色、违背共产党的庄严承诺，把自身利益凌驾于国家利益、民族利益和人民利益之上，以"和气"化"正气"、以"关系"消"党性"、以"表扬"代"批评"，把政治生态搞得乌烟瘴气，使人

民产生消极甚至厌恶的政治体验，那么中国共产党的肌体、权威和形象就会受到损害，思想政治教育的价值正当性就会受到质疑，思想政治教育言说的权威性就会遭遇消解，思想政治教育话语的说服力、解释力、感知力、凝聚力就会陷入疲乏。

中国共产党之所以能够历经磨难却不忘初心，就在于党拥有不断超越自己、战胜自己的意识、信念和能力，一旦发现存在着偏离既定方向和发展轨道的问题、哪怕是苗头性问题都会强力纠偏。党的十八大以来，以习近平同志为核心的党中央以深沉的历史使命感、强烈的担当精神、强大的政治勇气，直面党面临的重大风险考验和党内存在的突出问题，全面加强党的领导和党的建设，把党风廉政建设和反腐败斗争摆到前所未有的新高度，坚决改变管党治党宽松软状况。其一，"固本培元"，加强党的思想建设，立足党员干部思想实际，坚持正面教育与警示教育相结合，推进系列主题教育，坚定理想信念、补"精神之钙"，加强理论学习、增强理论素养，改造"三观"、拧紧思想"总开关"，增强党性修养、逆转"思想滑坡"，从思想上锻造合格的中国共产党人。其二，涤荡"四风"，出台中央八项规定，严厉整治形式主义、官僚主义、享乐主义和奢靡之风，久久为功、驰而不息纠正公款吃喝、节庆送礼、超标配置、借婚丧喜庆敛财、以文件落实文件等人民群众深恶痛绝的歪风邪气，大处着眼、小处着手、激浊扬清，回应群众期盼，党风政风为之一新。其三，铁腕反腐，振奋党心民心，坚定不移地"打虎""拍蝇""猎狐"，始终保持惩治腐败的高压态势，高悬巡视利剑，严厉惩治党内军内高层腐败、地区性塌方式腐败、行业系统性腐败、群众身边的腐败等等，"以'得罪千百人、不负十四亿'的使命担当祛疴治乱，刹住了一些长期没有刹住的歪风，纠治了一些多年未除的顽瘴痼疾"①。其四，立规明矩，把纪律和规矩挺在前面，坚持党

---

① 《中国共产党第二十次全国代表大会文件汇编》，人民出版社 2022 年版，第 131 页。

纪严于国法，实现由"惩治极少数"向"管住大多数"拓展，重新修订了《中国共产党廉洁自律准则》《中国共产党巡视工作条例》《中国共产党纪律处分条例》，出台了《关于领导干部报告个人有关事项的规定》《加强"裸官"管理》《中国共产党问责条例》等规定，坚决处置政治立场不坚定、组织原则不遵循、妄议中央、有令不行、有禁不止等违背党的纪律和规矩的行为，让铁规发力、让禁令生威，维护了党中央权威、加强了党的内部团结。

"办好中国的事情，关键在党，关键在党要管党、从严治党。"①思想政治教育是党和国家的一项重要事业，从宏观层面来看，思想政治教育要接受中国共产党的领导，中国共产党总揽思想政治教育发展全局；从具体落实来看，思想政治教育主要依靠中国共产党各级党组织及其成员展开，中国共产党是思想政治教育话语实践的真正主体，因此中国共产党自身发展状况直接影响着思想政治教育的声誉和实效，思想政治教育话语权建设与党的发展状况同频共振、同向同行。只有自身足够强大才能"任尔东西南北风"，全面从严治党兑现了党的庄严承诺，回应了群众殷切期盼，赢得了党心民心，为思想政治教育话语权建设奠定了坚实的政治基础。

五、学科持续发展是思想政治教育话语权建设的学科基础

思想政治教育是中国共产党的优良传统和政治优势，起初是处理人民内部思想性质的矛盾、化解思想政治问题的一项实务工作。改革开放以后，我国思想文化领域发生了巨大变化，为了反对"左"和右的错误思潮，保证改革开放事业的顺利进行，思想政治教育具体的实务工作展开和单纯

---

① 中共中央文献研究室编：《习近平关于全面从严治党论述摘编》，中央文献出版社 2016年版，第 14 页。

的经验积累已经不能满足党和国家事业发展需要和人们的精神文化发展需要，思想政治教育由此逐步走向了科学化和学科化的新征途。在马克思主义的理论指导下，在总结提炼党的思想政治教育实践经验的基础上，在借鉴相关学科的理论成果和学科建制的基础上，以思想政治教育本科专业设置为标志，思想政治教育学科于 1984 年正式成立。学科创立后，几经调整和完善，当前，思想政治教育是马克思主义一级学科下的二级学科。"功不唐捐，玉汝于成"，经过四十年的发展，思想政治教育学科发展取得了不菲成就，为思想政治教育话语权建设提供了学科基础，具体表现在以下几个方面。

其一，在理论研究方面，形成了相对稳定的研究领域，包括思想政治教育基础理论研究、方法论研究、发展史研究、比较研究、领域研究、重大现实问题研究、跨学科研究七大研究论域[①]，形成了思想政治教育的基本问题框架和特定的研究对象；形成了相对确定的研究范式体系，由作为主导范式的马克思主义研究范式以及作为辅助范式的跨学科研究范式和比较研究范式共同构成[②]，形成了相对明晰的学科基本话语，为思想政治教育学术共同体展开学术对话和学术争鸣奠定了话语基础；形成了丰厚的研究成果，发表了大量学术论文、出版了大量著作和教材、发布了相关调查报告，奠定了思想政治教育话语权建设的理论基础。也就是说，思想政治教育学科的持续发展为思想政治教育话语权建设提供了学术思想的支撑，学科发展过程中形成的相对稳定的概念体系、论证方式、言说方式、基本共识以及在具体论域中取得的理论进展，彰显着思想政治教育的理论特色，打造着思想政治教育的独特标识，是思想政治教育话语权建设的理论

[①] 沈壮海：《改革开放以来思想政治教育研究的学术版图》，《思想理论教育导刊》2008年第 11 期。

[②] 王学俭、郭绍均：《思想政治教育研究范式：体系、问题与建构》，《思想教育研究》2015 年第 3 期。

起点和前进阶梯。

其二，在人才培养方面，制定了符合思想政治教育实践逻辑的培养方案、教材体系和课程体系，形成了从本科、硕士点、博士点到博士后流动站的完备的人才培养体系，培养了大批从事思想政治教育理论研究和实践工作的专门人才，增强了思想政治教育的科学性和专业性，为思想政治教育话语权建设提供了人才支撑。作为一门不断发展起来并逐步被社会公认的学科，思想政治教育学科既吸引了原本从属于其他学科的人才来从事思想政治教育理论与实践工作，壮大了学科发展力量，呈现出生机勃勃的发展景象；又根据学科自身发展实际，系统培养符合学科政治要求、知识要求、思想要求、理论要求等综合要求的专门人才，为思想政治教育话语权建设年复一年地提供智力支持，稳定的队伍让思想政治教育话语权建设后劲十足。而不断发展起来的学科更是让思想政治教育理论研究者和实践工作者在内心上有所依托、有所慰藉、有所归属，不必四处漂泊、随意攀附，或者产生前途渺茫感、不确定感，而是可以在这一片广阔天地中安身立命、挥洒自如、大有可为。

其三，在平台建制方面，形成了教研机构平台、学术活动平台、科研资助平台、培训研修平台、成果发布平台。其中，教研机构平台包括马克思主义学院、全国高等学校思想政治教育研究会、中国特色社会主义理论体系研究中心、中国职工思想政治工作研究会、军队政治工作研究会等；学术交流平台包括各种学术研讨会、座谈会、年会、论坛等；科研资助平台包括院级、校级、省部级、国家级等各级专门性或综合性科研项目；培训研修平台包括骨干教师研修项目、示范培训项目、专项研修项目、国内外访学等；成果发布平台包括期刊、著作、网络等。① 学科平台的建立一

---

① 参见佘双好：《思想政治教育学科发展现状与发展路径的回溯与展望》，《思想理论教育导刊》2012 年第 12 期；郭绍均：《思想政治教育学科系统研究》，人民出版社 2022 年版，第 256 页。

方面提供了经费支撑和物质保障，让思想政治教育者可以无后顾之忧、全心全意地推进话语权建设；另一方面打造了交流对话的平台，使思想政治教育者能够公开表达自己的观点、与其他学者共同探讨问题、增进彼此间的了解、打造良好的学术关系，不断提升自身的话语能力，是对思想政治教育话语权建设的硬件支持和社会关系支持。

第五章　思想政治教育话语权的建设思路

当前，思想政治教育话语权尚存在着一些待解决的问题，并受到西方话语霸权、我国社会转型、网络信息化等因素的制约，与此同时也拥有支撑进一步发展的坚实基础。思想政治教育话语权的现实境遇作为"成长的烦恼"既不让我们骄傲自满，又不至令人灰心丧气，而是让我们理性平和地看待现实，并致力于超越现实，实现更好的发展。这就涉及思想政治教育话语权的建设问题，也是本研究的落脚点。本章拟从思想政治教育话语权建设的目标、原则以及具体路径出发，探讨思想政治教育话语权的建设思路，既思考我们要做什么，又讨论我们该怎么做。

第一节　思想政治教育话语权建设的目标指向

思想政治教育话语权身处纷繁复杂的话语环境，只有明确建设目标，知道我们要做什么，才能在发展过程中不轻易偏离方向，才能做到即使有一定方向偏离也能够及时地调整和纠偏，减少思想政治教育话语权建设的随意性和盲目性。在新的历史条件下，由于思想政治教育的复杂存在样态，对思想政治教育话语权建设的目标不能一言以蔽之，而应该从多个角度去探讨。具体而言，思想政治教育话语权建设的目标包括三个方面的内容：实现思想政治教育学科发展新自觉①、增强社会主义意识形态话语影响力、培养担当民族复兴大任的时代新人。

一、实现思想政治教育学科发展新自觉

思想政治教育学科与话语权建设是双向互馈关系，一方面学科为思想政治教育话语权建设提供重要依托，离开学科发展，思想政治教育话语权建设将无所凭依；另一方面，学科发展本身是思想政治教育话语权建设的重要维度，思想政治教育话语权建设的目标之一就是实现学科发展新自觉。之所以是"新自觉"，就在于思想政治教育学科在发展过程中历来不缺乏自觉的维度，无论是在文献的发表方面还是在各式学术论坛的召开方面，对学科发展的梳理、总结和反思都是重要主题甚至可以说是热点话题，特别是在学科成立三十周年、改革开放三十周年、改革开放四十周年等重要历史节点，思想政治教育学者秉承"回顾并前行"的信念，结合时代条件，不断追问学科问题，把学科发展课题化，以深化对学科的理解，也正是这种学科自觉凝结成的精神力量，使思想政治教育在短暂的发展时期内取得了重大成就。有学者总结了思想政治教育学科成立以来的学科自觉，具体"表现在我们学科的前辈们为推动思想政治教育进入学科体系的不懈努力；表现在思想政治教育学科对社会责任、政治责任的自觉担当；表现在我们的同仁对学科理论体系的持续建构、对人才培养规律的积极探索。"②在无

---

① 沈壮海：《思想政治教育学科的新自觉与新未来》，《马克思主义理论学科研究》2015年第1期。

② 沈壮海：《思想政治教育学科的新自觉与新未来》，《马克思主义理论学科研究》2015年第1期。

人问津时不失执着和理想，同时，花团锦簇也不能失方向和信念。在新的历史条件下，这种体现自我反思、自我批判、不甘平凡的学科自觉应不断坚守，并以此为基点进一步拓展。"知之愈明，则行之愈笃"（朱熹《朱子语类》），从话语权建设维度来看，思想政治教育学科新自觉体现为更加自觉地培育思想政治教育学科话语自主性，锻造学科的"学格"、捍卫学科尊严，提振学科精气神、增强学科向心力，改变旧有刻板印象、树立良好学科形象。

　　一个国家、一个民族乃至每一个人都有自己的品质和格调，同样，一个学科也应该有自己的品质和格调，有自己独特的思维张力、思想气质和学术精神，能够为社会现实问题提供一个独特的观察视角、解释体系和解决方案，也就是说有一个学科独特的秉性即"学格"。当前，思想政治教育学科发展可谓适得其时、应有其势，"它集社会发展需要、科学发展需要、教育发展需要于一身，有深厚的历史文化和实践经验的支持，有党和政府的政策支持，还有一大批学者专门从事思想政治教育学科建设，已经积累了学科建设的初步经验"[1]，然而当我们乐观地看待思想政治教育学科发展时却遭遇现实的"打脸"，我们发现思想政治教育不仅面临着来自学科外部的质疑和责难，有的甚至是无端的攻讦和武断的评价，还面临着学科内部的情感质疑、认同危机和信念动摇，"冰冷的工具""意识形态机器""思想专制（思想控制、思想钳制）"等诸般充满恶意的学科刻板印象依然在一些人心中根深蒂固。而这种现象的存在与思想政治教育学科拥有的种种发展优势没有恰当地转化为学科话语优势有着密切关联，与思想政治教育学科话语自主性尚待提升有着密切关联。

　　思想政治教育学科发展也是需要一点精神的，思想政治教育话语权建设的目标之一就是要更加自觉地培育学科话语自主性，在学科交叉、跨学

---

① 孙其昂：《思想政治教育学前沿研究》，人民出版社 2013 年版，第 115—116 页。

科整合的浪潮中既顺势而为、应潮而动、迎风生长，又坚守学科话语阵地、保持学科秉性、锻造独立的"学格"，在本学科与其他学科之间分清主次、权衡轻重、拿捏尺度，正所谓"在其位谋其政"，作为马克思主义一级学科下的二级学科，思想政治教育要自觉以马克思主义理论为指导，"在马言马，在马研马"[①]"在思政言思政，在思政研思政"；要弘扬"顶天立地""求真务实"的学科精神，在政治与学术之间、理论与实践之间保持合理张力，展示学科积极的精神风貌。要更加自觉地培育淡定从容、理性平和、积极向上的学科学人心态，既不因暂时的落后而妄自菲薄、自我贬低，进而焦躁不安、急功近利，又不因一时的成就而清谈浮夸、松懈怠惰，进而裹足不前、故步自封；既保持开放心态，悦纳中肯建议，又理直气壮地回击无理指摘，捍卫学科尊严。要更加自觉地把握思想政治教育学科发展"变与不变"的辩证法，在已有话语范式的基础之上不断创新，既珍惜学科理论成果、凝结学科话语共识，以共同话语为纽带强化学科积淀、厚植学科根基、增强学科向心力，又留下学科话语发展空间、增强话语想象力、激发学科发展活力。要更加自觉地扎根于中国特色社会主义伟大实践，把握中国大发展带来的思想大发展的话语机遇，创造出更多能够在思想市场中广泛流通的"知识硬通货"[②]，释放话语生产力，拓宽话语视野、探索学术前沿，提高话语通透性和话语解释力，增强学科核心竞争力，提炼有标识性、辨识度的学科关键词和核心范畴，打造思想政治教育学科名片，积极参与学科话语竞争和国内外学术对话，自觉占据话语高地，提高学科知识的贡献度和学科话语的社会影响力，树立良好的学科形象，自立于学术之林。

---

① 王学俭、魏泳安：《论新时期马克思主义理论学科建设》，《思想理论教育》2015年第7期。
② 沈壮海：《思想政治教育学科的新自觉与新未来》，《马克思主义理论学科研究》2015年第1期。

二、增强社会主义意识形态话语影响力

思想政治教育作为党和国家事业的重要组成部分，"着眼于整个社会意识形态的发展变化以及主流意识形态的建构、维护和发展"①，我们虽然不能把思想政治教育狭窄化、简单化为意识形态工具，进而质疑思想政治教育的科学性和真理性，但同样不能否认思想政治教育具有的意识形态属性，不能否认思想政治教育灌输教化社会主流意识形态的重要功能，主动跳入"去意识形态化"的意识形态陷阱。当前，我国社会的主流意识形态是社会主义意识形态，建设思想政治教育话语权的一大目标就是要增强社会主义意识形态话语影响力，这种影响力在国内层面表现为社会主义意识形态话语的凝聚力和引领力，在国际层面表现为社会主义意识形态话语的吸引力和感召力。

从国内层面来看，思想政治教育话语权建设的目标是增强社会主义意识形态话语的凝聚力和引领力，做到"举旗帜""聚民心"。随着我国从传统到现代的跃迁，从计划经济到社会主义市场经济的革新，从封闭、半封闭到开放、全方位开放的转变，现代化和全球化并轨引致的时间重叠和空间压缩，使我国思想文化领域呈现出风谲云诡、盘根错节的局面，积极与消极、主流与非主流等不同的意识形态在这里左突右撞、纠缠不清。我国意识形态领域呈现出新旧问题叠加、思想问题与利益问题交织、虚拟空间与现实问题呼应、国内与国际交叉的复杂形势，各种社会思潮风起云涌、各种社会力量竞相发声，社会舆情瞬息万变、风吹浪起，社会成员的利益诉求多样、思想意识多变、价值取向多样。而意识形态纷争不仅仅是思想之争、观念之争，而是发展道路之争、现代化方案之争，在中国特色社会主义这一正道之外，有的想另起炉灶、走改旗易帜的"邪路"，有的想逆

---

① 沈壮海：《宏观思想政治教育学初论》，《思想理论教育导刊》2011 年第 12 期。

流而行，走封闭僵化的"老路"，社会主义意识形态面临着前所未有的建构、维护和发展压力。

"沧海横流，方显英雄本色"，面对空前激烈的意识形态纷争，我们更需要坚守阵地，思想政治教育话语权建设的目标就是"举旗帜""聚民心"。思想政治教育话语权建设要"举旗帜"，就是要"高举马克思主义、中国特色社会主义的旗帜"①，认真学习马克思主义经典文本，深入阐释马克思主义基本原理，持续推进马克思主义中国化时代化，推进习近平新时代中国特色社会主义思想深入人心，不断深化对中国特色社会主义道路、理论、制度和文化的研究和阐释，不断增强马克思主义对社会主义现代化进程中的理论问题和实践问题的解题能力和对话能力，坚持我国发展的社会主义方向，不断巩固马克思主义在意识形态领域的指导地位，守护思想文化领域的"定海神针"。思想政治教育话语权建设要"聚民心"，就是要做大做强主流思想舆论，大力弘扬中国精神，广泛传播中国梦，培育和践行社会主义核心价值观，凝精神之魂、集梦想之力、聚浩然之气，让社会风气为之一振、为之一新。既包容多样、尊重差异，激活社会发展活力，营造生动活泼、朝气蓬勃、创造迸发的社会氛围；又敢于亮剑、善于批判，摒弃韬光养晦、虚与委蛇、闭目塞听，旗帜鲜明地与各种反马克思主义思想作斗争，勇于揭开"历史虚无主义""新自由主义""普世价值论"等社会思潮的假面和伪装，排除那些指鹿为马、颠倒乾坤的错误思想对社会发展的干扰，减少"噪音""杂音"，提升中国体验、凝聚价值共识、促成思想团结、提振民族精神，维护我国意识形态安全，巩固全党全国人民团结奋斗的共同思想基础。

从国际层面来看，思想政治教育话语权建设要自觉地承担起"言说中国""言说社会主义"的话语责任，打造有中国特色、中国风格、中国气

---

① 《习近平谈治国理政》第三卷，外文出版社 2020 年版，第 312 页。

派的思想政治教育话语体系，为中国话语建构助一臂之力，自觉肩负起"展形象"的重要使命，增强社会主义意识形态话语的吸引力和感召力。自苏联解体以后，世界社会主义运动陷入低潮，科学社会主义的历史命运似乎一下子交托在中国这里。2008 年金融危机之后，一些西方资本主义国家"政治矛盾激化，民粹主义高涨，右翼极端主义思潮沉渣泛起，经济发展和民生改善滞缓，贫富差距扩大，社会分化严重，社会危机恶化"[①]。而风景却在中国这边独好，虽然谈不上完全的"岁月静好"，也依然存在着诸多需要在发展过程中不断解决，甚至需要通过长期艰苦卓绝的奋斗才能解决的问题，但中国发展成就举世瞩目、中国发展信念坚定不移，中国发展的已有成绩和强劲势头是对社会主义意识形态生命力和鲜活力的最好诠释，展示中国特色社会主义大国形象是增强社会主义意识形态吸引力和感召力的重要途径。

发展的成就与话语优势并不具有等价性，我们可以"期待"中国发展带来中国在国际舆论格局中的地位提升，但是我们不能无所作为地"静待""等待"这种提升，因为发展优势对于话语优势而言只是作为一种潜在的资源可待开发利用，而不是一种现实的力量能够予取予得。当前，"中国崛起面临的一个重要挑战，就是主动权时常不在自己手中，而影响主动权的是话语权。无论是被妖魔化、被潜规则，还是被定价、被声东击西，许多时候，都源于我们不懂得如何掌控话语权。"[②] 为改变中国"跛脚巨人"的形象，提升中国话语权已经提上公共议事日程，成为摆在中国人面前的一个重要的现实课题。思想政治教育扎根于中华优秀传统文化，接受着丰沛的文化滋养；脱胎于中国共产党长期的思想政治教育实践，积累了丰富的历史经验；服务于中国特色社会主义伟大实践，经受着社会实践

---

① 丁晓钦：《当代资本主义危机呈现新特征》，《人民日报》2017 年 8 月 6 日。

② 张国庆：《话语权：美国为什么总是赢得主动》，江苏人民出版社 2011 年版，序言第 1 页。

的精神洗礼。思想政治教育置身于全球思想文化交流交锋的历史潮流，要勇于冲锋陷阵，承担起讲好中国故事、传播中国声音、展示中国形象的属于自己的那一份文化使命。因此，思想政治教育话语权建设要打造有中国特色、中国风格、中国气派的思想政治教育话语体系，使之汇入中国话语这一磅礴之潮，为中国话语权建构助一臂之力。需要强调的是，思想政治教育话语权的建设不是为了向其他国家倾销和输出社会主义意识形态，而是为了消除误解、避免偏见、争取理解、谋求共进，为我国发展争取一个良好的国际舆论环境。

三、培养担当民族复兴大任的时代新人

思想政治教育以人为出发点，习近平指出，"思想政治工作从根本上说是做人的工作"①，坚持"立德树人"，培养符合一定社会、一定阶级所需要的思想品德的人是思想政治教育的根本任务。建设思想政治教育话语权的目标之一就是为了掌握诠释和回答"培养什么样的人"这一问题的话语权，培养出符合社会要求和时代要求的人。也就是说，建设思想政治教育话语权就是为了掌握以特定的思想、观念、价值以及道德来影响和规范人的思想和行为，引领和主导人的发展方向，掌握定义人才、评价人才、培养人才的资格和能力。思想政治教育的"前提是培养人；方向是培养我们事业需要的人；目标是培养符合需要的合格的人。"②

思想政治教育的前提是培养人，不管思想政治教育的视野和功能在宏观上如何拓展，并在客观上引起一系列的社会效应，不管其前面是冠以"公民""道德""品格"还是"思想""政治""思想政治"，其"教育"本

---

① 《习近平谈治国理政》第二卷，外文出版社 2017 年版，第 377 页。
② 张澍军、苏醒：《论"立德树人"根本任务与思想政治教育学科建设使命》，《思想教育研究》2013 年第 7 期。

性不会改变。当然，这里的"教育"并非单指学校教育，还包括社会教育、家庭教育等不同的教育形式，可以说，"立德树人"是思想政治教育的根本立足点。思想政治教育的对象是现实的个人，思想政治教育的效果通过现实的个人的思想和行为的转变来体现，通过询唤出意识形态主体来实现，离开了在一定社会关系中的现实的人，思想政治教育将无的放矢。

无论是古代还是现代，无论是中国还是外国，顶着各种名义展开的思想政治教育都不会在"培养人"这一点上产生疑义，但是对"培养什么人"的问题的回答则会根据社会中占统治地位的阶级的不同而不同，思想政治教育并不具有某种天然的抽象的价值规定性，而是在历史实践中被赋予某种具体的价值规定性。在中国古代，夏商时代的思想政治教育为了维护奴隶主阶级的利益，"利用宗法制度培养奴隶安守本分、忠于奴隶主贵族的观念"[1]，复刻出接受尊卑等级观念的忠诚的社会成员；宋元时期的思想政治教育为了维护地主阶级的利益，既通过尊孔崇儒、大力兴学等学校教育方式，推行儒家的道德理想和行为规范，还利用士大夫的谕俗乡约、村落的家规族法、民间的祭祀礼仪等非学校形式传播儒家教化精神[2]，教化出能够确保封建统治长治久安的社会成员。而现代西方资本主义国家的思想政治教育则是为了维护资产阶级的利益，大力推行资本主义文化精神、政治追求、道德规范和价值理念，生产出能够适应和维护资本主义生产方式和制度形式的社会成员。

当代中国是工人阶级领导的、以工农联盟为基础的人民民主专政的社会主义国家，国家的一切权力属于人民。与此相适应，当代中国的思想政治教育以马克思主义理论为指导，以维护最广大人民根本利益为旨归，以促进人的自由全面发展为最高目标。"'人的自由全面发展'具有超

---

① 武东生等：《中国古代思想政治教育史》，南开大学出版社 2013 年版，第 39 页。

② 武东生等：《中国古代思想政治教育史》，南开大学出版社 2013 年版，第 186—187 页。

越性、现实性和历史的生成性"①，其超越性在于它不是一种业已存在的现实样态，而是作为一种价值理想，观照着现实中片面的、单向度的、畸形的、局限的、为人或物所役使的人的生存命运，给人以希望，让人得以喘息；其现实性在于它不是虚无缥缈的乌托邦幻想，而是根植于具体的历史条件，是"遥遥可及"的、有实现可能的理想，并在特定时代具有阶段性的内涵和要求；其历史性在于它不是外在的、象征着人类命运尽头的历史终点或者待回归的原始起点，不是悬设的某种应当与之相适应的既定的状态，没有一张现成的设计图可以让人按图索骥，人的自由全面发展是在具体的历史实践中不断生成的，向人敞开想象的空间，让人通过自己的实践之笔去描摹、去勾画。

人的自由全面发展不是在想象中实现的或者是口头上宣称的，而是在实践中不断趋近的，是一个具体的历史发展过程，具有阶段性和相对性。不能因为人的自由全面发展这一价值理想的遥远性而否定其实现的可能性。在人的自由全面发展这一最高价值的关照下，我们对"培养什么样的人"这一问题的回答没有抽离具体的历史情境，"思想政治教育根本目标曾经被规定为培养共产主义接班人、又红又专的人、'四有'新人、社会主义新人、中国特色社会主义事业建设者和接班人等，它们与人的自由而全面发展，无论是根本意义上，还是实现途径上，无论是对于无产阶级政党全体成员和全体人民，还是对于每个成员个体，都是统一的。"②思想政治教育话语权建设要以我们正在做的事情为中心，当前我们正阔步于以中国式现代化全面推进中华民族伟大复兴的征途中，相应地，符合社会要求和时代要求的人就是能够担当民族复兴大任的时代新人，要引导广大青年"坚定不移听党话、跟党走，怀抱梦想又脚踏实地，敢想敢为又善作善成，

---

① 吴向东：《人的自由全面发展：社会主义最高价值观》，《福建论坛（人文社会科学版）》2011年第1期。

② 孙其昂：《思想政治教育学前沿研究》，人民出版社2013年版，第170页。

立志做有理想、敢担当、能吃苦、肯奋斗的新时代好青年，让青春在全面建设社会主义现代化国家的火热实践中绽放绚丽之花。"①这是人的自由全面发展这一最高价值在当下历史阶段的具体化，也是思想政治教育话语权建设的目标，是对新时代中国人的发展方向的坚守。

第二节　思想政治教育话语权建设的重要原则

原则是具有指导性和规范性的价值尺度和行为准绳，思想政治教育话语权建设不是随心所欲的，而是要遵循一些基本原则，正确地处理一些重大关系，以使思想政治教育话语权建设能够少走弯路、避免误入歧途。这些原则具体包括政治导向与科学导向相结合、批判斗争与包容对话相结合、中国情怀与世界眼光相结合。

一、政治导向与科学导向相结合的原则

在思想政治教育发展过程中，政治性与科学性经常以问题的两端的形式，相互撕扯着呈现在我们面前，一些思想政治教育者在政治性与科学性之间纠结摇摆，在被人为制造出来的、"被割裂的政治性与科学性"的理论旋涡中挣扎，受此所累，思想政治教育话语权的根基面临着被消解的风险。思想政治教育话语权建设是"两栖"的，不管是偏执于政治一端，还是偏执于科学一端，思想政治教育话语权都无法真正确立。思想政治教育话语权建设要放弃非此即彼、相互分离的思维方式，坚持政治导向与科学

---

① 《中国共产党第二十次全国代表大会文件汇编》，人民出版社2022年版，第59页。

导向相结合的原则，反对"泛政治化"和"去政治化"这两种错误倾向，既不能用政治代替一切、冲击一切，以政治为纲，违背话语权建设的初衷；也不能对政治闭目塞听，以学术的纯粹性和科学的客观性为借口避谈政治，这无异于掩耳盗铃、自欺欺人，会迷失话语权建设方向。

思想政治教育话语权建设要坚持政治导向，要"讲政治"，保持政治定力。首先，思想政治教育话语权建设要坚持政治信仰不变，要自觉以马克思主义为指导，深入学习、科学阐释、自觉运用、创新发展马克思主义，以马克思主义作为思想政治教育话语权的坚定内核和思想盾牌，以贯彻马克思主义的坚定性来释放思想政治教育话语权的力量之源，使思想政治教育话语权建设真正服务于中国特色社会主义共同理想和共产主义远大理想。其次，思想政治教育话语权建设要坚持政治责任不推，只有履行好自己的政治责任，才能得到政治权力的支持和政治资源的保障，做不到"守土有责"，思想政治教育不仅不会成为党和国家事业发展的"得力助手"，还会沦为错误思想的跑马场，成为前进路上的绊脚石。因此，思想政治教育话语权建设要坚持党性原则，要"坚定宣传党的理论和路线方针政策，坚定宣传中央重大工作部署，坚定宣传中央关于形势的重大分析判断，坚决同党中央保持高度一致，坚决维护中央权威。"[①] 帮助广大人民群众清晰地了解我们需要做的是什么，正在做什么，为什么要这么做，应该怎么做，提高人民群众思想的透彻性和行为的自觉性，积极投入中国特色社会主义伟大事业的建设中。最后，思想政治教育话语权建设要坚持政治立场不移，党性和人民性是统一的，在话语权建设中也要走好群众路线，要摆正自身姿态，明确思想政治教育话语权建设是为什么人这一问题。群众不是牵线木偶，不是任人摆布的、木讷被动的听众，他们有诉求、有想

---

① 中共中央文献研究室编：《习近平关于社会主义文化建设论述摘编》，中央文献出版社2017年版，第24页。

法、有立场，他们会用自己的思想和行为做出选择。思想政治教育话语权建设要"以道得民"，任何欺骗、蒙蔽、误导哪怕能一时得逞，但最终都会被群众所抛弃。思想政治教育话语权建设不是为了限制群众的思想自由、挤占群众的话语空间、剥夺群众的话语权利，而要在尊重群众自由理性选择的基础上进行话语引领，倾听群众思想诉求、解决群众思想疑惑、汲取群众思想智慧、提升群众思想觉悟，站在群众立场说话、替群众说话、用群众的话说话，筑牢群众抵御错误思想侵袭的思想防线，还群众一片风清气正的思想空间，彰显好思想政治教育在实现、维护和发展最广大人民根本利益方面的真正价值。

思想政治教育话语权建设要坚持科学导向，展示真理的力量，以科学性作为安身立命之本。思想政治教育话语权离不开政治权力的支撑，但并不是说只要有了政治权力的支撑，思想政治教育话语权就能理所当然地建设起来。如果只是政治权力支持就足够的话，思想政治教育者完全可以无所作为，只需要在思想文化领域中占据"思想政治教育"这个位置进行思想的权威生产和分配，就可以安静地等待着话语权的降临，这显然不可能。更何况，即使通过政治权力确立话语权威，强迫性地获得民众的思想认同，这种基于恐怖心理而生成的思想认同也是不稳定的、浅层次的，并有可能招致强烈的反弹，"真理只在大炮射程之内的强权公理"与思想政治教育话语权的理念背道而驰。也就是说，政治权力的支持对思想政治教育话语权而言是必要条件，不是充分条件，思想政治教育话语权的建设还需要其他条件，而其中最重要的就是坚持科学导向，彰显科学性，占据真理制高点，从而占据话语制高点。首先，马克思主义作为科学的意识形态，是思想政治教育话语权兼备政治性和科学性的理论基石，思想政治教育话语权建设要"借力"，要借助马克思主义的真理力量，做好马克思主义的代言人和践行者，阐幽发微马克思主义，使马克思主义的真理魅力不因时间的流逝而黯淡、不应空间的转移而失色，并深入挖掘马克思主义中的思想政治教育话语资源，充实思想政治教育的话语根基。当民众能够真正从思想政治教育中受益，感受到马克思主义的真理力量，极大提高自身认识世界和改造世界的能力，民众就会支持思想政治教育，认同思想政治教育话语权威。其次，思想政治教育话语权建设要不断增强思想政治教育本身理论的创造性、方法的科学性、内容的完备性以及逻辑的自洽性，增强认识的深刻性、观点的彻底性、思想的厚重感，使思想政治教育在对社会现实的理论阐释中拥有一定的话语分量，提升思想政治教育在思想市场上的话语竞争力，提升人们对思想政治教育话语的合理性认同。要张扬学术思维，遵循严格的学术规范，在不避讳政治话语的使用的同时，也不能做政治话语的复本、拓本，而是以科学研究的深化为政治话语提供学理论证，使政治话语"言之有理""言之有据"，软化政治话语在与日常生活对接过程中的僵硬性。最后，要遵循思想政治教育话语权建设的规律，要明晰话语权建设并非朝夕之功，应注重沉淀积累，不能以主观意愿替代客观发展实际；要保持思维的敏锐性和动态性，清楚现在拥有话语权不等于将来拥有话语权。话语权随时在流动，是一种不确定但又无比强大的能量流，人人都渴望得到它。话语权会随着新的技术手段的出现、新的事件的发生、新的理论的出现而转移或者重构，丝毫的松懈都可能失掉话语权。

二、批判斗争与包容对话相结合的原则

思想政治教育话语权建设坚持批判斗争与包容对话相结合的原则，是对思想政治教育话语权建设过程中"一与多"这一基本矛盾的解决，是在秩序与自由之间的价值权衡，关键是要具体问题具体分析，正确处理好学术问题、政治问题和思想认识问题。

"一与多"的矛盾是社会生活中的一种基本矛盾，并成为哲学领域中的一个基本问题，引发无数哲人的上下求索。一元与多元、同一与差异、

普遍与特殊、中心与边缘等问题都是这一基本矛盾的衍生物，或者说是这一基本矛盾的不同表现形式，都可以归结到"一与多"那里。在哲学发展过程中，对"一与多"矛盾的解决形成了两种不同的思路："以一驭万"与"以多解一"①。其中，"以一驭万"试图以"一"驾驭"多"，试图在不确定性中寻找确定性、在混乱中寻找秩序、在短暂中寻找永恒，试图超越繁杂的现象界到达纯粹的事物本质，但这一解决思路却存在着以某种外在的"同一性"来抹杀多样性和异质性的风险，而人们在何种"同一性"能够来统辖万物、让万物服膺这一问题上并没有形成共识，不断被找寻或者被构想出来的"同一性"本身的合法性亦遭受质疑。而"以多解一"则试图以"多"化解"一"的专制，拒绝承认对思想、知识、价值的一元化理解，指责这种外在的"同一性"的蛮横和专断，建议人们放弃寻找"同一性"的形而上学的野心，强调异质性和多样性的不可消解性、不可替代性、不可还原性，承认和捍卫异质性和多样性的价值，但这一解决思路在异质性和多样性的狂欢中彻底否定了统一性的可能，"一切固定的东西都烟消云散了"，"上帝死了"但人们想寻找新的"上帝"而不得，现代人的信仰失落、精神迷失、价值纷乱、意义消散、思想困惑等问题也接踵而至，打得人措手不及。"绝对的多"和"绝对的一"具有同样的抽象性，都不能很好地解决"一与多"的矛盾。不管是绝对强化的"一"带来的蛮横专断，还是过度放纵的"多"带来的失序混乱，代价都很沉重，瞻前顾后的理论纠结使人们开始寻求其他的哲学出路。抽象的理论哲学无法解决这一问题，于是，"寻找一种能够容纳和肯定多样性和异质性的统一性"的哲学使命就落到实践哲学的肩上，在实践哲学视域里，"一与多"的关系转换成了多元声音与公共理性之间的实践关系，"一"不再是抽象的外在的同一，而

---

① 本部分关于"一与多"矛盾及其解决的论述参见贺来：《超越"一"与"多"关系的难局———一种实践哲学的解决方案》，《中国人民大学学报》2015年第5期。

是多元声音在开放的互动与融合中生成的历史性的公共之理，"多"不再是肆意的任性和放纵，而是普遍性规范下对合理分歧和自由选择的尊重。

也就是说，对"一"和"多"都不能做抽象的理解，抽离他们的具体的历史情境而把两者简单对立起来，并不有益于问题的解决，而是应该在具体的历史发展进程中去反思和解决这个问题。"一与多"的矛盾折射到价值领域，则是人们在秩序与自由之间的价值权衡。秩序和自由都具有崇高的价值，都是好东西，我们都想要，但却总是陷入"鱼与熊掌不可兼得"的两难境地，秩序和自由似乎并不能完全融洽地和谐相处，总是充满矛盾，逼迫人们进行选择。并没有一个十分完美的理论方案来解决这一问题，而是需要在具体的实践活动中做出选择，选择一个相对较好的行动方案。思想政治教育话语权建设也需要处理"一与多"的矛盾，即如何在坚守社会主义意识形态话语权的同时，尊重其他非主流意识形态的话语权。就思想政治教育话语权建设而言，秩序比自由在价值上更具优先性，但并不是水火不容的相互排斥，是自由选择之上的秩序以及秩序之下的自由选择，不能以一方的存在而剥夺另一方的生存权利，取消另一方的合法性。"一放就乱，一收就死"的尴尬状况谁都不愿意发生，却总是时不时地冒出来刺激人们的敏感神经，考验着人们的理论智慧和实践智慧。"从逻辑上看，秩序甚至比自由更为基本，因为，如果没有秩序，那么自由将会成'乱'，而如果社会乱了，人之间的关系就变得无比险恶，自由就变成害人害己，也就不自由了；反过来，如果有了秩序，虽然未必就有足够的自由，但至少有了发展自由的条件，有了开展生活的基本条件。"①

思想政治教育话语权建设之所以做出这种价值权衡，还和当代中国的社会现实密切相关。"物质生活的生产方式制约着整个社会生活、政治生活和精神生活的过程。不是人们的意识决定人们的存在，相反，是人们的社

---

① 赵汀阳：《天下体系：世界制度哲学导论》，中国人民大学出版社 2011 年版，第 21 页。

会存在决定人们的意识。"①我国坚定地走中国特色社会主义道路，实行公有制为主体、多种所有制经济共同发展的基本经济制度。坚持以公有制为主体体现了我国经济制度的社会主义性质，这要求我们必须坚持以马克思主义为指导的社会主义意识形态，必须坚持指导思想的一元化，这是在中国历史发展进程中达成的公共之理；坚持多种所有制经济共同发展适应了我国现阶段生产力和经济发展水平，这要求我们在日益多元化和开放化的社会中，正视多种价值观念、多样文化因素、多重意识形态在思想文化领域的客观存在，异质性和多样性不可能简单消除，尊重差异、包容多样成为不二之选，多样思想竞相发声是我国思想文化领域富有活力的生动体现。然而，"多样性必须在某种总框架的控制中才是多样性，否则，失控的多样性就只不过是混乱"②，尊重差异不是无条件的尊重，包容多样也不是无限制的包容。正是认识到多样化、碎片化的现实存在才要强调主导、引领、整合的必要性，不能任由多样化、碎片化的发展从思想上撕裂社会，造成思想文化领域的混乱状态，对于一些明显颠倒是非、混淆黑白的反马克思主义的错误思想我们要坚决抵制，积极展开批判斗争。

具体到思想政治教育领域，思想政治教育话语权建设对解决"一与多"这一基本矛盾的回答是坚持批判斗争与包容对话相结合的原则，而坚持这一原则的关键是要处理好学术问题、政治问题和思想认识问题。在对学术问题和政治问题的处理上，习近平指出，"要正确区分学术问题和政治问题，不要把一般的学术问题当成政治问题，也不要把政治问题当作一般的学术问题，既反对打着学术研究旗号从事违背学术道德、违反宪法法律的假学术行为，也反对把学术问题和政治问题混淆起来、用解决政治问题的办法对待学术问题的简单化做法。"③在学术问题上，要坚持"百花齐

---

① 《马克思恩格斯文集》第 2 卷，人民出版社 2009 年版，第 591 页。
② 赵汀阳：《天下体系：世界制度哲学导论》，中国人民大学出版社 2011 年版，第 9 页。
③ 习近平：《在哲学社会科学工作座谈会上的讲话》，人民出版社 2016 年版，第 28 页。

放，百家争鸣"的"双百"方针，不能简单粗暴地干预学术研究，对于学术研究中出现的问题不能一味地上纲上线，随意地"扣帽子""打棍子"，让学者噤若寒蝉、三缄其口，不敢讲真话、讲实话，要营造良好的学术氛围，允许自由探索和学术争鸣，鼓励不同观点的交流碰撞和积极对话，激发学术创造活力。虽然对话并不会消除差异，也不会走向同质，但可以减少异质观点之间的冲突，把冲突控制在一定秩序范围之内。对于学术领域中的一些政治倾向性问题也要展开批判，但这种批判不是"一刀切"的简单取缔，也不是大规模的口诛笔伐，而是用民主的方式解决思想冲突，通过摆事实、讲道理，最大限度地凝聚思想共识，指出错误思想错在哪、为什么错了、什么才是对的。在政治问题上，要坚定政治站位，保持政治自觉性、敏锐性和判断力，对反党反国家反社会反人民、反马克思主义的错误思想和言论要毫不含糊地坚决抵制，对于以"学术之名"行"违法之实"的行为要敢于亮剑，积极批判，不当"好好先生"，不因过于爱护自己的羽毛而不与错误思想展开理论搏击。在思想认识问题上，要承认人们思想观念的多样化发展，承认不同的人在思想认识上的差异性和层次性，包容不同的意见，习惯异质性给思想政治教育者带来的"不适感"，不被整齐划一的理论设想所诱惑，看到多样文化形态在满足人民群众精神诉求方面的积极效应。同时，尊重和承认既定的、已有的状态不等于消极被动地适应，而是要发挥思想政治教育应有的话语权能，对于理想信念失落、道德意识薄弱、价值观念模糊等问题也不能放任之，而是要积极引导，以先进的思想政治教育话语引领人们的发展，提升人们的精神境界，为人们提供一个安放精神的寓所。

三、中国情怀与世界眼光相结合的原则

思想政治教育话语权建设是在一定的语境中展开的，它扎根于中国大

地，并随着中国对世界的深度融入而呈现出世界性的视野，"胸怀中国、放眼世界"是思想政治教育话语权建设的基本要求。思想政治教育话语权建设既不能丧失中国主体性和文化身份，一厢情愿地与世界或者更狭窄意义上的西方国家进行理论接轨的过程，这在实践中不可行，在思想情感和价值理念上也不被国人接受。也不能偏居一隅、自绝于世界之外，若闭门造车、则出门不合辙，若自言自语、则无人与唱和，更何况全球化发展大浪滔滔，席卷一切过境之地，国门不可能闭、也不会闭，"中国的自我言说需要以世界历史的展开为语境"①。中国与世界的关系织就的宏观背景，要求思想政治教育话语权建设应坚持中国情怀与世界眼光相结合的原则。

思想政治教育话语权建设要坚持中国情怀，要根植于中国传统文化、面向中国当代实践展开言说。首先，思想政治教育话语权建设要根植于中国传统文化，与中国传统文化相融合。思想政治教育话语权建设要深入挖掘传统文化中蕴含的丰富的思想政治教育资源，提升思想政治教育话语权建设的文化底气和丰厚底蕴，如在弘扬爱国主义精神的过程中，要充分运用"天下兴亡、匹夫有责"等爱国话语以及岳飞、屈原等人格化的爱国主义精神，使思想政治教育不再是空洞抽象的理论说教，提升思想政治教育的说服力，以文化的厚重感直抵人心、沁人心脾。传统文化作为精神基因代代相传，成为一种集体潜意识，深刻地影响着中国人的民族性格、思维方式以及价值观念，思想政治教育话语权建设要以中国人自己的而不是西方的、他者化的，听得懂的而不是晦涩的话语方式进行言说，形成中国人喜闻乐见的思想政治教育话语，使思想政治教育话语更容易在观念上被国人所接受、在情感上引发共鸣、在价值上形成认同。传统文化充满着东方魅力，在沟通中西、辐射东亚文化圈方面发挥着不可替代的作用，"孔子学院"在世界范围内的发展就是一个典型的例子。根植于传统文化，可以

---

① 李磊：《如何理解中国的世界性》，《探索与争鸣》2018 年第 6 期。

使思想政治教育话语打上鲜明的文化标识，增强国际沟通能力，更顺畅地向世界展示中国精神风貌。其次，思想政治教育话语权建设要面向中国当代实践展开言说。"如果说理论的力量，来自于对问题的精准把握，那么思想的力量，则来自于对现实的深入思考和精准阐明。"①思想政治教育话语权建设要坚持中国立场，以我们正在做的事情为中心，着眼于对实际问题的理论思考，不断激活思想政治教育话语的创新能力和对中国现实问题的阐释能力，深入理解并科学阐释中国当代实践的特殊性和复杂性，总结提炼能够反映中国当代实践的概念、范畴、术语，从思想政治教育的角度对中国已经取得的成就做出正确的归因、对中国当前的问题给出令人信服的解释、对中国未来发展做出科学的理论前瞻，为当代中国实践提供话语支持。

思想政治教育话语权建设要坚持世界眼光，置身于世界主义的历史进程中，这一原则具体化为着眼于世界大话语库、向世界言说中国、对世界有话可说三个层面的要求。首先，思想政治教育话语权建设要树立全球视野，打破自我封闭性依赖，克服眼界的狭隘性，着眼于世界大话语库，注重观察、分析、比较世界范围内的思想政治教育实践，展开积极的学术对话，吸收借鉴人类文明进程中的有益成果。但要注重辨别和区分，不能唯所谓的"普世性"话语包裹的西方价值观马首是瞻，进而采取话语归附策略，而是要根据中国实践把外源性的话语资源不断内部化，提升思想政治教育话语的适应范围和说明能力。其次，思想政治教育话语权建设要向世界言说中国，要以"四个讲清楚"为基本要求，积极设置国际议题，提高国际传播能力，宣传阐释中国特色，引导人们全面客观地看待中国，减少文化误解，不断增信释疑。与此同时，针对西方话语对中国的抹黑和歪

---

① 张艳涛：《建构面向"中国问题"的历史唯物主义理论话语体系》，《社会科学》2018年第 3 期。

曲，要积极反驳，不仅要基于国家利益进行反驳，还要基于核心价值进行反驳；不仅要在道德上进行谴责，还要从学理上进行批驳，向世界展现一个由中国人自己绘制的清晰的中国图像。最后，思想政治教育话语权建设要对世界有话可说。"当中国要思考整个世界的问题，要对世界负责任，就不能对世界无话可说"①，随着中国实力的不断增强，中国日益走向世界舞台中央，不仅中国需要发出自己的声音，世界也希望聆听中国的声音。"世界历史始终贯穿着资本主义与社会主义两种前途、两种命运、两条道路、两大力量的较量"②，对世界有话可说不仅要在涉中议题上拥有话语权，还要对人类发展过程中出现的共同问题上有话可说，打破在人类发展问题上的资本主义话语垄断，展现现代化方案的另一种可能性，彰显中国特色社会主义话语生命力，提升社会主义话语在国际话语格局中的应有分量。

第三节　思想政治教育话语权建设的基本路径

　　目标和原则是对思想政治教育话语权建设宏观上的规定，在目标指引和原则约束下，思想政治教育话语权建设还需要落实到相对具体的发展路径上，以突破思想政治教育话语权的现实瓶颈，增强思想政治教育的话语力量。"'话语权'的真正落脚点是'力'不是'权'"③，是通过话语实践展现出来的一种力量，具体来看，思想政治教育话语权建设应从以下几个

① 赵汀阳：《天下体系：世界制度哲学导论》，中国人民大学出版社 2011 年版，第 2 页。
② 王伟光：《马克思主义中国化的当代理论成果——学习习近平总书记系列重要讲话精神》，《中国社会科学》2015 年第 10 期。
③ 操奇：《意识形态话语权的说服机制：一个结构性分析》，《探索》2016 年第 5 期。

方面着力。

一、提升思想政治教育的理论创新力

首先，要遵循理论创新的"冷热逻辑"，提高思想政治教育理论创新的深度。所谓理论创新的"冷逻辑"，是指思想政治教育学人要有"板凳坐得十年冷"的格局和定力。在高速运转时代，"出名要趁早""再不出名就晚了"等急功近利的成功学口号、鸡汤文论调也慢慢地渗入理论研究领域，裹挟着部分思想政治教育学人，一味地拼速度、讲数量、抢版面、争曝光，使浮躁现象、焦虑心态大行其道，也使"朴素的精致"这一理论创新的基本精神渐渐失去色彩。正所谓"欲速则不达""心急吃不了热豆腐"，慢工才能出细活、沉潜才能蓄大能，在凡事都讲求速度的时代更需要慢下来的定力和勇气，更需要等等我们的灵魂，避免精神断裂和形神分离。所谓理论创新的"热逻辑"，是指思想政治教育学人要有"舍我其谁"的满腔热忱，锐意进取、奋发向上，对理论创新"欲罢不能"，避免理论创新的惰性心理和投机取巧，积极投入到思想政治教育的理论创新中，真正把"冷板凳坐热"。思想政治教育的理论创新力的提升需要滴水穿石、久久为功，需要付出长期艰苦卓绝的努力，既要坐得住、立得定、沉下气的"冷逻辑"，又要不改初心、不忘使命、不息热情的"热逻辑"，以勤为径、以苦为舟，吃常人不能吃之苦，才能达常人未能及之地，这也是对理论创新的生命哲学的理解。思想政治教育的理论创新是一项探索性、开拓性的工作，对广大思想政治教育学人有着近乎严苛的要求，但只有严格要求自己才能提高理论创新的深度，维系思想政治教育的生命力和鲜活力。当然，思想政治教育理论创新力的提升不仅需要思想政治教育学人的努力，还需要营造宽松自由的学术氛围，改变经费至上、课题为王的物质考核机制，不要一味地"赶鸭子上架"、追求"速成""虚胖"，逐渐卸掉学者肩上的

"快写快发""快出成果"的外在压力，也要设立一定的容错纠错机制，要给予思想政治教育学人更多潜心研究的时间和自由驰骋的空间。

其次，要遵循理论创新的"新旧逻辑"，提高思想政治教育理论创新的厚度。思想政治教育理论创新力的提升既要在理论"无人区"开疆拓土、冲锋陷阵，"敢探未澄明的新理""敢入未涉足的领地"，立时代潮头、发思想之先声，这就是理论创新的"新逻辑"；又要在理论"成熟地"深耕细作、厚积薄发、砥砺前行，珍惜点滴进步、打破无端妄想，临历史之渊、听思想之回声，这就是理论创新的"旧逻辑"。遵循理论创新的"新旧逻辑"要求广大思想政治教育学人要正确理解"开创性"与"创新性"之间的关系，把握"照着讲"与"接着讲"之间的区别。"开创性"是学人的崇高追求，也是理论创新的魅力所在，只有持之以恒、不断探索、攻坚克难，才能在人迹罕至之地留下属于自己的学术脚印，毫无疑问，"第一人""开创者""首次提出""最早讨论"等充满理论诱惑力的美好词汇对于学人来说是至高无上的荣耀，它像一支精神强心剂，激励着广大思想政治教育学人，焕发出思政学界的勃勃生机。在坚守"开创性"的价值追求的同时，我们要正视理论发展中的一个现实，这就是随着学科理论的不断发展，能够供学人去开疆拓土的不毛之地已大为减少（当然并不是没有），能够被冠以"开创性"的理论也越来越少。但我们不能因此陷入"影响的焦虑"，在前人的理论阴影中垂头丧气、怅然若失，"开创性"固然可贵，但在原有理论基础之上有所发展、有所突破的"创新性"也弥足珍贵。"太阳底下无新事"，虽然我们不能完全认同这句话而陷入理论创新的虚无状态，但这一句话也提醒着我们，过分偏执于"开创性"是一种无端的妄想，一味地绕过已有重大课题，只顾散乱地"东一榔头西一棒子"，把"另辟蹊径的学术嫁接""别出心裁的刻意求变"当作拯救原创性焦虑的稻草是不可取的，"别人讲过的就不能讲""不是第一人讲的就不屑于讲"实质上是自我设下的禁言限制，这不利于思想政治教育的长期稳定发展。前人的理论创新不是堆积在仓库的旧物，而是理论创新的宝贵资源，注重积累才能真正有所发展。理论创新不能"照着讲"，不能一味地因循守旧、墨守成规，但可以"接着讲"，这是理论发展的常态，也是一个学科成熟的重要标志，要固本培元、有所承接、有所延续、有所发展，充分利用思想政治教育的理论资源，使之转化为理论创新的坚实基础，沿着学术脉络纵深发展，不断增强思想政治教育理论创新的厚度。

最后，要遵循理论创新的"批判逻辑"，提高思想政治教育理论创新的力度。理论创新的"批判逻辑"有两个维度，一个是理论创新的自我批判，一个是理论创新的现实批判。从理论创新的自我批判来看，要求思想政治教育学人在昂首前行的同时要不断回头看，时常进行自我反思和自我检视，了解已有理论的不足和局限，明确理论创新的起点和基础。从理论创新的现实批判来看，要求思想政治教育的理论创新要"接地气、展翅膀"。一方面，思想政治教育的理论创新要"接地气"，要站在社会实践这一坚实的理论地平之上，直指思想政治教育发展过程中的现实问题，增强对思想政治教育现实问题的捕捉力和洞察力，从理论上多角度理解、多样态呈现和多层次表达思想政治教育现实问题。另一方面，思想政治教育的理论创新要"展翅膀"，要不断增强理论创新的想象力。避免理论创新的"空转"不是说理论创新要完全服膺于思想政治教育现实，停留于对思想政治教育实践的合理性辩护和理论性解释，理论创新更为重要的是以思辨的力量超越和引领思想政治教育实践，深刻洞察现实、坦然接受现实，然后积极超越现实才能真正有所成长。如果思想政治教育的理论创新只是实践经验的总结、只是对零碎问题的片面思考和简单呈现，那只是理论空间的自我弱化和自我窄化，也是对理性能力的放弃和理论思考的逃避，这显然不可取，要"通过理论的想象力展开一种对于现实的理性批判，这种理性批判的实质即是为教育提供可能性的扩展，使教育不沉溺于现实的合理性中，而是为其寻找一种新的存在可能性"①，以批判精神彰显思想政治教育理论创新的力度。

二、增强思想政治教育的学术对话力

首先，要遵循学术话语规范，合理分配学术资源，打造独创性和共识性相统一的思想政治教育学术共同体②。劳动的结合会产生一种与个人劳动不同的全新的力量，恩格斯曾指出，"结合劳动的效果要么是单个人劳动根本不可能达到的，要么只能在长得多的时间内，或者只能在很小的规模上达到。"③这种通过协作产生出来的团结力量可以避免各自为战、相互隔离、碎片发展带来的力量分散、内耗效应以及资源浪费。打造思想政治教育学术共同体，加强内部团结，可以实现"有序性分工、协同性合作、整合性创新"④，实现学科内有效学术对话。打造思想政治教育学术共同体要求广大学人遵循学术话语规范，要熟悉掌握本学科通用术语⑤，并以此为基本门槛挡住"门外汉"，提高学科专业性，必要时由权威专家编撰并及时更新学科大辞典，收录学术词条，对通用话语进行普遍性解释，规范学科话语使用；在学术对话中，要首先澄清所用概念、术语的真实意蕴，减少因为话语理解差异带来的无谓争端和无益讨论，避免使学术对话变成空洞的词句交锋；在既有学术话语能够囊括和包容理论创新的时候，要避免用生僻怪异的话语来替代已有的相对成熟的、通用的话语，不以学

---

① 邓飞：《后乌托邦时代的教育承诺及其理论想象力》，《湖南师范大学教育科学学报》2012 年第 3 期。

② 童世骏：《建设独创性和共识性相统一的学术共同体》，《探索与争鸣》2016 年第 3 期。

③ 《马克思恩格斯文集》第 5 卷，人民出版社 2009 年版，第 378 页。

④ 王学俭、顾超：《思想政治教育整体性协同创新》，《湖北社会科学》2016 年第 12 期。

⑤ 参见沈壮海：《思想政治教育研究的学术规范》，《思想理论教育导刊》2012 年第 10 期。

术"黑话"来伪装创新、制造沟通障碍。打造思想政治教育学术共同体需要合理分配学术资源，在学术论文发表和学术著作出版的过程中，要以学术质量作为评价标准和通关条件，减少职称、职务上的歧视；学术期刊应开辟青年学者专栏、推进青年学者资助计划，积极展开学术争鸣，为青年学者的话语表达提供更多的机会。打造思想政治教育学术共同体要坚持独创性和共识性相统一，一方面鼓励共同体成员"大开脑洞""奇思妙想"，释放学术创造活力，提出具有独创性的学术思想；另一方面要廓清学科边界，凝聚学科共识，独创性学术思想要接受共同体其他成员的质询、批驳，并展开积极的说理、论辩，以获得共同体其他成员的承认和接受，维系学术共同体的内部团结。

其次，要抢占理论制高点，以理论的彻底性提升思想政治教育的学术竞争力，增强思想政治教育国内学科间的学术对话力。当前，思想政治教育学科还不完全具备与其他人文社会学科进行学术对局的能力，我们更多的是吸收其他学科特别是一些基础类学科如社会学、政治学、哲学等学科的观点、方法、逻辑、概念来充实和发展自己。虽然思想政治教育的学术性已经逐步得到学界的认可，但学术影响力和学术输出能力依然不强，存在着写了没人看、说了传不开的状况，与其他学科存在着巨大的"话语逆差"。虽然我们不能一厢情愿地指望用短短四十年的时间就超越一些老牌学科，也不能对学术现状心安理得地接受而无所作为、圈地自乐，更不能片面指责其他学科对思想政治教育学术研究的忽视，而是要积极地抢占理论制高点，以理论的彻底性提升思想政治教育的学术竞争力，彰显思想政治教育学术研究的不可替代性和不可回避性。当自身足够强大，就能更加坦然地面对质疑，更加自然地进入学术对局中。思想政治教育学术研究要从"人本身"这一根本出发，真正关怀现实的人的存在以及历史发展，科学把握人的发展规律以及人置身其中的社会的发展规律，经受住各种社会思想观念的洗礼。"以'现实的人和人的现实'为中心议题打破思想政治教育与其他学科的不可通约性，揭示和解决现实的人面临的真正问题，实现对人的现实关怀和终极关怀的统一，以理论的逻辑力量展现人的自由全面发展图景。"① 当围绕着现实的人这一"问题域"展开学术讨论，提供思想政治教育在这一根本问题上的独特视野和专业知识，学科间的壁垒就能更容易被打破，不同学术观点之间的切磋就有可能，学术对话的空间就更为宽阔。

最后，要区分"名实之辩"，培育合理的学术交流心态，搭建国际学术交流平台，增强思想政治教育的国际学术对话力。具体来看，要区分思想政治教育的"名实之辩"，不能把思想政治教育看作是狭隘的经验化的"地方知识"，否定其作为统治阶级思想统治方式的普遍性和作为一门科学的合法性②，要处理好思想政治教育概念的中国特色性和思想政治教育实践的普遍存在性之间的关系，不能因为国外名义上没有与"思想政治教育"完全对等性的概念就采取保守化倾向，过分拘泥于"名实相副"而自说自话、自言自语，补齐思维、视野、语言、资源等方面的短板，不断推进跨文化视野下的思想政治教育研究。要培养合理的学术交流心态，克服学术交流的"双重套路"，既不以我国思想政治教育发展实际去剪裁国外，割裂国外思想政治教育的整体性和系统性，梳理自以为是的、浮在表面的域外经验，使之成为我国思想政治教育的理论注脚；又要力戒盲目移植的崇拜心理，失去辨别力和批判力，要站稳中国立场，以我为主，积极对话。要搭建国际交流平台，既要围绕"思想政治教育"的相关主题，积极申办国际性学术会议；又鼓励学者走出去参加国际学术会议，加强交流。既要加强外文学术期刊和网站的建设，积极推介优秀研究成果；又鼓励有相关语言能力的学者在国际性期刊发表论文，引发国际关注。

---

① 王学俭、杜敏：《高校思想政治教育供给侧改革探讨》，《思想理论教育导刊》2017 年第 6 期。

② 任志锋：《论美国思想政治教育之"名"》，《教学与研究》2018 年第 4 期。

三、强化思想政治教育的思想阐释力

首先，忠于马克思主义文本，坚持思想阐释的客观性原则，提高思想政治教育思想阐释的信度。客观性原则是指对马克思主义的阐释不能背离文本本身的意义，不能离开普遍的历史前提，完全放纵一己私欲对文本进行剪贴拼接的主观臆想般的解读，这样"只是佯言阐释了对象，实则却只是把我们的任意和武断强加给作为'对象'的事物"①。马克思主义不是一块哪里需要就往哪里搬的理论板砖，不能用来堆砌观点的材料，也不是可以任意涂抹的白板，我们不能任凭主观意图去僭越文本，要对马克思主义保持应有的敬畏精神。虽然一千个读者眼中可能有一千个马克思，但阐释出来的依然只能是马克思而不能是其他人。阐释不能背离文本的本身存在，不能取消文本自身的意义。坚持客观性原则要求我们"对马克思主义的学习和研究，不能采取浅尝辄止、蜻蜓点水的态度。"②而是要以对自己负责、对读者负责的态度和精神，认认真真、原原本本、持之以恒地学习和理解马克思主义文本，要自己先理解才能更好地阐释出来，要进一步推进"马克思主义理论研究和建设工程"的建设，搜集、整理、编译马克思主义经典著作，占有丰富的理论资料，深化马克思主义基础理论研究。坚持客观性原则还要求我们正确地对待"理论中介"，不能道听途说、以讹传讹，西方马克思主义可以作为理论镜鉴和理论比照，为我们理解和阐释马克思主义提供不同的视角，避免唯我独尊的理论狂妄和不实幻想，但不能奉西方马克思主义为圭臬，一切以西方马克思主义为判断标准，要警惕形形色色的西方马克思主义背后的非马克思主义倾向，澄清附着和强加在马克思主义身上的错误观点和主观偏见，避免在相互冲突的或解构或重构

---

① 吴晓明：《论阐释的客观性》，《哲学研究》2016 年第 5 期。

② 习近平：《在哲学社会科学工作座谈会上的讲话》，人民出版社 2016 年版，第 12 页。

的多样解释中消融马克思主义。

其次，立足当代中国实践，坚持思想阐释的时代性原则，提高思想政治教育思想阐释的效度。"马克思主义的'本本'是要学习的，但是必须同我国的实际情况相结合。我们需要'本本'，但是一定要纠正脱离实际情况的本本主义。"①时代性原则是指要坚持用马克思主义的立场、观点和方法来分析中国社会历史现实，"我们要坚持用马克思主义观察时代、解读时代、引领时代"②，对中国历史实践中出现的问题作出马克思主义的回答，提升马克思主义在新的历史实践与时代思潮的对话能力和对社会实践的解释能力，使马克思主义"不断进入历史生活的底蕴，有能力不断选择新的出场形态"，以"不断出场"来"秉持在场"③。我们通过阅读文本、阐释文本而走进马克思也好、回到马克思也罢，这只是走了一半的路程，剩下的一半是为了让马克思走入当代，"马克思主义在本质上永远是现时代的，永远是时代的旗帜，指导着时代前进"④，要以马克思主义把脉时代、解读时代，并随着时代的发展不断发展马克思主义。

最后，面向社会大众，坚持思想阐释的大众化原则，提高思想政治教育思想阐释的公度。思想政治教育是要面向大众的，阐释马克思主义是为了更好地让大众理解、接受和认同，大众性原则是指要运用简单明了、生动活泼、通俗易懂的语言，以人民群众喜闻乐见的方式，结合人民群众的思想实际、理论困惑、利益需求进行思想阐释，让人民群众乐意听、听得懂，使马克思主义从文本中走出来成为一种可理解的流动的思

---

① 《毛泽东选集》第一卷，人民出版社 1991 年版，第 111—112 页。

② 《习近平谈治国理政》第三卷，外文出版社 2020 年版，第 76 页。

③ 参见任平：《创新时代的哲学探索：出场学视域中的马克思主义哲学》，北京师范大学出版社 2009 年版，序言第 2—9 页。

④ 石云霞、陈曙光：《关于马克思主义中国化时代化大众化的若干思考》，《马克思主义研究》2010 年第 9 期。

想，增强马克思主义对大众的吸引力和感召力。与此同时，在面向社会大众阐释马克思主义中国化最新理论成果时，要坚持历史与逻辑相统一的原则，避免主观主义和形式主义，要实事求是地指出马克思主义最新理论成果到底"新"在哪，是如何继承的又是如何发展的，把握其中的理论张力；要用朴实的语言讲清楚马克思主义最新理论成果解决了什么问题，对我们的实际生活又有什么影响，对"首次""第一次"等话语的使用要谨慎，不能凭主观想象，以为自己之前没有看见或没有听到过就第一次出现，讲话和写作都要有文本依据，要经过缜密的审查；要结合当代中国发展实际，结合人民群众最关心的现实问题多主题、多层次、分众化地进行思想阐释，为了更好地深入人心，宣传口号要有、思想概括要有，但不能背离马克思主义最新理论成果的真实意蕴而刻意追求语句押韵、形式好看，玩空泛的、大而化之的数字游戏；而是要通过学理化论证让大众知其然并知其所以然，真正为政治话语提供学术论证。

四、打磨思想政治教育的思潮批判力

首先，要立场坚定，敢于批判。当前，随着我国社会主要矛盾的变化，思想文化领域你死我活的对抗性斗争已经逐渐淡化，人们乐于处在"岁月静好"的思想舒适区、文化安全区，和和气气的、你好我好的、人道主义的话语似乎更能告慰人心、引发共鸣，而阶级性话语、批判性话语则显得有点"不合时宜"，成为无法见光、无法触碰的言论禁区。一些人不仅自己不提也不允许别人提及，像逃避沉重的历史包袱和思想毒瘤一般避谈阶级性、批判性，这一点从王伟光发表的《坚持人民民主专政，并不输理》一文引起的社会反映就可以看出。该文在《红旗文稿》发表之后，在网络上引起了轩然大波，像一颗石子投入平静的湖面，掀起的浪花拨动了一些人的敏感神经，引来了理论上的攻击谩骂、大肆讨伐，有的还上升到人身攻击、出口成"脏"，极尽歪曲污蔑之能事。批判性与阶级性捆绑在一起被妖魔化，以为一旦提及批判就是要偏离经济建设这一中心，就是要重提"以阶级斗争为纲"，就是要"走老路"，使社会陷入动荡状态。

受这一焦虑紧绷的社会氛围的影响，一些思想政治教育者面对错误思潮的泛滥不敢表态、不敢发声、不敢亮剑，生怕惹上笔墨官司，给自己添堵。诚然，阶级矛盾已经不再是我国社会的主要矛盾，不能泛泛地、无节制地谈论阶级矛盾，但不可否认的是阶级矛盾在我国一定范围内客观存在着，甚至在一定条件下还可能激化。如果把眼光放得更宽一点，从世界范围内俯瞰全局，我们更不能轻率地说阶级矛盾已经不存在了，资本主义与社会主义之间的意识形态斗争在很长的时期内并不会消失。批判性是马克思主义的基本精神，马克思恩格斯正是在不断批判错误思想的过程中澄明自身、划清界限、说服群众的。当前，我国思想文化领域并不是一派祥和的，存在着五花八门的错误思潮，"我们应当批评各种各样的错误思想。不加批评，看着错误思想到处泛滥，任凭它们去占领市场，当然不行。有错误就得批判，有毒草就得进行斗争。"① 在今日中国，坚持批判依然不输理、不缺德，只有认真地激浊才能更好地扬清。我们要慎重地使用批判的武器，但不是视若敝屣、弃之不用，不能让批判的武器在历史的尘埃中生锈钝化。这就要求广大的思想政治教育者要做到心中有数，勇敢地肩负起自己的思想使命，自觉"坚持辩证唯物主义和历史唯物主义的哲学立场、服务无产阶级的阶级立场、植根广大人民群众的政治立场、实现共产主义理想追求的价值立场"②，旗帜鲜明地张扬马克思主义的批判精神，不隐瞒、不逃避、不妥协、不藏锋，敢质疑、敢反思、敢挑战、敢批判，与错误思潮做坚决的思想斗争。

---

① 《毛泽东文集》第七卷，人民出版社 1999 年版，第 232—233 页。

② 李庆华、李志飞：《论思想政治教育话语权》，《教学与研究》2016 年第 7 期。

其次，要头脑清醒，善于批判。批判是一把武器，用得好可破敌，用得不好则可能伤己。我们不仅要立场坚定、敢于批判，还要头脑清醒、善于批判，不能蛮干胡来，要有理有节地展开批判，善用批判的策略和技巧，改变批判的软弱无力状况，打磨思潮批判的武器。其一，要正确地对待社会思潮，既不能回避无视、听之任之，又不能"草木皆兵"、激化对立、人为制造紧张气氛；既不能居高临下地对一些社会思潮颐指气使、横加指责、失了气度，也不能甘居人下、自我贬抑、失了格局，而是要积极寻求对话，谋求共识；既不能弃用批判的武器，又不能滥用批判的武器，对待社会思潮，要进退自如、张弛有度，"能作具体对策分析的，尽量不上升为政治分歧；能作一般现象描述的，尽量不指名道姓；能通过理论研讨方式进行的，尽量不倡导社会大讨论；能用学术性语言辨析的，尽量不适用批判性语言。"[1]其二，要保持思想的敏锐性，增强对社会思潮的辨别力和引领力。要及时跟踪思想动态，运用大数据技术进行科学分析，设置研判预测机制和思想反馈机制，见微知著、防微杜渐，对尚处在萌芽状态、有可能进一步发展壮大的错误观点及时遏制；对已经成潮、已然盛行的错误思潮要及时疏导，消除其错误影响。要透过现象看本质，穿过重重的理论迷雾，把握不同社会思潮的发生发展规律，梳理其源与流，分析其流行机理和受众基础，对一些有着广泛群众基础的社会思潮要把握其背后的利益诉求，对合理诉求要积极解决，对不合理诉求要积极解惑。要辩证地分析社会思潮的正与误、是与非、积极与消极，不能一概否定、一禁了之、一封到底，要合理分类、区别对待、具体问题具体分析，对与马克思主义并行不悖的社会思潮要尊重包容，对非马克思主义的社会思潮要积极引领，对反马克思主义的社会思潮要坚决抵制。要破立结合，正所谓去除

---

① 侯惠勤：《马克思的意识形态批判与当代中国》，中国社会科学出版社 2012 年版，第 11 页。

杂草的最好方法是种上庄稼，在批判错误的社会思潮的同时，要增强马克思主义对社会重大问题的解释力，以社会主义核心价值体系引领多样社会思潮。

五、夯实思想政治教育的教育引导力

首先，要尊师重教，维护教育者话语主导权。"凡学之道，严师为难。师严然后道尊，道尊然后民知敬学。"(《礼记·学记》)，尊师重教是我国传统的教育理念，教育者拥有话语主导权是维系教学秩序、把控教育节奏、取得教育实效的前提，一味地挤压教育者的话语主导权只会让教育者无所适从、瞻前顾后，不能有效发挥教育者的主动性和积极性。在思想政治教育过程中，一方面，要营造尊师重教的教育氛围，维护教育者话语主导权。要通过仪式化的节日渲染如教师节庆祝活动，倡导和弘扬尊师重教的传统美德，让全社会理解教育者在社会发展和人才培养中不可替代的价值，"努力提高教师政治地位、社会地位、职业地位，让广大教师享有应有的社会声望"[1]；要在坚守政治底线、思想底线和道德底线的前提下，给予教育者更多的教学自由权，使教育者从外在的条框束缚中逐渐解绑出来，减少过分的行政干预和自上而下的话语权压制，增强教育者的教学自主性，激活教育者的教学活力和创造力，让教育者真正能够大展身手；要引导教育者尊重自己的教师角色和教育价值，明确自身的教育使命和责任担当，避免自行的价值贬黜，增强教育者对思想政治教育的职业认同感和荣耀感，真正安心从教、热心从教。

其次，要提升教育者素质，实现自我赋权，牢牢掌握话语主导权。教

---

[1] 《习近平在全国教育大会上强调 坚持中国特色社会主义教育发展道路 培养德智体美劳全面发展的社会主义建设者和接班人》，《人民日报》2018年9月11日。

育者可以因为占据"教育者"这个社会位置、承担着"教育者"的社会角色而拥有一定的话语权，教育者站到讲台上说话是一件理所当然的事情。一般情况下，受教育者或者其他的人不仅不会禁止教育者说话，还会要求教育者说话，这种话语权是通过外在的制度性规定而获得的。但更为重要的是，教育者要凭借自身的理想信念、知识储备、信息优势、人格魅力等综合因素的作用，发挥话语影响力，实现自我赋权，掌握话语主导权。当前，随着网络技术的发展，信息垄断和知识专断的状况一去不复返，受教育者只要动动手指，利用各式搜索引擎就可以获得庞大的信息和知识。此外，思想政治教育"慕课""公开课"的发展使课程资源共享成为现实，线下教学不再是唯一的选择，受教育者可以方便快捷地利用移动终端自主地选择自己感兴趣的老师和课程。加之，当前通用教材日趋通俗化，受教育者理性能力也不断发展，受教育者存在理解困难、教育者需要深入阐释的地方也大为减少。这些新情况的出现对思想政治教育而言是重大利好，有利于思想政治教育实效性的提高，但对教育者而言则是不小挑战，向教育者提出了更高要求。面对新情况，教育者只有不断提升综合素质才能拥有话语权，才能在教学活动中占据相对优势地位。坚定的理想信念、价值立场、政治立场是"入场券"和"敲门砖"，在此基础之上，教育者要提升意见生产能力，要积极关注社会生活中的焦点问题、敏感话题，并有自己的独立思考和意见表达，真正激浊扬清、辨别真伪；教育者要增强沟通能力和交往能力，充分利用面对面教学活动的"现场感"，与受教育者展开积极的互动，充分发挥人格魅力，综合利用口语表达、肢体语言来增强话语感染力；教育者要提升教材拓展能力，既不脱离教材，又不拘泥于教材，要通过旁征博引使教材在课堂中"变厚"、通过扎实的理论素养使教材"变深"、通过生动的案例使"变活"。

最后，要增强思想政治教育话语的吸引力，激活受教育者话语表达权。其一，受教育者话语表达权的激活要依靠受教育者主体意识的觉醒和主体责任的承担，要引导受教育者明晰思想政治教育对个人成长成才的重要价值，激发受教育者积极参与思想政治教育活动、身心进入思想政治教育现场的内在动力。其二，受教育者话语表达权的激活要完善思想政治教育话语体系，确立思想政治教育的真正优势。思想政治教育的真正优势在于政治的高度、思想的深度、教育的温度以及实践的灵敏度。思想政治教育话语体系的完善要积极阐释和吸纳党的路线方针政策，坚定政治站位，为政治话语保留一席之地，把握大局、顺应大势，以保持政治的高度；要从马克思主义经典著作中深入挖掘思想政治教育话语资源，从马克思主义最新理论成果中汲取思想政治教育发展新力量，从思想政治教育学术话语中凝练提取新话语，以保持思想的深度；要容纳和吸收受教育者的生活话语、情感话语，以及社会流行话语、网络时尚话语，改变"空对空""教育者一套话语，受教育者一套话语"的状况，使思想政治教育者成为关心爱护受教育者的身边人而不是隔岸观火的旁观者，提升思想政治教育话语的亲和力，以保持教育的温度；要总结提炼思想政治教育实践中的鲜活话语，丰富话语内涵，以保持实践的灵敏度。其三，受教育者话语表达权的激活要把握变与不变的辩证法，改进思想政治教育的话语方式。思想政治教育话语方式的改进不能走偏，不能一味地追求热闹、娱乐等形式主义的东西。思想政治教育者不是为了娱乐学生、讨好学生才站上讲台的，一味地求变、迎合式地表演甚至戴着"假面"在"搞怪"的路上越走越远，这可以博得一时眼球，也可能让课堂变得热热闹闹，提高"到课率"和"抬头率"，却不能让受教育者真正有所思、有所悟、有所得，不能成为受教育者人生路上的得力助手。让受教育者参与教育过程只是手段，在参与中能够有所收获、有所成长才是目的。我们不能拒绝乃至要倡导以新鲜时髦、丰富多彩的话语方式来提升思想政治教育的吸引力，但也不能视传统为过时、视严格为刁难、视严肃为古板、视讲授为独白，而是要在传承中不断发展，守正创新，要让时髦的教学方式和传统的教学方式都能在思想政治教育中各安其位、各得其所。当前的大学教育提倡适当"增负"，不能让大学生轻轻松松地蒙混过关，思想政治教育的教学也要适当"增负"，不能失去应有的严肃性和价值性，要始终围绕着让受教育者有更多获得感而展开教育实践。

六、提高思想政治教育的舆论引导力

首先，要提高国内层面的舆论引导力。其一，要提高思想政治教育者的媒介素养。"无论是定义事物、还原事实、解释缘由，还是分析利害、证明清浊、评价得失，都离不开舆论引导者这一话语主体的积极作为。"[①]而要想有积极作为就必须不断提升自身的媒介素养，使自己在信息时代中站稳脚跟，保持定力，经受住信息浪潮的洗礼。媒介素养是人们面对媒介各种信息时的选择能力、理解能力、质疑能力、评估能力、创造和生产能力以及思辨能力[②]，这要求思想政治教育者要不断提升筛选信息的能力，能够"沙里淘金"获取高质量的信息，避免踩到虚假信息、谣言等信息雷区；要多角度理解信息，全方位关联信息，形成可以供自己随时提取的信息资源库，以把握时机、先行一步；要随时保持头脑清醒，提升信息质疑能力和思辨的反应能力，不人云亦云，不盲目随大流；要正确评估不同信息给主流舆论可能带来的影响，析利害、辨真伪、定优劣；要提升自己创造和生产信息的能力，唱响主旋律，以优质的信息和深邃的见解为主流舆论源源不断地注入正能量。其二，要适应媒介融合发展态势，加强舆论引导机制建设，增强主流媒体公信力。可以通过行政手段要求主要传播平台以置顶、推荐、推送、设置专题、开辟专栏等方式加强主流舆论的曝

---

① 曹劲松：《舆论引导的话语权与实现路径》，《南京社会科学》2015 年第 1 期。

② 张开：《媒介素养概论》，中国传媒大学出版社 2006 年版，第 94 页。

光度和覆盖面，以突破信息茧房的负面影响，但要减少使用删帖、屏蔽、封禁、关停等传统的简单粗暴的控制堵塞方式，正所谓"防民之口甚于防川"，要建立积极的舆论引导机制，疏而导之而不是塞而堵之，引导舆论朝着有利于社会稳定的方向发展。要完善舆论引导的预警机制，密切关注公共事件，加强对舆情发生发展变化规律的研究，特别是要加强对近年来影响甚大而主流媒体应对乏力的案例的分析，寻找舆情的燃爆点和衰变时段，研判能够影响舆情发展方向的各种因素，增强应对不确定性因素的底气和能力。要完善舆论引导的权威发布机制，把握舆论引导的"时、度、效"，"恰时、合度、有效"[①]地进行舆论引导，及时发布权威信息，并提供有价值、有见地、有深度的观点、评论、看法，以理性分析代替情绪化表达，增强社会的脱敏能力，缩小和控制谣言和虚假信息的传播空间，使公众拨开迷雾，认清真相。要注重主流媒体的日常运营维护，充分利用主流媒体的资源优势，加强粉丝互动，打造良好的信任基础，不断提高主流媒体的公信力。其三，要关注意见领袖，不断壮大主流舆论力量。要积极培育意见领袖，提高思想政治教育学者的社会责任意识，支持思想政治教育学者积极发声，参与公共事件的讨论。要与已经具备强大号召力和影响力的网络大V、公众号、自媒体等展开互动沟通，在尊重他们的话语表达权的同时，强化其作为社会公民和社会组织的底线意识、法律意识、规则意识、责任意识。

其次，要提高国际层面的舆论引导力。其一，要提升国际议题设置能力。对于国际社会普遍感兴趣又相对敏感的中国话题，如人权问题、民主问题、民族问题、宗教问题等，不能回避，不能"失声""失语"，也不能顾左右而言他，而是要表明中国立场和中国态度，积极回应和反击其他国家的无端指摘。要积极开启于我国发展有利的议题，如消除贫困、女性解

---

① 张勇锋：《舆论引导"时、度、效"方法论研究论纲》，《现代传播》2015 年第 10 期。

放、现代化发展等，找准切入点，努力成为涉中议题的主导者，向世界展示真实的中国。要成为国际公共性议程的重要倡导者和积极参与者，及时跟踪全球范围内的热点焦点问题，积极介入国际反恐、可持续发展等关涉人类发展、全球治理的重大议题，既承担起中国应有的国际责任，展示负责任大国形象，又不屈从于其他国家强加给中国的额外责任。其二，要大力推进中国特色智库建设，丰富对外话语供给，提高全球话语引领能力。要培养智库学者的国际视野，拓宽智库学者的理论格局，引导智库学者既要关注国内政策的制定和实施，又要把探索性目光投向全球性议题，创造和凝练具有标识性和解释力的概念和范畴，形成特定的话语分析框架，使我们讲起话来底气十足，如赵汀阳对"天下"概念的思想阐发就为打造新型国际关系提供了一种中国视角的学理论证。话语的充沛是以思想的底蕴为前提的，我国智库要为国际舆论引导提供思想基础和话语支撑，为人类面临的共同问题提供中国智慧。要提升智库的国际传播能力，打造高端的学术期刊，定期举办国际性学术会议，积极参与国际性学术论坛，推动跨国学术合作，提高智库思想的国际传播能力。其三，要改进话语策略，因地制宜、因人制宜。不仅要注重国内宣传和对外宣传之间的差异，还要注重在不同国家进行宣传的差异，要根据国际上不同受众的文化背景、宗教信仰、价值观念、语言习惯、思维方式等的不同而使用差异性的话语表达方式，综合采用文字、图片、小视频、影音作品等形式立体化展示中国，使中国话语能够更好地被理解、被悦纳。其四，要建设强大的话语平台，增强国际传播实力。要科学规划、合理布局，既要大力发展报纸、书刊、电视等传统媒体，做大做强新华社、央视、央广等"国家队"，打造外宣旗舰媒体；又要增强社交媒介的运营能力，拓宽民间发声渠道，支持半官方组织、民间组织传播中国声音，鼓励有影响力的企业家、文学家、艺术家等个人开通海外社交媒体账号，多方位讲述中国故事。

结　语

话语和话语权是充斥在日常生活中的一组概念，像"文化"一词一样，是日用而不觉的。在日常使用中，人们朦朦胧胧地知道它们大概是什么意思，也能大体上说出一二，但如若仔细思考或者是希望讲得更透彻一点，反而可能陷入思维混乱，恍恍然不知其真意。学界对话语权的多重性赋义以及对思想政治教育的差异性理解，使两者的理论结合"思想政治教育话语权"变得更加扑朔迷离，而这正是理论研究的魅力所在，把熟悉的东西进行陌生化处理、把模糊的东西进行抽丝剥茧，不断反思、反复推敲，一步一步地向前探索，直至到达自己能力可及之地，看到属于自己的独特的理论景观。

诚然，对思想政治教育话语权的理论关注受到多学科观照话语和话语权研究这一学术热浪的影响。然而，介入一个热点问题是有风险的，随时面临着热度退去之后该何去何从的尴尬。给这一理论风险上保险的较好方式是对热问题进行冷思考，不断提升理论研究的深度和厚度，以抵消热度散失带来的消极影响。因此，笔者对思想政治教育话语权的理论渊源着墨颇多，始终坚持用马克思主义立场、观点和方法来看待思想政治教育话语权，并在行文中一以贯之；又借鉴西方学者的相关理论，来充实和拓展思想政治教育话语权研究的理论视域，以减少理论盲点。

　　同样需要承认的是，对思想政治教育话语权的研究虽然是被它的热度所吸引，但更多的是从思想政治教育发展实际出发而展开的理论思考，旨在以思想政治教育话语权为棱镜，反思思想政治教育存在的现实问题，对一些目前尚未涉及的问题进行一定的创新性思考，以拓展思想政治教育的理论格局。思想政治教育是主流意识形态的生产、阐释、传播和捍卫过程，笔者聚焦当代中国这一时空背景下的、作为党和国家事业重要组成部分的思想政治教育及其话语权研究。当代中国的思想政治教育有着复杂的存在样态，既作为一门学科从事理论研究，又作为一种教育活动的具体类别从事教学育人，还作为一种社会公共活动从事舆论宣传，从不同的活动领域对我国的主流意识形态即社会主义意识形态进行建构、维护和发展，这是从更为宏阔的视野来看待思想政治教育的理论尝试。

　　面对莫衷一是的思想政治教育话语权，笔者不揣冒昧，认为思想政治教育话语权是指中国共产党及其成员，有资格、有能力通过有目的、有计划、有组织的话语实践，使自己坚持和发展的以马克思主义为指导的社会主义意识形态话语，得以公开表达和广泛传播，取得社会成员的普遍认同，主导社会成员的思想行为，是话语权利和话语权力的统一，具有主导性与多样性、生产性与压抑性、应然性与实然性等特征，由理论创新权、学术对话权、思想阐释权、思潮批判权、教育引导权和舆论引导权等构成。思想政治教育话语权的生成逻辑包括真理逻辑、价值逻辑、实践逻辑、权力逻辑和话语逻辑，并在实际运行过程中与形形色色的社会思潮展开思想斗争。着眼当前，思想政治教育话语权存在着种种问题，并受到西方话语霸权、中国社会转型、信息网络化等因素的制约，但国家硬实力的提升、人民获得感的增强、文化自信的彰显、全面从严治党的展开以及学科持续发展为思想政治教育话语权建设奠定了坚实的基础。放眼未来，应致力于建设思想政治教育话语权，以实现思想政治教育学科发展新自觉、增强社会主义意识形态话语影响力、培养担当民族复兴大任的时代新人为目标指向，要坚持政治导向与科学导向相结合的原则、批判斗争与包容对话相结合的原则、中国情怀与世界眼光相结合的原则，把"话语权"真正落实为"话语力量"，不断提升思想政治教育的理论创新力、学术对话力、思想阐释力、思潮批判力、教育引导力和舆论引导力。

　　思想政治教育话语权是道与术的统一，它以话语这一术的形式展现思想政治教育的发展之道，并一一捋顺思想政治教育背后的复杂关联。如果仅仅追求话语花哨而不理会思想疲乏，思想政治教育话语权就无异于建立在沙滩上的城堡。笔者致力于在自己的能力范围内对思想政治教育话语权进行深入思考，不断挑战自己的思维极限，也相信这些理论思考不会付诸东流，会对思想政治教育的理论和实践发展产生一定裨益。但受限于笔者的研究水平，在具体的理论研究过程中亦存在力有不逮的地方，在浩瀚的卷轴和复杂的现实面前，经常遭受无力感和渺小感的侵袭，虽力戒言不由衷，但难免词不达意。意识到问题的重要性和紧迫性并不意味着问题的解决，自己也可能重蹈自己所批判的问题的覆辙，也一时找不出更好的可替代方案，只能做出一些探索性的粗浅思考。但提出问题本身也有价值，也酝酿着更好的未来。当前，对思想政治教育话语权的研究还存在着一些应进一步思考和解决的问题，如对思想政治教育话语权历史问题的分析和把握；也会随着思想政治教育理论和实践的发展而涌现出一些新问题，需要我们持续跟踪、不断讨论、凝聚共识。

参考文献

一、著作类

[1]《马克思恩格斯文集》(第1—10卷),人民出版社2009年版。

[2]《马克思恩格斯全集》(第1卷),人民出版社1956年版。

[3]《马克思恩格斯全集》(第3卷),人民出版社1960年版。

[4]《马克思恩格斯全集》(第23卷),人民出版社1972年版。

[5]《马克思恩格斯全集》(第27卷),人民出版社1972年版。

[6]《马克思恩格斯全集》(第36卷),人民出版社1975年版。

[7]《马克思恩格斯全集》(第45卷),人民出版社1985年版。

[8]《马克思恩格斯全集》(第46卷上),人民出版社1979年版。

[9]《列宁全集》(第14卷),人民出版社1988年版。

[10]《列宁全集》(第47卷),人民出版社1990年版。

[11]《列宁选集》(第一至四卷),人民出版社2012年版。

[12]《斯大林选集》(下),人民出版社1979年版。

[13]《毛泽东选集》(第一至四卷),人民出版社1991年版。

[14]《毛泽东文集》(第一、二卷),人民出版社1993年版。

[15]《毛泽东文集》(第七卷),人民出版社1999年版。

[16]《邓小平文选》(第一、二卷),人民出版社1994年版。

[17]《邓小平文选》(第三卷),人民出版社1993年版。

[18]《江泽民文选》(第一至三卷),人民出版社2006年版。

[19]《胡锦涛文选》(第三卷),人民出版社2016年版。

[20]《习近平谈治国理政》,外文出版社2014年版。

[21]《习近平谈治国理政》(第二卷),外文出版社2017年版。

[22]《习近平谈治国理政》(第三卷),外文出版社 2020 年版。

[23]《习近平谈治国理政》(第四卷),外文出版社 2022 年版。

[24] 习近平:《在哲学社会科学座谈会上的讲话》,人民出版社 2016 年版。

[25]《中国共产党第二十次全国代表大会文件汇编》,人民出版社 2022 年版。

[26]《中国共产党第十九次全国代表大会文件汇编》,人民出版社 2017 年版。

[27] 中国社会科学院新闻研究所编:《中国共产党新闻工作文件汇编》(下),新华出版社 1980 年版。

[28] 中共中央文献研究室,新华通讯社编:《毛泽东新闻工作文选》,新华出版社 2014 年版。

[29] 中共中央文献研究室编:《建国以来毛泽东文稿》(第 10 册),中央文献出版社 1996 年版。

[30] 中共中央文献研究室编:《毛泽东著作专题摘编》(下),中央文献出版社 2003 年版。

[31] 中共中央文献研究室编:《邓小平年谱(1975—1997)》(上、下),中央文献出版社 2004 年版。

[32] 中共中央文献研究室编:《江泽民论有中国特色社会主义(专题摘编)》,中央文献出版社 2002 年版。

[33] 中共中央文献研究室编:《江泽民思想年编(1989—2008)》,中央文献出版社 2010 年版。

[34] 中共中央文献研究室编:《习近平关于全面从严治党论述摘编》,中央文献出版社 2016 年版。

[35] 中共中央文献研究室编:《习近平关于社会主义文化建设论述摘编》,中央文献出版社 2017 年版。

[36] 周凡等主编:《后马克思主义》,中央编译出版社 2007 年版。

[37] 张耀灿等:《现代思想政治教育学》,人民出版社 2006 年版。

[38]《思想政治教育学原理》编写组:《思想政治教育学原理》,高等教育出版社 2016 年版。

[39] 石云霞:《马克思主义理论教育思想发展史研究》(上、下),中国社会科学出版社 2012 年版。

[40] 武东生等:《中国古代思想政治教育史》,南开大学出版社 2013 年版。

[41] 倪愫襄:《思想政治教育元问题研究》,中国社会科学出版社 2014 年版。

[42] 刘建军:《马克思主义基本原理与当代中国思想政治教育专题研究》,中国人民大学出版社 2015 年版。

[43] 沈壮海:《思想政治教育有效性研究》,武汉大学出版社 2016 年版。

［44］王学俭：《现代思想政治教育前沿问题研究》，人民出版社 2008 年版。

［45］王学俭：《思想政治教育理论与实践问题的研究视角》，中国人民大学出版社 2017 年版。

［46］孙其昂：《思想政治教育学前沿研究》，人民出版社 2013 年版。

［47］杨威：《思想政治教育的社会学研究》，中国社会科学出版社 2014 年版。

［48］吴琼：《思想政治教育话语发展研究》，中国社会科学出版社 2017 年版。

［49］邱仁富：《思想政治教育话语论》，上海交通大学出版社 2013 年版。

［50］何理：《思想政治理论课话语体系生成和发展研究》，人民出版社 2015 年版。

［51］郭绍均：《思想政治教育学科系统研究》，人民出版社 2022 年版。

［52］陈曙光：《中国话语：说什么？怎么说？》，湖北人民出版社 2017 年版。

［53］陈正良：《软实力发展战略视阈下的中国国际话语权研究》，人民出版社 2016 年版。

［54］中国话语权研究课题组：《国家、阶级、民主与专政——中国话语权研究之一》，社会科学文献出版社 2015 年版。

［55］李慎明主编：《领导权与话语权"颜色革命"与文化霸权——中国话语权研究之二》，社会科学文献出版社 2016 年版。

［56］李慎明主编：《时代与霸权——中国话语权研究之三》，社会科学文献出版社 2016 年版。

［57］叶南客编：《从中国特色到中国话语：哲学社会科学的中国方略》，格致出版社 2017 年版。

［58］钱穆：《人生十论》，九州出版社 2012 年版。

［59］陈锡喜：《马克思主义：意识形态和话语体系》，华东师范大学出版社 2011 年版。

［60］王寅：《语言哲学研究：21 世纪中国后语言哲学沉思录》（上），北京大学出版社 2014 年版。

［61］陈嘉映：《简明语言哲学》，中国人民大学出版社 2013 年版。

［62］王路：《走进分析哲学》，中国人民大学出版社 2009 年版。

［63］涂纪亮：《现代西方语言哲学比较研究》，中国社会科学出版社 1996 年版。

［64］徐友渔：《"哥白尼式"的革命》，上海三联书店 1994 年版。

［65］杨大春：《语言·身体·他者：当代法国哲学的三大主题》，生活·读书·新知三联书店 2007 年版。

［66］苗力田主编：《亚里士多德全集》第 9 卷，中国人民大学出版社 1994 年版。

［67］刘晗：《从巴赫金到哈贝马斯——20 世纪西方话语理论研究》，西南交通大学出版社 2017 年版。

[68] 施旭：《文化话语研究：探索中国的理论、方法与问题》，北京大学出版社 2010 年版。

[69] 黑玉琴：《跨学科视角的话语分析研究》，北京大学出版社 2013 年版。

[70] 丁建新、廖益清编：《批评语言学》，外语教学与研究出版社 2011 年版。

[71] 孙正聿：《哲学：思想的前提批判》，中国社会科学出版社 2016 年版。

[72] 吴晓明：《论中国学术的自我主张》，复旦大学出版社 2016 年版。

[73] 俞吾金：《被遮蔽的马克思》，人民出版社 2012 年版。

[74] 欧阳康：《马克思主义认识论研究》，北京师范大学出版社 2012 年版。

[75] 孙伯鍨、张一兵编：《走进马克思》，江苏人民出版社 2012 年版。

[76] 孙伯鍨、侯惠勤编：《马克思主义哲学的历史和现状》（上），南京大学出版社 2004 年版。

[77] 陈先达：《文化自信中的传统与当代》，北京师范大学出版社 2017 年版。

[78] 《瞿秋白文集》第 2 卷，人民文学出版社 1986 年版

[79] 包亚明编：《权力的眼睛——福柯访谈录》，上海人民出版社 1997 年版。

[80] 衣俊卿等：《20 世纪新马克思主义》，中央编译出版社 2012 年版。

[81] 钱冠连：《语言：人类最后的家园》，商务印书馆 2005 年版。

[82] 萧净宇：《超越语言学：巴赫金语言哲学研究》，上海人民出版社 2007 年版。

[83] 卢永欣：《语言维度的意识形态分析》，社会科学文献出版社 2013 年版。

[84] 陈堂发主编：《媒介话语权解析》，新华出版社 2007 年版。

[85] 杨春福：《权利法哲学研究导论》，南京大学出版社 2000 年版。

[86] 任志锋：《当代中国社会主义意识形态主导性研究》，中国书籍出版社 2015 年版。

[87] 杨昕：《中国共产党意识形态话语权研究》，社会科学文献出版社 2015 年版。

[88] 张国庆：《媒体话语权：美国媒体如何影响世界》，中国人民大学出版社 2012 年版。

[89] 张国庆：《话语权：美国为什么总是赢得主动》，江苏人民出版社 2011 年版。

[90] 陈汝东：《新兴修辞传播学理论》，北京大学出版社 2011 年版。

[91] 李德顺：《价值论》，中国人民大学出版社 2013 年版。

[92] 马俊峰：《马克思主义价值理论研究》，北京师范大学出版社 2012 年版。

[93] 潘天群：《博弈生存》，凤凰出版社 2010 年版。

[94] 朱汉国等：《当代中国社会思潮研究》，北京师范大学出版社 2012 年版。

[95] 高瑞泉主编：《中国近代社会思潮》，华东师范大学出版社 1996 年版。

[96] 杨金华：《历史虚无主义的生成机理及其克服》，中国社会科学出版社 2015 年版。

[97] 赵汀阳等:《学问中国》,江西教育出版社 1998 年版。

[98] 赵汀阳:《天下体系:世界制度哲学导论》,中国人民大学出版社 2011 年版。

[99] 张开:《媒介素养概论》,中国传媒大学出版社 2006 年版。

[100] 任平:《创新时代的哲学探索:出场学视域中的马克思主义哲学》,北京师范大学出版社 2009 年版。

[101] 汪民安等编:《福柯的面孔》,文化艺术出版社 2001 年版。

[102] 汪民安:《福柯的界线》,南京大学出版社 2008 年版。

[103] 万俊人:《现代性的伦理话语》,黑龙江人民出版社 2002 年版。

[104] 侯惠勤等:《国外马克思主义意识形态研究著作评析》,中国社会科学出版社 2015 年版。

[105] 侯惠勤:《马克思的意识形态批判与当代中国》,中国社会科学出版社 2012 年版。

[106] (明) 陈继儒:《小窗幽记》,李竹君等注,华夏出版社 2006 年版。

[107] [美] 凯斯·桑斯坦:《信息乌托邦——众人如何生产知识》,毕竞悦译,法律出版社 2008 年版。

[108] [美] 约翰·奈比特:《大趋势——改变我们生活的十个新方向》,梅艳译,中国社会科学出版社 1984 年版。

[109] [美] 吉尔伯特·罗兹曼主编:《中国的现代化》,国家社科基金"比较现代化"课题组译,江苏人民出版社 2014 年版。

[110] [美] 罗宾·洛克夫:《语言的战争》,刘丰海等译,新华出版社 2001 年版。

[111] [美] 莫里斯:《指号、语言和行为》,罗兰等译,上海人民出版社 1989 年版。

[112] [美] 雷迅马:《作为意识形态的现代化——社会科学与美国对第三世界政策》,牛可译,中央编译出版社 2003 年版。

[113] [美] 詹姆斯·保罗·吉:《话语分析导论:理论与方法》,杨炳钧译,重庆大学出版社 2011 年版。

[114] [美] 阿尔温·托夫勒:《权力的转移》,刘红等译,中共中央党校出版社 1991 年版。

[115] [美] 凯尔纳,贝斯特:《后现代理论——批判性的质疑》,张志斌译,中央编译出版社 2010 年版。

[116] [美] 安娜·玛丽·史密斯:《拉克劳与墨菲:激进民主想象》,付琼译,江苏人民出版社 2011 年版。

[117] [美] 艾莉森·利·布朗:《福柯》,聂保平译,中华书局 2002 年版。

[118] [美] 丹尼斯·朗:《权力论》,陆震纶等译,中国社会科学出版社 2001 年版。

[119] [英] 伯特兰·罗素:《权威与个人》,储智勇译,商务印书馆 2012 年版。

[120]［英］迈克尔·曼：《社会权力的来源》（第2卷上），陈海宏等译，上海人民出版社2015年版。

[121]［英］特里·伊格尔顿：《历史中的政治、哲学、爱欲》，马海良译，中国社会科学出版社1999年版。

[122]［英］诺曼·费尔克拉夫：《话语与社会变迁》，殷晓蓉译，华夏出版社2003年版。

[123]［英］约翰·B.汤普森：《意识形态与现代文化》，高　等译，译林出版社2005年版。

[124]［英］大卫·麦克里兰：《意识形态》，孔兆政等译，吉林人民出版社2005年版。

[125]［英］拉克劳，墨菲：《领导权与社会主义的策略——走向激进民主政治》，尹树广等译，黑龙江人民出版社2003年版。

[126]［英］拉克劳：《我们时代革命的新反思》，孔明安等译，黑龙江人民出版社2006年版。

[127]［英］威廉姆·奥斯维特：《哈贝马斯》，沈亚生译，黑龙江人民出版社1999年版。

[128]［英］约翰·穆勒：《论自由》，彭正梅等译，上海人民出版社2012年版。

[129]［英］伯特兰·罗素：《权力论》，吴友三译，商务印书馆2012年版。

[130]［法］保罗·利科：《哲学主要趋向》，李幼蒸等译，商务印书馆1988年版。

[131]［法］米歇尔·福柯：《词与物：人文科学的考古学》，莫伟民译，上海三联书店2016年版。

[132]［法］米歇尔·福柯：《知识考古学》，谢强等译，生活·读书·新知三联书店2003年版。

[133]［法］米歇尔·福柯：《规训与惩罚》，刘北成等译，生活·读书·新知三联书店2012年版。

[134]［法］埃米尔·本维尼斯特：《普通语言学问题（选译本）》，王东亮等译，生活·读书·新知三联书店2008年版。

[135]［法］布尔迪厄、［美］华康德：《反思社会学导引》，李猛等译，商务印书馆2015年版。

[136]［法］路易斯·阿尔都塞：《保卫马克思》，顾良译，商务印书馆2006年版。

[137]［德］康德：《纯粹理性批判》，李秋零译，中国人民大学出版社2004年版。

[138]［德］黑格尔：《小逻辑》，贺麟译，商务印书馆1980年版。

[139]［德］哈贝马斯：《交往行动理论》（第1卷），洪佩郁等译，重庆出版社1994年版。

[140]［德］哈贝马斯：《交往与社会进化》，张博树译，重庆出版社 1989 年版。

[141]［德］马克斯·韦伯：《经济与社会》（第 1 卷），阎克文译，上海人民出版社 2010 年版。

[142]［德］黑格尔：《法哲学原理》，范扬等译，商务印书馆 1961 年版。

[143]［德］海德格尔：《海德格尔选集》（上），孙周兴选编，上海三联书店，1996 年版。

[144]［意］安东尼奥·葛兰西：《狱中札记》，曹雷雨等译，中国社会科学出版社 2000 年版。

[145]［荷］图恩·梵·迪克编：《话语研究：多学科导论》，周翔译，重庆大学出版社 2015 年版。

[146]［荷］冯·戴伊克：《话语 心理 社会》，施旭等译，中华书局 1993 年版。

[147]［匈］乔治·马尔库什：《语言与生产：范式批判》，李大强等译，黑龙江大学出版社 2011 年版。

[148]［瑞士］费尔迪南·德·索绪尔：《普通语言学教程》，刘丽译，中国社会科学出版社 2009 年版。

[149]［俄］巴赫金：《巴赫金全集》（第 3—4 卷），钱中文主编，白春仁等译，河北教育出版社 1998 年版。

[150]［美］丹尼斯·K. 姆贝：《组织中的传播和权力：话语、意识形态和统治》，陈德民等译，中国社会科学出版社 2000 年版。

[151]［美］杰拉尔德·古特克：《哲学与意识形态视野中的教育》，陈晓端译，北京师范大学出版社 2008 年版。

[152]［美］曼纽尔·卡斯特：《网络社会的崛起》，夏铸九等译，社会科学文献出版社 2006 年版。

[153]［美］尼古拉·尼葛洛庞帝：《数字化生存》，胡泳等译，电子工业出版社 2017 年版。

二、期刊类

[1] 蔡曙山：《论哲学的语言转向及其意义》，《学术界》2001 年第 1 期。

[2] 蔡曙山：《再论哲学的语言转向及其意义——兼论分析哲学到语言哲学的发展》，《学术界》2006 年第 4 期。

[3] 涂纪亮：《语言哲学在现代西方哲学中的地位》，《哲学研究》1993 年第 7 期。

[4] 江怡：《当代语言哲学研究：从语形到语义再到语用》，《外语学刊》2007 年第 3 期。

[5] 周宪：《文学理论：从语言到话语》，《文艺研究》2008 年第 11 期。

[6] 吴鹏、王海啸：《当代西方话语研究述评与本土化反思》，《现代外语》2014年第2期。

[7] 叶德明：《思想政治教育话语权浅论》，《教育评论》2009年第3期。

[8] 李庆华、李志飞：《论思想政治教育话语权》，《教学与研究》2016年第7期。

[9] 李艳：《思想政治教育话语权的内在规定》，《马克思主义研究》2016年第3期。

[10] 侯勇：《权力话语与话语权力：思想政治教育话语权建构与转型》，《理论与改革》2016年第3期。

[11] 张金鑫、张国启：《微时代思想政治教育话语权提升的逻辑思考》，《继续教育研究》2015年第2期。

[12] 郑永廷、曹群：《坚持思想政治教育学科的话语权与主导权》，《思想教育研究》2015年第3期。

[13] 郑永廷：《论社会意识形态与思想政治教育的内在联系》，《中国高校社会科学》2015年第6期。

[14] 邱柏生、刘巍：《试论思想政治教育学科建设的协同创新》，《东南大学学报（哲学社会科学版）》2014年第6期。

[15] 黎海燕、张忠江：《符号、符号暴力与思想政治教育话语权的重构》，《学术论坛》2015年第2期。

[16] 黎海燕：《论休闲时代思想政治教育话语权的流失、风险与重构》，《西南大学学报（社会科学版）》2015年第2期。

[17] 邱仁富：《中国特色思想政治教育话语权建构》，《学术论坛》2015年第8期。

[18] 孟国忠：《把握思想政治工作话语权应强化阵地意识》，《学校党建与思想教育》2017年第3期。

[19] 李超民、李礼：《网络思想政治教育话语权研究》，《华侨大学学报（哲学社会科学版）》2015年第6期。

[20] 骆郁廷、魏强：《论大学生思想政治教育的网络文化话语权》，《教学与研究》2012年第10期。

[21] 骆郁廷、史姗姗：《论意识形态安全视域下的文化话语权》，《思想理论教育导刊》2014年第4期。

[22] 骆郁廷、杨威：《论思想政治教育的认识根源》，《江汉论坛》2009年第10期。

[23] 孙英：《高校思想政治理论课话语权建设的基本内涵与根本要求》，《思想理论教育导刊》2016年第10期。

[24] 李庆霞：《高校思想政治理论课话语权面临的挑战及应对》，《思想理论教育导刊》2016年第11期。

[25] 魏佳：《高校思想政治理论课话语权建设中需要注意的几个关系》，《思想教

育研究》2017 年第 1 期。

[26] 龚萱：《高校思想政治教育理论课教师话语权探析》，《思想理论教育》2015 年第 12 期。

[27] 张澍军：《试论思想政治教育学科前沿的若干重大问题》，《马克思主义研究》2011 年第 1 期。

[28] 张澍军、苏醒：《论"立德树人"根本任务与思想政治教育学科建设使命》，《思想教育研究》2013 年第 7 期。

[29] 吴晓明：《马克思对主体哲学的批判与当代哲学的语言转向》，《复旦学报（社会科学版）》2006 年第 3 期。

[30] 仰海峰：《拉克劳与墨菲的霸权理论》，《教学与研究》2008 年第 8 期。

[31] 严泽胜：《领导权与缝合的逻辑——拉克劳、墨菲对"领导权"概念的拉康式重构》，《马克思主义与现实》2014 年第 1 期。

[32] 黄华：《论"话语的秩序"——福柯话语理论的一次重要转折》，《北京行政学院学报》2006 年第 2 期。

[33] 张宽：《(Dicourse) 话语》，《读书》1995 年第 4 期。

[34] 陈汝东：《论话语研究的现状与趋势》，《浙江大学学报（人文社会科学版)》2008 年第 6 期。

[35] 傅春晖、彭金定：《话语权力关系的社会学诠释》，《求索》2007 年第 5 期。

[36] 史姗姗：《高校意识形态话语权的生成逻辑》，《文化软实力研究》2017 年第 6 期。

[37] 赵修义、朱贻庭：《权利、利益和权力》，《毛泽东邓小平理论研究》2004 年第 5 期。

[38] 杨文星：《"话语"在不同视角下的阐释》，《理论月刊》2016 年第 9 期。

[39] 刘建军：《论思想政治教育规律研究的基本任务》，《马克思主义理论学科研究》2016 年第 4 期。

[40] 刘建军：《以学术研究提升学科尊严》，《思想理论教育导刊》2014 年第 5 期。

[41] 刘建军：《思想政治教育要发挥真理的魅力》，《思想理论教育导刊》2011 年第 8 期。

[42] 刘建军：《思想政治教育主客体难题的哲学求解》，《教学与研究》2016 年第 2 期。

[43] 张江：《公共阐释论纲》，《学术研究》2017 年第 6 期。

[44] 温小平、符成彦：《思想政治教育叙事转向与国际传播》，《思想教育研究》2018 年第 5 期。

[45] 王学俭、郭绍均：《思想政治教育研究范式：体系、问题与建构》，《思想教

育研究》2015 年第 3 期。

[46] 王学俭、顾超:《思想政治教育整体性协同创新》,《湖北社会科学》2016 年第 12 期。

[47] 王学俭、魏泳安:《论新时期马克思主义理论学科建设》,《思想理论教育》2015 年 7 期。

[48] 佘双好:《思想政治教育学科发展现状与发展路径的回溯与展望》,《思想理论教育导刊》2012 年第 12 期。

[49] 沈壮海:《思想政治教育学科的新自觉与新未来》,《马克思主义理论学科研究》2015 年第 1 期。

[50] 沈壮海:《思想政治教育研究的学术规范》,《思想理论教育导刊》2012 年第 10 期。

[51] 沈壮海:《改革开放以来思想政治教育研究的学术版图》,《思想理论教育导刊》2008 年第 11 期。

[52] 沈壮海:《宏观思想政治教育学初论》,《思想理论教育导刊》2011 年第 12 期。

[53] 沈壮海:《思想政治教育学科建设的关键词》,《思想理论教育导刊》2010 年第 10 期。

[54] 贺来:《超越"一"与"多"关系的难局———种实践哲学的解决方案》,《中国人民大学学报》2015 年第 5 期。

[55] 李磊:《如何理解中国的世界性》,《探索与争鸣》2018 年第 6 期。

[56] 张艳涛:《建构面向"中国问题"的历史唯物主义理论话语体系》,《社会科学》2018 年第 3 期。

[57] 王伟光:《马克思主义中国化的当代理论成果——学习习近平总书记系列重要讲话精神》,《中国社会科学》2015 年第 10 期。

[58] 操奇:《意识形态话语权的说服机制:一个结构性分析》,《探索》2016 年第 5 期。

[59] 邓飞:《后乌托邦时代的教育承诺及其理论想象力》,《湖南师范大学教育科学学报》2012 年第 3 期。

[60] 童世骏:《建设独创性和共识性相统一的学术共同体》,《探索与争鸣》2016 年第 3 期。

[61] 任志锋:《论美国思想政治教育之"名"》,《教学与研究》2018 年第 4 期。

[62] 吴晓明:《论阐释的客观性》,《哲学研究》2016 年第 5 期。

[63] 侯惠勤:《意识形态话语权建设方法论研究》,《中共贵州省委党校学报》2016 年第 2 期。

[64] 黄冬霞、吴满意:《思想政治教育获得感:内涵、构成和形成机理》,《思想

教育研究》2017 年第 6 期。

[65] 程仕波、熊建生：《论思想政治教育获得感》，《思想教育研究》2017 年第 7 期。

[66] 张智：《论思想政治教育学意识形态性和科学性的统一》，《教学与研究》2018 年第 4 期。

[67] 唐土红：《权力的善恶之辩——西方权力德性思想之镜像演进》，《太平洋学报》2010 年第 12 期。

[68] 周国平：《学科准入与分等视野下学科的合法性危机探讨——以思想政治教育学科为例》，《教育发展研究》2012 年第 2 期。

[69] 石云霞、陈曙光：《关于马克思主义中国化时代化大众化的若干思考》，《马克思主义研究》2010 年第 9 期。

[70] 刘占虎：《思想政治教育教学相长的边界自觉与协同思维——超越'主客体'与'双主体'之争》，《湖北社会科学》2016 年第 9 期。

[71] 谢益民：《新课改中教育话语权的审视与回归——兼对教育争鸣的进一步思考》，《中国教育学刊》2013 年第 5 期。

[72] 齐彪：《深入理解和全面把握反对历史虚无主义的重大课题》，《中共党史研究》2016 年第 4 期。

[73] 迟方旭：《四份涉及历史虚无主义民事判决书的判决共识及其历史意义》，《世界社会主义研究》2016 年第 1 期。

[74] 罗平汉：《关于历史虚无主义问题的几点浅见》，《晋阳学刊》2016 年第 1 期；

[75] 梁柱：《历史虚无主义思潮的泛起、特点及其主要表现》，《马克思主义研究》2013 年第 10 期。

[76] 梁柱：《怎样才能做到真正的历史清醒》，《红旗文稿》2015 年第 7 期。

[77] 杨军、梅荣政：《历史虚无主义批判：理论和方法》，《思想理论教育导刊》2015 年第 1 期。

[78] 王翼：《党的十八大以来学界对历史虚无主义及其危害的分析批判》，《毛泽东邓小平理论研究》2018 年第 5 期。

[79] 姜迎春：《论历史虚无主义思潮的成因、表现及其危害》，《南京政治学院学报》2014 年第 5 期。

[80] 胡中月：《历史虚无主义的四重逻辑陷阱及其克服》，《思想教育研究》2018 年第 1 期。

[81] 杨建义：《历史虚无主义的网络传播与应对》，《思想理论教育导刊》2016 年第 1 期。

[82] 曹应旺：《坚定中国自信 反对历史虚无主义》，《毛泽东邓小平理论研究》2018 年第 1 期。

[83] 刘涛:《元框架:话语实践中的修辞发明与争议宣认》,《新闻大学》2017 年第 2 期。

[84] 史安斌、王沛楠:《议程设置理论与研究 50 年:溯源·演进·前景》,《新闻与传播研究》2017 年第 10 期。

[85] 伍义林:《主动升级、客观分级、有效出击——关于掌握意识形态领域议题设置主动权的思考》,《中国记者》2016 年第 1 期。

[86] 吴冠军:《被"黑"了的学术写作》,《南风窗》2009 年第 8 期。

[87] 高地:《西方学者中国思想政治教育研究述评》,《马克思主义研究》2016 年第 10 期。

[88] 张泽强:《"中国立场"与比较思想政治教育研究》,《思想教育研究》2017 年第 12 期。

[89] 张江:《强制阐释论》,《文学评论》2014 年第 6 期。

[90] 刘伟、陈锡喜:《建构面向"中国问题"的马克思主义话语体系》,《教学与研究》2016 年第 9 期。

[91] 赵强:《中国国家舆论安全研究》,《政治学研究》2009 年第 2 期。

[92] 丁柏铨:《"舆论引导"论:理论体系及创新发展》,《中州学刊》2016 年第 4 期。

[93] 高红玲、金鸿浩:《网络舆论引导的"范式危机"与方法创新——兼论舆论引导的简单化、科学化与系统化》,《新闻记者》2017 年第 10 期。

[94] 曹劲松:《舆论引导的话语权与实现路径》,《南京社会科学》2015 年第 1 期。

[95] 王眉:《智库国际传播与对外话语体系构建》,《新疆师范大学学报(哲学社会科学版)》2015 年第 11 期。

[96] 刘鹏飞、曲晓程、何睿敏:《构建新时代国际传播能力体系的实践路径——试论我国互联网国际舆论场趋势与对策》,《中国出版》2018 年第 14 期。

[97] 曹雪盟:《主流媒体社交平台的国际传播力》,《青年记者》2018 年第 12 期。

[98] 邱斌、胡凤飞:《透视全球化背景下的美国话语霸权》,《学术交流》2006 年第 4 期。

[99] 施爱国:《"东方主义"与后冷战时期美国的"中国威胁论"》,《南开学报(哲学社会科学版)》2002 年第 6 期。

[100] 周宁:《文明之野蛮:东方主义信条中的中国形象》,《人文杂志》2005 年第 6 期。

[101] 任成金、潘娜娜:《西方文化输出及对我国文化自信的影响》,《马克思主义研究》2018 年第 2 期。

[102] 强世功:《哲学与历史——从党的十九大报告解读"习近平时代"》,《开放时代》2018 年第 1 期。

[103] 李江静：《西方国家推行话语霸权的隐蔽性策略及其应对》，《红旗文稿》2017 年第 3 期。

[104] 陈明明：《中国的政治改革为何难以形成稳定的共识——对当下政治改革讨论状况的一个观察》，《江苏社会科学》2013 年第 2 期。

[105] 胡家勇：《试论社会主义市场经济理论的创新和发展》，《经济研究》2016 年第 7 期。

[106] 宋建武：《智能推送为何易陷入"内容下降的螺旋"——智能推送技术的认识误区》，《人民论坛》2018 年第 17 期。

[107] 肖文涛、黄学坚：《全媒体时代网络舆论场力量对比失衡问题探析》，《中国行政管理》2015 年第 8 期。

[108] 王浦劬、季程远：《新时代国家治理的良政基准与善治标尺——人民获得感的意蕴和量度》，《中国行政管理》2018 年第 1 期。

[109] 云杉：《文化自觉 文化自信 文化自强——对繁荣发展中国特色社会主义文化的思考（中）》，《红旗文稿》2010 年第 16 期。

[110] 王刚：《"个人日报"模式下的"信息茧房"效应反思》，《青年记者》2017 年第 29 期。

[111] 王易：《社会思潮是高校思想政治教育的重要内容》，《思想教育研究》2016 年第 1 期。

[112] 吴向东：《人的自由全面发展：社会主义最高价值观》，《福建论坛（人文社会科学版）》2011 年第 1 期。

[113] 王延隆、蒋楠：《网络流行语与青年思想政治教育网络话语权的重塑》，《中国青年研究》2016 年第 6 期。

三、报刊类

[1] 习近平：《把思想政治工作贯穿教育教学全过程 开创我国高等教育事业发展新局面》，《人民日报》2016 年 12 月 9 日。

[2] 习近平：《旗帜聚民心育新人兴文化展形象 更好完成新形势下宣传思想工作使命任务》，《人民日报》2018 年 8 月 23 日。

[3] 习近平：《开放共创繁荣 创新引领未来——在博鳌亚洲论坛 2018 年年会开幕式上的主旨演讲》，《人民日报》2018 年 4 月 11 日。

[4] 于沛、郑师渠、杨军：《揭去历史虚无主义的面纱——关于历史虚无主义的对话》，《人民日报》2017 年 2 月 20 日。

四、学位论文类

[1] 张纲:《多元文化场域背景下马克思主义意识形态话语权建设研究》,博士学位论文,郑州大学,2016年。

[2] 史姗姗:《思想政治教育话语权研究》,博士学位论文,武汉大学,2014年。

[3] 刘国普:《当代中国马克思主义意识形态话语权建设研究》,博士学位论文,华南理工大学,2014年。

[4] 袁英:《话语理论的知识谱系及其在中国的流变与重构》,博士学位论文,华中师范大学,2012年。

五、电子文献类

[1]《美国〈时代〉周刊:"中国赢了"》,2017年11月8日,见 http://yuqing.cyol.com/content/2017-11/08/content_16668586.htm。

[2]《科技之光普惠共享:穿越三十年 看中国互联网发展历程》,2017年12月3日,见 http://news.sina.com.cn/c/nd/2017-12-03/doc-ifypikwt5312872.shtml。

[3]《第52次〈中国互联网络发展状况统计报告〉》,2023年8月28日,见 https://www.cnnic.net.cn/n4/2023/0828/c88-10829.html。

后　记

　　思想政治教育话语权问题的提出是应时代所需，顺时势所趋。国内外复杂的话语态势迫切需要思想政治教育在多元中确立主导，以思想政治教育话语权的确立来维护社会主义意识形态安全。思想政治教育话语权是一个正在耕耘、尚待深耕细作的论域，本书以思想政治教育话语权为研究对象，从思想政治教育话语权的理论渊源、基本要义、生成逻辑、动态博弈、现实图景及建设思路等方面出发，力图全面阐释思想政治教育话语权的理论逻辑和实践逻辑。

　　本书是在我的博士论文《思想政治教育话语权研究》的基础上修改完善而来。在书稿的立意、写作和完善过程中，我的导师王学俭教授给予了极大的支持和帮助，我的学习单位兰州大学马克思主义学院和工作单位四川大学马克思主义学院的老师、同学对书稿提出了许多中肯的意见，本书的成稿离不开他们的支持和帮助。

　　本书的出版得到四川大学社会科学研究处和"全国高校思想政治理论课教师研修基地（四川大学）"的经费资助，同时，也得到人民出版社陈佳冉老师的大力支持和帮助，在此深表感谢。本书在写作过程中参考和借鉴了许多同行专家学者的优秀研究成果，在此对原作者表示感谢。由于本书是学习阶段的探索性成果，作者水平有限，研究时间较短，行文比较仓促，书稿中的疏漏之处在所难免，还有许多地方有待进一步讨论和思考，敬请同行专家和广大读者批评指正，我将诚恳接受。

责任编辑：陈佳冉

封面设计：王欢欢

图书在版编目（CIP）数据

思想政治教育话语权研究／杜敏 著 . —北京：人民出版社，2024.6

ISBN 978－7－01－026520－9

I. ①思… II. ①杜… III. ①思想政治教育－研究－中国 IV. ① D64

中国国家版本馆 CIP 数据核字（2024）第 082728 号

思想政治教育话语权研究

SIXIANG ZHENGZHI JIAOYU HUAYUQUAN YANJIU

杜 敏 著

人民出版社 出版发行

（100706 北京市东城区隆福寺街 99 号）

北京九州迅驰传媒文化有限公司印刷 新华书店经销

2024 年 6 月第 1 版 2024 年 6 月北京第 1 次印刷

开本：710 毫米 ×1000 毫米 1/16 印张：19.5

字数：260 千字

ISBN 978－7－01－026520－9 定价：76.00 元

邮购地址 100706 北京市东城区隆福寺街 99 号

人民东方图书销售中心 电话（010）65250042 65289539